安庆人文历史二十讲

安庆市图书馆 编

张健初 主讲

国家图书馆出版社

图书在版编目（CIP）数据

安庆人文历史二十讲 / 安庆市图书馆编；张健初主讲 . -- 北京：国家图书馆出版社，2019.2

ISBN 978-7-5013-6582-1

Ⅰ . ①安…　Ⅱ . ①安… ②张…　Ⅲ . ①地方文化—安庆—文集

Ⅳ . ① K295.43-53

中国版本图书馆 CIP 数据核字（2018）第 217482 号

书　　名	安庆人文历史二十讲
著　　者	安庆市图书馆　编　张健初　主讲
责任编辑	邓咏秋
封面设计	程言工作室

出　　版	国家图书馆出版社（100034　北京市西城区文津街 7 号）
	（原书目文献出版社　北京图书馆出版社）
发　　行	010-66114536　66126153　66151313　66175620
	66121706（传真）　66126156（门市部）
E－mail	nlcpress@nlc.cn（邮购）
Website	www.nlcpress.com →投稿中心
经　　销	新华书店
印　　装	北京金康利印刷有限公司
版　　次	2019 年 2 月第 1 版　2019 年 2 月第 1 次印刷

开　　本	710×1000（毫米）　1/16
字　　数	341 千字
印　　张	21

书　　号	ISBN 978-7-5013-6582-1
定　　价	78.00 元

《安庆人文历史二十讲》
编委会

主　编：曹元勋

副主编：裴　陆

编　委：徐晨光　王瑞瑞

序

在弘扬优秀传统文化、建设书香城市的背景下，近年来，安庆市图书馆通过"安庆大讲坛"，推出了一系列旨在推广经典阅读和宣传介绍安庆历史文化的公益讲座，深受广大市民读者的喜爱。"安庆大讲坛"也因其较高的品位和良好的社会美誉度、影响力，被安徽省委宣传部、省新闻出版局授予"十佳全民阅读推广活动"称号。这本《安庆人文历史二十讲》就是根据张健初先生在"安庆大讲坛"的同名讲座编辑整理而成。

安庆是国家历史文化名城，素有"安徽之源""文化之邦""禅宗圣地""戏曲之乡"的美誉。晚清安徽按察使觉罗成允总结为"皖之为省，襟山带江。江潆洄而毓秀，山蕴蓄而多奇。故其发于人文也，亦皆和平而温厚，磊落而嵌崎"（《〔光绪〕重修安徽通志》序）。千百年来，古皖文化、禅宗文化、戏剧文化和桐城派文化在这里交相辉映，孕育了众多令人骄傲的人杰，创造了许多值得记忆的辉煌，形成了独具魅力的地域文化。

为了帮助广大读者了解安庆丰富、厚重的人文历史，也是为了满足听众一直以来欲获得纸质讲稿的愿望，我们在"安庆大讲坛"特聘专家、安庆皖江文化研究会副会长、安徽历史文化研究中心研究员张健初先生的支持下，把讲座结集成书，名为《安庆人文历史二十讲》，由国家图书馆出版社出版。本书配有近 200 幅珍贵图片，对安庆 800 年的人文历史进行深入浅出的讲述，保留了主讲人通俗易懂的口述式语言风格。

安庆虽位于长江之北，但其经纬度与苏州相近，是典型的南方城市，依山傍水又是它典型的城市特色，前五讲以此入手，说城池，说地貌，说街巷，说建筑，说风景，重点落在一个"城"字上；安庆是安徽省老省城，前后延续二百多年，省会文化使安庆有别于其他一般城市，六至十讲聚焦于经济，聚焦于教育，聚焦于宗教，也聚焦于省城意义的建设；十一至十五讲重点讲述清末民初西方文化对安庆的影响，其中包括报刊的繁荣，教育的崛起，戏剧的兴盛，文化的斑斓，以及西医在安庆的推广；城池与城市居民有机融合，构成色彩浓重的安庆地域人文特色，最后五讲不厌其细，寻访传世百年的美食，寻访照相业的兴起，寻访现代体育的发展，寻访百年商业脉络，也寻访老字号的源头。《安庆人文历史二十讲》就是从这样的视角，对安庆这座国家历史文化名城进行了不一般的别致解读。

编者

2018 年 11 月 30 日

目　录

第一讲　安庆，安庆城，安庆城市

上

2017 年是安庆建城 800 周年。对于一座城池来说，800 年不是一个简简单单的数字，它意味着政治风云的动荡，战争硝烟的弥漫，天灾人祸的悲凉，自然也包括歌舞升平的清明。800 道年轮的累积，为这座城池注入了太多的历史元素，也注入了太多的文化元素。800 年后重新审视安庆，其释义，也有了更深的内涵。具体概括有三：一、包容是城市胸怀；二、创新是城市追求；三、铁血是城市精神。

民国时期安庆城东门外

先说包容。包容表现为"吴头楚尾"。吴头楚尾并非单一修辞意义上的虚指，它有特定的地理特征，皖河是吴头与楚尾的界水。安庆旧时下辖六邑，皖河将其一隔为二。河之西，望江、太湖、宿松；河之东，怀宁、潜山、桐城。吴国近水，楚国背山。水有水的灵活，山有山的朴实。灵活有浮躁之轻，朴实有倔强之拙。夹于其中的安庆，因有皖河之水相断，河之东西文化也有各自特点，两者相融，便形成地理层面的包容。

南宋安庆城池新筑，居民多为外迁者，本土文化开始接受移民文化的影响。元末明初，朱元璋与陈友谅拉锯战长达 19 年，安庆几成一片焦土。之后，大量移民涌入安庆，外来文化与本土文化又一次大碰撞。清乾隆二十五年（1760），安庆确立为安徽省首府，政府官员调任频繁，外来文化也随之渐进性渗透。太平天国战争期间，桂文化与湘文化此长彼消，同样也在安庆境内烙下深深印记。所有这些，都为安庆的包容胸怀奠定厚实基础。

包容是一种大度，包容是一种宽容，包容同时也是一种进取。800 年来，安庆就是以这种大度与宽容的胸怀，包容所有的文化，扬其长，避其短，最终又将它们糅为一体，从而构成富有独立个性色彩的皖江文化。

再说创新。创新理念起自安庆的"城市之父"黄榦。800 年前他修筑安庆城池，能采取非常科学、实用、有效的方法，本身就具有强烈的创新色彩。清末民初，这种创新理念表现得更加极致。比如戏曲，包括国粹京剧的孕育，地方剧种黄梅戏的培育，都诞生于这片神奇的土地。但戏剧并非安庆固有，安庆只是一个结合地，南方的婉约，北方的高亢，二者至皖河之滨，因有创新理念，才在形态上融为一体。中国排名靠前的五大剧种，安庆独占其二，不能不说是一个奇迹。又比如近代军事工业的发端，中国第一台蒸汽机和中国第一台机动船，虽与曾国藩安庆内军械所相关，但只有行至安庆这片以创新为最高追求的境地，才有它根植的土壤。类似创新还体现于安庆曲水书局、安徽求是学堂、省立安徽大学、安徽银元局、裕皖官钱局、安庆电灯厂、安庆电话厂、安庆飞机场，等等。说安庆是"安徽之源"，其源就在于始终不懈的创新追求。

生于此、长于此最终走向世界的本土人杰，在他们的血液中，也同样融入了浓烈的创新特质。这些人杰包括：清代篆刻家、书法家、"邓派"创始人邓石如；

率三庆班为京剧形成做出卓越贡献的徽班领袖、京剧鼻祖程长庚；民国著名报人、通俗小说作家、著有三千多万字作品的张恨水；美学家、文艺理论家、翻译家朱光潜；著名作家、诗人、书法家，曾任中国佛教协会会长、全国政协副主席的赵朴初；先后任外交部副部长、文化部长，集将军、艺术家、外交家于一身的黄镇；研制和发射核武器的主要技术领导人之一、有"两弹元勋"之誉的邓稼先；黄梅戏表演艺术家、因《天仙配》名扬天下的严凤英；等等。

最后我们重点说铁血。城市需要独立之品格，城市更需要坚毅之傲骨，用两个字来形容，就是"铁血"。铁血的两个层面，一是坚守，一是无畏。正因为坚守，所以才无所畏惧，这也是安庆800年始终不变的城市精神。安徽按察使觉罗成允在为清光绪《重修安徽通志》所作的"序"中，有这样的句子："皖之为省，襟山带江。江漾洄而毓秀，山蕴蓄而多奇。故其发于人文也，亦皆和平而温厚，磊落而嵚奇。"其中"磊落而嵚崎"，说的也是这层意思。

安庆铁血精神的代表人物，为元末安庆城池守将、淮西宣慰副使余阙。元至正十八年（1358）正月初七，天完红巾军陈友谅、赵普胜等汇集诸部环攻安庆城池，余阙率军攻战不力，身受重创十余处。面对天完红巾军重重包围，回望城内火光四起、后营不存，余阙知大势已尽，慨然挥剑自刎，沉尸于城西清水塘。这一刎，英勇而悲壮，犹如一面旗帜，高扬于城市上空。之后历朝历代，或官或民，均对其褒奖多多。

辛亥革命前夜，桐城人吴越在北京，孤身一人冒死刺杀清廷出国考察宪政五大臣，后受挫，当场肢断腹裂，壮烈牺牲。两年后，革命党人秋瑾在绍兴被害，桐城人吴芝瑛挺身而出，将其尸骨安葬于杭州西泠桥畔。之后，一批受教育于省城的安徽籍英烈，又以生命为代价绽放出铁血之花。其中最出名的，当数黄花岗72烈士之宋玉琳、石德宽、程良。而更多怀抱远大理想的志士，聚集于安庆，以铁血之情奉献于铁血之城，如徐锡麟、熊成基、范传甲等。新文化运动旗手、中国共产党早期主要领导人之一的陈独秀，身上也体现出安庆人的铁血精神。

所以我们这样说："包容""创新""铁血"这三个关键词，深深地镌刻于安庆这座有着800年建城史的城池之上。

安庆建城史达 800 年，那么安庆建城之前，这地方叫什么名字呢？有一个好听的名字，叫盛唐山。盛唐山三边环水，南边是长江，西边是石门湖，东边的水城就更大了，除了现在的菱湖、莲湖，还有更远些的石塘湖、破罡湖、菜子湖等。这种三边环水一面靠山的地形地貌，明代《安庆府志》绘制的"怀宁县图"中表述得清清楚楚。现在如果看谷歌、百度等的现代卫星地图，安庆城池靠山环水的地形地貌更一目了然。早前，安庆城池没有江堤，如果夏天发大水，长江与湖泊就连成一体。水面之大，用"海"来形容一点也不过分。安庆城西有个海口镇，那个"海"字就含有这么一点意思。这时候从空中俯瞰盛唐山，它就像大龙山的一条手臂，从集贤关一直向南伸到大南门。而安庆城，就建在它的手背上。

早在安庆建城之前，在东晋的时候，有一个叫郭璞的人，一路寻访山水，最后到了盛唐山。郭璞不仅是个大学问家，还是一个精阴阳、通历算的风水大师。他看风水的范围很广，不仅看住宅之基，还看城市之基。郭璞来盛唐山的这天，天气特别好，他从登云坡一路爬上来，放眼南望，江天一色，水茫茫，云淡淡，心胸也格外开阔。于是郭璞把手朝自己站立的脚下一指，对与他同行的朋友说了四个字："此地宜城！"按现在的话说，就是他脚下的这个地方，适合建一座城！郭璞当年上山的路，现在还有保留，这就是安庆九头十三坡中最有名的一条小巷——登云坡。

郭璞说"此地宜城"的年代，或是在西晋末，或是在东晋初，当时谁也没有把它当真，直到 800 多年后的 1217 年，安庆府知府黄榦从史书中看到了这四个字，眼睛一亮，把"此地宜城"变为了现实。

这就又引出了另外一个话题，1217 年，也就是南宋嘉定十年，安庆已经是府了，那么，这个安庆府并不在现在的安庆，它又在什么地方呢？其实当时的安庆府距现在的安庆城也不远，如果开车过去，40 分钟就到了，它就是现在的潜山县。潜山春秋时期为古皖国，皖是一位仁慈的君主，大家都亲切地称它为皖公。在天柱山风景区，就有一座非常逼真的天然皖公像。

安庆这个名字，并不是古来就有的。北宋初年，它的全称是舒州同安郡团练，后来升为防御。团练和防御都是管理地方军事的设置，所以对外相称，常把后边的缀语给省了，就叫舒州同安郡。北宋政和五年（1115），同安郡防御升级为军，名字也改为"德庆"，称为舒州德庆军。军在北宋时期，是四类州级行政区之一，其中管辖县区的称为"州"，相对发达的城便设"府"，重要经济产地另设"监"，"军"则设在军事要地和边界地区。

到南宋高宗绍兴十七年（1147），广东有一个叫康州的地方升格为府，他们也取"德庆"为府城之名。这就有些麻烦了，因为两个地名不能重复，而府的设置，比军又略略大一点，于是我们的舒州德庆军只好把名字拱手相让。"德庆"不能叫了，那叫一个什么名呢？地方贤达就聚到一起商议，最后达成共识，说取旧名同安之"安"与德庆之"庆"，组合新名"安庆"。寓意也很好，平安吉庆，至少讨一个口彩。于是"安庆"一名，自此开始正式启用。

此后不久，有一位重要人物出任安庆军节度使，他就是后来的宋宁宗赵扩。南宋庆元元年（1195），赵扩即位。因为做了皇帝，赵扩心里特别高兴，于是就想到了他的发祥地安庆，一纸令下，安庆的设置，由"军"升为了"府"。

关于"安庆"，最具世界意义的解释，是美国人威廉·埃德加·盖洛给出的。在他的著述《中国十八省府》中，对繁体"安慶"一词，有非常独到的解读。原文是英文，我们就把它挂到网上寻求翻译，结果引起不小反响。其中最好的译文虽然与直译之意相距稍有一些远，但它的表述却充满了诗意："上有房庐，下有儿女，和睦温馨，谓之安宁；外有荣装，中有爱心，内有自由，谓之喜庆。入则恬淡而安，出则平和相庆。"我个人对这一段关于安庆的解读特别欣赏。2013年，《厦门航空》约写一篇介绍安庆的文章，我就是用"入则恬淡而安，出则平和相庆"

盖洛《中国十八省府》关于繁体"安慶"的解读

作为标题。

还有一种说法，叫"安澜普庆"，意思也非常好。这之中的"澜"，可以当作自然水患解读，也可以当作社会局势理解。

安庆绝不是一座简单的城。中国城池无数，但修筑城池过程能记入二十四史的不多。而安庆，就是其中为数不多的一个。安庆筑城过程载入史册，并非因为城，而是因为人，这个人就是时任安庆知府的黄榦。黄榦是朱熹的高徒，也是朱熹的女婿。关于黄榦的史绩，二十四史之一的《宋史》中有记载，其主要内容就是筑安庆新城。

黄榦为什么要选盛唐山筑安庆城呢？史书提到，黄榦到安庆任知府时，战事吃紧，金人已经打到河南光州一带，如果继续往南，当时的安庆府就有被攻占的可能，因此民心惶惶。作为地方最高长官，黄榦心急如焚，急中生智想出的对策就是另选新址建城。盛唐山与潜山相隔不远，由潜山顺皖河而下，抵至入长江口便是。安庆地理位置独特，史书形容："北负大龙山，东阻湖，西限河，南瞰大江。"从战术角度，进可以攻，退可以守，万一兵败，长江还是一条逃生的路。

新筑城池是要报朝廷批准的。此时南宋的京城在哪呢？在临安，也就是现在的杭州。于是连夜把奏折写好，又连夜派人马不停蹄送往临安。但此时，金人南侵的消息不断飞入黄榦耳朵，而且离安庆越来越近。虽安庆与临安相隔不是太远，但一来一回，没有十天半个月是不可能的。于是，黄榦当机立断，不等朝廷批复，先动手干起来。先斩后奏与丢失城池，两者相比，后者的罪

黄榦筑安庆城池的浮雕长卷

责更大。

安庆城正式动工修筑，时间是南宋嘉定十年四月，按公历计，是 1217 年 5 月中旬。此时安庆的天气已经有一些热，参与筑城的民工，基本都是光着膀子干活，其中也包括黄榦本人。

黄榦参加筑城，那是真刀实枪地干，绝不是绣花枕头。为什么？因为黄榦要计算整个工程的进度，要计算需要多少材料、多少工费、多少时间，才能完成城池的修筑工程。黄榦是读书人，读书人有读书人的笨办法。他将城池工程分为 12 段，自己带人先集中修筑一段，然后根据费时费工情况，将其余 11 段分发给下属官员。这些在《宋史·黄榦传》中都有详细记述。黄榦筑城用工十分科学，虽说总共动用了 2 万民工，但同时上工地的，只有 5000 人左右，每 3 个月轮一次岗。夏季筑城，又热又累，黄榦也不要求强干，每天安排午休一小时，每月则安排休息 6 天。虽轮休但不空岗，就好像我们现在工厂里的三班倒。秋天天凉了，这种福利还保留一半。现在安庆江边的文化墙上有以黄榦筑城为内容的雕塑，大家可以去看一看。

新建成的安庆城，南至宜城渡，北至柏子桥，西到万松山，东到石家塘，整个区域呈四方之形。说到这里，我们不得不敬佩知府黄榦的远大目光，当年他规划出的城池规模，整整延续了 700 年，直到 20 世纪 20 年代末，才被民国政府进行小范围的改变。

中

黄榦筑好安庆城后不久，便调离安庆。他的后任者，因为局势动乱，也没有把知府府衙固定在安庆城。直到南宋景定元年三月，也就是 1260 年春，沿江制置使马光祖才决定启用新城。之间 43 年，历经风风雨雨，安庆城池自然破败不堪，于是马光祖又组织人力、财力进行了复筑。据地方志记载，新城"周十三里，高二丈，趾广七尺，顶半之"。

古代一座城，最重要的标志就是城墙。光有城墙还不行，还必须要有城门。没有城门，城里人出不去，外面的人也进不来。不能进出，那还叫什么城？城门也不是一天到晚打开的，而是晨启暮闭——早上把门打开，晚上再把城门关起来。有城墙有城门还不行，安全系数太差，外侵之敌架座云梯，就从城墙上攻进来了。因此，围着城墙，还必须挖有壕沟相隔，通常我们称之为护城河。过河就要架桥，但这桥又不能固定，必须放能落，收能起，方便自如。它的名字叫吊桥。所以，安庆城建好之后，进城便有些复杂，要等到规定时间，吊桥放下来，城门打开了，才能进去。如果是特殊时期，可能还要被盘查身份证明。这种状况，类似我们现在一些管理好的小区，进来出去都要刷卡。

安庆最初的城门有几座呢？五座。东，枞阳门；南，盛唐门；东南，康济门；西，正观门；北，集贤门。

安庆的城门到底是什么样的呢？大家都没有看到过，所以我们都不知道。安庆过去有一首关于城门的儿歌，是这样唱的："城门城门几丈高？三丈六尺高，骑白马，挎马刀，走进城门瞧一瞧。"这肯定有些夸大，如按儿歌所唱，三丈六尺高的城门有 12 米，差不多三层楼了，怎么可能呢？但估计矮也矮不到哪儿去。

下面我们就来具体讲一讲安庆的五座城门。

首先是枞阳门。枞阳门具体位置在老城池的东南角。所以枞阳门不是安庆城的正东门，而应该是城的东南门。枞阳门的朝向，却实实在在是向东的，出城往东，便是朱家坡，也就是往迎江寺去的那一条街。所以说它是东门，也是有道理的。"枞"是一条水，在安庆的东边，《清史稿》载，桐城"孔城河与东南长河、白兔河俱入练潭河，至枞阳入江"，枞阳门以此而名。枞阳门虽然没有了，但留下的老照片不少。老照片上的枞阳门，门洞上方悬有城额，"枞阳门"三个字虽然不是很清楚，但大致字形还是能看出来。关于"枞阳门"这三个字的由来，有说是东晋大臣庾亮所写，也有说是东晋书法名家王羲之所写，传得更悬的，说这三个字是当年曹操坐在马背上写的。实际枞阳门建于南宋，两者相差时间太远，不可能先把城额写好，等城门做起来再挂吧？这三个字写得是真好。清代有一个书法家，叫包世臣，他以"雍容揖让"来赞誉，意思是说这三个字，既仪态大方，从容不迫，又锋芒不露，谦和恭让。

美国人盖洛的《中国十八省府》中，也有一张他拍的枞阳门照片，不过拍的是枞阳门门柱石的局部。非常有趣的是，材料为大理石的门柱石，中间却凹下去了一大块。为什么会出现这种情况？盖洛在书中解释说，当时安庆城的居民，都说这是一块可以包治百病的奇石，因此家里只要有人生病，就前来用硬器刮一些粉末回去做药引，久而久之，就把大理石门柱石刮凹下去了。

从枞阳门沿长江往西走，不远，就是安庆老城的康济门。安庆城池临江而建，面对长江的城门有两座，康济门是其中偏东的南门。因为不是正南门，所以在民间，都把它称为小南门。现在我们也还这么叫。小南门并不是靠江修筑的，而是往北大概 150 米，建在一个 45 度的斜坡上。从康济门进城，继续上行，至坡顶，便是安庆地名"九头"之首的高井头。康济门的老照片也留存后世，是 1948 年前后拍的，那时候康济门的城门、城楼都还在。老照片拍的场景十分生动，既可以看到出城之人，也可以看到进城之人，其中有两位，是从江里打水挑进城的挑夫。过去安庆没有自来水，要喝水，要

安庆城五大城门之一的枞阳门（东门）

安庆城康济门，坊间称小南门

用水，要不到井里去打，要不到江里去挑，因此就催生了挑夫这个特殊的行业。康济门也有城额，为乾隆皇帝所题，名曰"江国风清"。乾隆皇帝怎么会给康济门题城额呢？这里有一个故事。1764年，也就是乾隆二十九年，长江发大水，史载"江潮入郭，漂溺民居"，也就是大水漫进城里来了，百姓的房屋都淹在大水之中。当时的安徽巡抚叫托庸，又祭天，又求地，做了许多法事，但大水始终不退。实在没办法了，这一天，就带着官兵出城，"命隶迎潮头抛铁索，杖之三十"，也就是拿一根铁索，对着江水打了三十下。这江水，也就真是属"打"的，居然老老实实退下去不少。这事后来报到乾隆皇帝那儿，龙颜大悦，于是就题了"江国风清"这块城额。出小南门的江岸，太平天国战乱时期，太平军在此修了个炮台，以此封锁江面，抵御曾国藩湘军的水上进攻。这个炮台，现在还在。

老城真正的正南门，因位于盛唐山南，取名盛唐门，民间称之为大南门。但后来嫌"盛唐门"叫起来不气派，就把它改叫"镇海门"。小小一座城门，连大海也能镇住，你们说气派大不大？镇海门一般被认为是安庆城南向的正城门，过去安庆交通，水路发达于陆路，官员过往安徽，江南人来省城，进城都是走镇海门。镇海门外有迎宾馆，就是为专门接待官员而设的。1938年6月12日安庆沦陷，日军也是从镇海门攻入安庆城的。现在流传的镇海门老照片，有几张就是当时日军随军摄影记者拍的。其中有一张，是日寇入侵安庆之后，爬上镇海门城楼欢呼胜利的场景，这也是日军侵略安庆留下的铁证。从照片上看，镇海门上的城楼高大雄伟。过去安庆有一副名联，上联是"镇海门门镇海镇海门头镇海楼楼形镇海"，下联是"迎江寺寺迎江迎江寺腹迎江塔塔影迎江"。大家可以细心品味一下，对联巧妙地把安庆两大景观融到一起，而且对仗工整，平仄协调，基本算是一副绝对。

安庆城的西门，叫"正观门"，民间称之为"八卦门"。为什么以"八卦"为名？不清楚，可能是建城时，这一地段的地形特别复杂吧。清光绪年间，湘军曾绘制《湘军平定粤战图》，其中有一幅"湘军克复安庆省城图"，那上面的八卦门，不是黄翰筑城时的正观门，而是太平军驻守安庆期间的正观门。为了守城，太平军在八卦门外筑了一座"耳"城，再往外又修了道子城，前后共三道屏障。这个时候的八卦门，造型如其名，还真有那么一点八卦的味道。太平军改建八卦门的目的，是要拦截湘军从西路发起的进攻。但尽管如此，最后太平军还是完败于湘军手下。安庆八卦门的老照片，我们现在只看到一张，它是 20 世纪 50 年代拆除城门时，由安庆卡尔登照相馆作为资料拍摄留存的，照片上方印有"拆除西门城楼施工情形"几个字。八卦门具体在什么位置？很好找，就在玉琳路与程良路交界的地方。由此向北的一段古城墙，虽然是新修筑的，但它是在老城墙基础上翻新的，且保留它原有的起伏与弯曲，基本上算是原汁原味。安庆西门的大名叫"正观门"，正观门正对皖河渡口。过去，周边六邑来安庆府，多走皖河水路，大新桥码头下岸，径直一条路，最后由正观门进城。进了城门，是西内正大街，街北，依序有县下坡和司下坡两条街，街的尽头，一个是县衙门，一个是府衙门。正观门被称为安庆城五门之首，就是由此而来。

20 世纪 50 年代安庆八卦门被拆情形

安庆的北门，叫集贤门。从集贤门进城，这条街道简称"北正街"，它的全称稍稍绕口一些，叫"北内正大街"。这里的"内"，指的是安庆城内。这样一解释，大家可能就明白了，北正街是安庆北门进城的一条正大街。集贤门位于现在的北正街中段，也就是向西北有一条岔路的位置。真正的城门，在岔路以南。出城门后分两条路，一条向西北，一条向东北。向东

1949 年 4 月 23 日，解放军由集贤门进入安庆城的场景

北的那条，当时叫"北城口街"，再往下的一小段，叫"北门吊桥"，这些地名，都是依附城门生成的。安庆北门过去是陆路进安庆的主要城门，出城向北，过去是古驿道，由此不改向，可以直达京城。清之前由怀宁县同安驿到京师皇华驿，走山东中路，全长 2624 华里，集贤门是它的起点。集贤门有一张经典老照片，拍摄于 1949 年 4 月 23 日，照片表现的，是当日解放军由集贤门进入安庆城的场景。

清咸丰十一年（1861），曾国藩克复安庆后，也对安庆城池做了一定改造。其中最主要的，就是苏家巷北头老城墙处起，向西南方向至江岸，又添筑了一道月城。安庆老城池原为四方之城，而新隔出来的月城，则为三角之形，安庆城池由此新增了大约三分之一的面积。月城只有南北一道城墙，南向因为面江，所以没有修筑。月城一北一南分别开有两道城门，其中前街出城的为金保门，后街出城的为玉虹门。至此，安庆共有七大城门。安庆作为"城"，其规模也达到了它鼎盛的高峰。

民国之后，20 世纪 20 年代，安庆大规模兴建公共休闲娱乐设施，菱湖公园就是其一。菱湖公园西创办有安徽法政专门学校（后为安徽大学）。此时，建有 700 余年历史，且始终守卫安庆城的老城墙，反过来成为阻隔城内与城外交通的障碍。在安庆社会各界不断呼吁下，市政部门最终在老城墙东北处再辟一门，称之为菱湖门，还有个学名，叫建设门。因它的位置在城东，又比枞阳门小，所以民间喊作小东门。由建设门进城，通往锡麟街，新辟了一条小街，官名叫建设门街，民间称之为小东门街。

1930 年，安庆作为安徽省城，迎来了有史以来的第一次体育盛会，这就是第四届华中运动会。为办好这次盛会，同时展示安庆新形象，安徽省政府在城东森林公园东，新建了安徽省立公共体育场，其中包括 400 米跑道的田径场和一个砖砌游泳池。又自石家塘至森林公园，突击修建了一条专用道路，取"华中运动会"之意，就叫作"华中路"。华中路向西至老城墙，破了一个豁口，与四达路连成一体。再往西，又南折，与孝肃路相连。老城墙的这个豁口，民间称之为"小栅子"。

小栅子之所以称"小"，是相对大栅子而言的，大栅子是指老城墙小栅子与大东门之间的另一道破口。据清道光《怀宁县志》城郭街衢图所载，大栅子当时是水关，有门洞，无城楼。顾名思义，此处是老城主要出水口。安庆城池位于丘陵，老城墙多依山而建，唯一平缓处，就是大栅子一带。因此城区主要积水，多由此排向城外，最终流入菱湖。1929 年秋，安庆开通至高河客车，当时汽车总站，设在枞阳门外。为配合安合汽车路修建，城内新修的新市街马路，由老水关处破城墙，与环老城东北城墙的菱湖路进行了对接。随时代发展，大栅子后来居上，成为老城向外的主要通道。大栅子城楼造型十分独特，其结构为外凸式敌台，左右各一。底座为火药库，呈四方之形。三面为回廊，一面为梯道。四角主承重柱，为岭南骑楼建筑风格，内置罗马柱式承重柱，配西洋圈拱。敌台上方是传统亭阁式敌楼，三面都有防御功能的射击洞，每面左右各一个，朝东之面配有炮洞。20 世纪 30 年代初，抗战呼声渐高，大栅子城楼就是为应对现代战争，将传统中式亭阁、西式建筑艺术与近代战略功能（警戒、眺望、防御、巡视）完美结合的典型建筑。

连接大栅子南北两座城楼的是四柱三门汉白玉牌坊。东西向正中各有四字匾额。其中向东为"开物成务"，题写者是吴忠信。向西为"大辂椎轮"，题写者是刘镇华。"开物成务"与"大辂椎轮"体现出民国时期安庆最为典型的城市精神。

下

安庆城 1217 年建于盛唐山，至今有 800 年历史。建城之前，盛唐山这一带是个什么样子呢？

从史书资料推测，当时盛唐山周边，并非荒无人烟，而是有一个依靠长江渡口发展起来的小镇。小镇的名字，或叫盛唐湾，或叫宜城渡，居民虽然不多，但因为紧临渡口，过往的客流多，因此比较繁华。小镇街市不大，但有南北纵向和东西横向的两条街，最热闹的地方，就是两条街相交的十字街口。其具体位置，就是现在东西大二郎巷与国货街，南北四牌楼和大南门街的交汇处。

十字街并不位于盛唐山山顶，而在山顶往北大约百余米处。真正的山顶，在大南门街中段，登云坡、插烛巷、胭脂巷的交汇处。史书说安庆城建于"盛唐湾宜城渡之阴"，指的就是盛唐山的北面。因为日照相对南面较少，所以称"阴"，反之，则称为"阳"。

安庆建城之后，这两条东西横向与南北纵向的老街，作为安庆城市的主体，依旧保持着它的活力。800年来，一直是安庆最具人文色彩与经济色彩的核心街市。

安庆繁华的老街——倒扒狮街

先说东西横向的老街。实际它的繁华，只有西边一段：东起大二郎巷口，西伸展到龙山路。长不足两华里，中间又以墨子巷为界一分为二，西为倒扒狮街，东为国货街。这段老街宽只有3米左右，十分狭窄，但人流量特别大。周边六邑包括江南大渡口的乡民进城，时间再紧，也要抽时间过来一趟。清末各地兴建邮政局，选址一般都在城区最繁华的地段。安庆最早出现的老邮政局，就选址在倒扒狮街中段。

倒扒狮街生意最好的两家老店都是京广业。一家是盈生泰，一家是王泰和。清末民初安庆京广业排名，这两家老字号分列前两位。其中盈生泰总资产高达十多万，实力雄厚，是老城京广业的巨无霸。盈生泰拥有员工 40 余名，并在上海设有申庄，进货渠道畅通、及时，市场行情预测准确，因而它销售的商品，在老城始终领先一步。王泰和资产与规模都只有盈生泰一半，但相比同一条街上的神州商店、马聚盛、永兴等，又高出 5 至 10 倍以上。京广业为老城八大行业之一，主要经营日用消费品，包括头油、雪花膏、痱子水、牙粉、阳伞在内的日用百货，棉毛衫裤、毛巾、头绳、枕套、棉线在内的针棉织品，剪刀、铁包锁、煤油炉、汽灯、纱罩、鞋眼在内的小五金，玻璃花瓶、台灯、酒杯、桌盒、痰盂、提桶在内的玻璃搪瓷等。倒扒狮街京广业的衰败，在抗战之前就有征兆，原因在两个方面：一是一场火灾烧伤了盈生泰的元气，虽保险公司赔付了 8 万现洋，但仍迟迟不能恢复之前的繁荣；二是王泰和因管理混乱，导致负债经营，最后不得不关门倒闭。

清末民初老城西药业有四大巨头，倒扒狮街与国货街就占了 3 家。其中位于国货街的屈臣氏药房，广东老板陈荫培不仅医术高明，而且是广东成药大师。他自制的"冯了性"药酒和跌打损伤蜡丸膏药，在老城及周边六邑，颇有名气。虽说是西药房，但屈臣氏国药（成药）、西药兼顾，每天顾客川流不息，生意非常火爆。另一家集成药房开在倒扒狮街，由汪旭东、朗克明等合资创办，以批发零售国产和日、英、美、法等国的成药、针剂为主。大陆药房在国货街西头，与清节堂相对，也是一家合资药店，股东中的江仁山、邓再鸿均为安庆药业公所首届理事，并作为安庆代表，出席了在上海召开的全国西药业代表大会。这三大药房的优势，一是资金雄厚，二是规模相当，三是批发零售兼营，四是自己生产成药。

20 世纪 30 年代商铺林立的国货街

因而在相当长一段时间内，无可争议地成为老城西药业龙头老大。抗战胜利后，江仁山、汪旭东、朗克明等股东重新整合，再度挂出"大陆药房"招牌。新大陆药房由江仁山坐镇安庆，主管门市的零售批发。汪旭东长驻上海，负责药品进货。汪旭东进货十分挑剔、严格，有"两不进"：不合格药品不进，伪劣造假药品不进。新大陆药房因此在老城及沿江一带有极好的口碑。

国药业主要集中于国货街，先后有郑同德、信德堂、鹤年堂等多家店号。其中老人和泰国药店第一支店，开业于1930年，以经营高档补品人参、银耳、燕窝、犀角、牛黄等为特色，门面装潢新潮时尚，店堂柜台以玻璃为材料，清爽明亮。开业后，生意一直不错，高峰时，日营业额高达200元以上。

倒扒狮街靠近龙门口，这一片从古至今一直是安庆的文化教育区，因此文具业、印刷业、图书业、装裱业的店铺相对更多一些。老城文具行（笔墨庄）老字号，首推倒扒狮街的正记胡开文墨庄。其老板胡惠孚，安徽休宁人，清末时来安庆创业。徽商在安庆势力范围相当大，但主要以开钱庄、当铺、绸缎庄、南货号为主，笔墨纸张只能算他们的顺带经营。与胡开文墨庄相邻类似的老字号有：以经营纸张为特色的洛阳楼纸坊、凌云阁纸坊、隆兴福纸店，以经营文房四宝为特色的凌云堂毛笔店、刘松林笔店、宝文阁湖州毛笔店，以经营小型印刷业务为主的广文印刷店、三江印刷店，另外还有袭明斋古董店、群玉书店等。

再说南北纵向的老街。它的繁华地段，实际也只有北边的一截，包括现在的吕八街、四牌楼，以及因人民路改造而消失的三牌楼。关于牌楼，在这里多说两句。早前，三牌楼与四牌楼是名副其实的，真的有"楼"南北相对。既然称之为"楼"，并以"楼"命名两条繁华的商业街，可见当年这"楼"不仅有规模有气势，而且有风格有个性。查阅史志，三牌楼四面皆有题匾，其中东为"二政"，西为"阜民"，南为"辑睦"，北为"景定"，反映出建造者期冀老城政通人和的美好心愿。四牌楼同样也四面有题匾，依次为：东"富寿"，西"布德"，南"承德"，北"中和"。后改题为：东"延曦"，西"喜雨"，南"迎薰"，北"拱极"。两座牌楼也因此成为安庆城标志性建筑。咸丰三年（1853），太平军攻占安庆，之后三进三出，到秋八月，又正式筑楼设防，自此占据安庆八年之久。也就是在这一段时间，三牌楼与四牌楼被太平军拆除，拆下来的青石构件，被用作抵御湘军的军事设施。

三牌楼是安庆城繁华商业区的核心地段，它的商业或者说手工业网点布局，有非常独特的个性。比如，这条街上开有不少专门做裱画生意的店铺，如三奇斋、玉古斋，等等。这自然有它的特殊原因。在晚清民国时期，三牌楼东边，先是安徽巡抚衙门，后是安徽省政府大院。小职员巴结上司，小官员走后门升迁，都免不了送两张名人字画为敲门砖。因此老城裱画业就畸形繁荣起来。其中，三奇斋名气最大。三奇斋之"三奇"在何处？与老板刘顺启有关。刘顺启别号刘驼子，自小虽从父学艺，但进展一般。后只身前往苏州求学，四年后回安庆，装裱手艺技压群芳，让同行为之一惊。三奇斋裱画店门口有联曰"三晋云山；奇观今古"，用的也是一个"奇"字。"奇观今古"，暗寓老板刘顺启鉴赏能力高超，凡书画过眼，有"八成把握"辨真假。民国时期安徽大学教授刘乃敬、安徽建设厅长刘贻燕、《安庆晚报》社长唐少澜等，对刘顺启都十分赏识，是他家的座上常客。在安庆有短暂居住的苏曼殊与徐悲鸿，也曾将新作送到三奇斋装裱。三牌楼另一家装裱店"玉古斋"创建于清末，在裱画业资历最老。玉古斋老板杨玉亭，与省政府大小官员关系也处得融洽。裱画技法有京派与姑苏派之分，安庆地得江南，偏重姑苏派裱法。姑苏裱细分下去，又有四喜裱、仙鹤裱等多类。姑苏裱画的颜色偏好江茶、栗壳等色，镶料也喜欢用绫子。装裱后的效果凝重大方、古色古香。安庆老城的整体装裱水平较高，在沿江一带颇有名气，南京、扬州等地的藏家也慕名前来。

三牌楼也是酒楼、旅馆、浴室的云集地带。清末民初，这条短街就开有两家大酒店，一是金谷春，一是海洞春。金谷春以浙江菜肴为主，生意爆好。后又改建为大旅馆，内附华清池浴室，另设餐饮部太和馆。用现在话说，是集饮食、住宿、洗浴三者为一体的休闲中心。海洞春以广东风味为主，不仅兼营浴室业，同时还经理英美烟草公司业务，生意也做得非常红火。旅馆业做得有声有色的，一是大汉宾馆，一是来安栈。来安栈民国后改名来安旅馆。同条街上，另外还有一家大中华浴室。此外，三牌楼街上的广美南货糕饼店、石恒和京广杂货店、包万太烟店等，在老城也都属于实力不弱的大商店。

三牌楼南段为四牌楼。安庆人向外地朋友介绍四牌楼，一般都会推介两块金字招牌，一是以蚕豆酱为特色的"胡玉美"，一是以精致细点著称的"麦陇香"。

其实两块招牌同出自胡氏家族，后者清宣统三年（1911）创办，全名麦陇香南货店。麦陇香拳头产品有大方片糕、香蕉饼干、墨子酥等，其中大方片糕被誉为是"白如雪，薄如纸，软如绵，细如泥，甜如蜜"的精品糕点。在20世纪30年代，更让时尚年轻人动心的，是麦陇香二楼的冷饮室和弹子台。后者为招揽生意而设，前者则是胡玉美又一新经营方向。1934年，胡玉美特地从上海购回制冰设备，每天可出冰两吨左右。炎炎夏日能到麦陇香二楼吃一杯冷饮，在当时算是相当前卫的消费。胡氏家族原籍徽州婺源，是老城成功的徽商代表。

徽商在安庆发展，起于清初，乾隆、嘉庆时期达到巅峰。当时老城有实力的商店，十有八九都是徽商经营。光绪之后，徽商影响逐渐减弱，但瘦死的骆驼比马大，老城商界依然是徽商占半壁江山。四牌楼短短一条街，徽商经营的钱庄就有恒孚、华丰等多家。这些钱庄以办理汇兑、划拨、存放款业务为主。他们的实力非常雄厚，每天都有数十万现大洋进出。四牌楼街上，经常会出现周边六邑客商挑银元上门存储的场面。

分析清末民初四牌楼商业网点布局，可以发现，它比较符合现代"休闲购物"特点，如果更准确地说，就是典型意义的"女人一条街"。其中天成、鸿章等几家大绸缎庄，经营品种主要有丝绸、棉布、呢绒、香云纱等，消费对象都是安庆城里有钱又有闲的时尚女性。开在这条街上的万花春、永发祥花粉店，自然也是她们最喜欢光顾的商铺。万花春与永发祥是安庆花粉业老字号，早在清道光年间就在老城立足。万花春以自产自销的通草花为特色，专门请扬州大师傅制作，成品有茉莉、梅花、桃杏、牡丹等花粉，娇嫩秀丽。永发祥则以丝绒制花闻名，花鸟鱼虫，无所不有，色泽鲜艳，形态逼真。永发祥经销的麻雀粉和桃儿粉，也是时尚女性最爱的化妆香粉。它以怀宁洪铺的滑石粉和山东青粉为原料，加上鸡蛋白、蜂蜜、雅霜、香精等精心配制，成品清香绵白，细腻柔润。老安庆婚姻旧俗，男方向女方求婚，多以绒花配脂粉为聘礼，图"荣（绒）华（花）富贵"的吉利。因此每年冬至之后，花粉生意就进入旺季，四牌楼上的几家花粉店，成天挤满来自城乡的大姑娘与小媳妇。逛街时间久了，人有些倦，腹有些饥，嘴有些渴，麦陇香、稻香村、味芳村等茶食店，也是这些时尚女性大把花钱的去处。

四牌楼老字号商店，先后还有专门做茶叶生意的梁饮和茶庄、李德裕茶庄，做鞋帽生意的"天元祥""步瀛洲"，经营京广百货的"王协和""妙林春""立德昌"等，其中后者兼售亚细亚煤油，在老城也是实力雄厚的商家。此外，经营钟表的"馀昌"，经营文具的"宜文阁"，经营中西药的"溥利""郑种德""同庆堂"，以及生阳酱园、春阳火腿店、瑞记丝线店等，百货迎百客，也为四牌楼的繁华增添了许多颜色。

历史上的四牌楼、三牌楼，有过多次变化，但最长时不过三两百米，短时甚至不足百米，宽更只在两米左

20世纪70年代，安庆老街街景

右。由于街道两旁的商店都是二层以上的建筑，街道更显得狭窄。这样的街道，别说逢年过节，平常稍稍有三五百人涌进来，也会出现水泄不通的场面。

四牌楼后来的衰败，主要有三方面原因：其一，经过抗日战争的波折，商家资金与精力都远不如当年；其二，省会外迁，老城已不再具备省城优势，流通人口减少，购买力大大减弱；其三，1949年后，商业布局规划由政府统一调整，四牌楼周边商业发展受到限制。

第二讲　安庆地理与街巷、街名文化

上

早前坊间概括安庆街巷特点，有"九头十三坡"之说。"头"是山头的"头"，"坡"是山坡的"坡"。安庆老城过去多山，如盛唐山、黄甲山、枸杞山等，老城民居环此而建，形成的街巷，自然多在上下起伏之间。

关于"九头十三坡"，李絜非在1933年《学风》杂志上的《怀宁风土志》中有较详细的解读。其中"九头"为大拐角头、小拐角头、高井头、老码头、横坝头、黄家山头、卫家山头、陈家山头、墩头，"十三坡"则为县下坡、司下坡、五垱坡、邓家坡、杀儿坡、登云坡、宣家坡、黄甲坡（黄家坡）、墩头坡（游家坡）、任家坡、白玉坡、朱家坡、张家坡（昌家坡）。虽然解读十分具体，但因地方史志没有准确记载，所以也只能算一家之言。而坊间有关"九头十三坡"的版本更杂乱无章，城东与城西的居民，其说法就大相径庭。

近年地方文史学者也有专门文章论述。如"九头"中，大拐角头、小拐角头、高井头、横坝头以及卫山头认同率较高，其他四头，聂志馨《关于九头十三坡》认为是"高山头、墩头、游山头、朱山头"，《安庆市地名录》断定为"上营盘头、下营盘头、上码头、下码头"，安文生《解放前后安庆市街道名称沿革》又另外提到"新码头"。关于"十三坡"，解读也有同有异，"杀儿坡"与"白玉坡"被剔除，"卸甲坡""凤凰坡"则为新增，总和依旧为"十三"。

　　"九头"之中的大拐角头与小拐角头，是最能诠释安庆地形地貌的两条老街。这之中的"拐"，也是老城安庆的特色之一。老城区多为丘陵地势，民居基本依山而建，街道也因此七弯八绕。有时明明已经走不出去了，却忽然一"拐"，柳暗花明，又是一番新的市井。老城以"拐"为名的街巷，包括大、小拐角头在内，共有五处，另外三"拐"，分别为张家拐、杨家拐和花园拐。

　　过去由集贤门进城，走北正街向南，第一个十字路口，就是大拐角头。由此向东，是孝肃路中的两段，前是法政街，再过去就是姚家口。大拐角头向西，是关帝庙街，再折向南，便是四方城；大拐角头向南是大珠子巷，街口向南十来步是清光绪年间贮藏有各式军械的军械局。光绪三十三年（1907）安徽巡警学堂起义，徐锡麟刺杀安徽巡抚恩铭后，与马宗汉、陈伯平赶到这里取武器弹药，不料想最初答应配合的周家煜，临时变卦，院内只剩五门大炮和几发炮弹。当时有人建议，发一炮打向东南的巡抚衙门，再发一炮打向东北集贤门城楼，然后借乱势冲出城外。徐锡麟不同意，认为起义之事，"不能多害老百姓"，最终徐锡麟他们因寡不敌众而被捕。

　　民国初年《怀宁县志》中的"城厢图"，其中火正街标注为"拐角头"，只是少了一个"小"字。由小拐角头径直往东，出枞阳门，过吊桥，就是东城外了。

北城，孝肃路与北正街、关岳庙相交的大拐角头

小拐角头的街南，为火神庙，街北则是火神巷。正因为这两把"火"，后来进枞阳门后的正街，也改名为火正街。火正街向东的横街，向北为北靖巷，向南为东胜庵。再西行，便是天后宫街了。坊间的小拐角头，指的就是天后宫街与火正街相交处。这个弯拐得有些急，也弯得有些陡，所以名副其实。再后来，这一带改建为枞阳门小商品市场，小拐角头不复存在，其地名也逐渐被人遗忘。

"九头"之一的卫山头，虽街名已不存，但稍稍提及，多数老安庆人还是十分熟悉的。卫山头是老安庆南北主要通道的北端。早年由镇海门进城，经府城隍庙、药王庙、四牌楼、三牌楼、吕八街、双井，最后抵达卫山头。具体地说，现在的双井街由卫门口向北，抵至健康路，这段长百余米的带坡的路，就是过去的老卫山头。再更确切些，卫山头的"头"，指的就是现在健康路小学西侧的那一小段。卫山头再往前，就到了城墙根下，基本上没有路了。

卫山头和卫门口中的"卫"是什么意思，很少有安庆人能说清楚。其实这里的"卫"，是古词，从明代流传至今，已有数百年历史。"卫"是明代的军队编制。当时安庆营设守备，管理水师 500 名，并辖安庆、九江二卫。清时，又改设卫守备，专司芦课屯粮征解济运之事，类似现在的后勤部。明代与清代的卫署，都设在卫山头附近的双沟，其建筑为三堂四院，大门外立有两坊，规模宏大。咸丰战乱，这一片的建筑均被太平军损毁。卫山头、卫门口的"卫"，均起于此。

高井头与卫山头一样，也是指高坡之顶。高井在安庆赫赫有名。地方史志载，早前这周边有一口老井，因为位于高冈之上，约定俗成，称之为"高井"。但位于何处，岁月匆匆，时光流逝，已经无法寻觅。因井因山生出的地名"高井头"则长期延续了下来。即便后来被兼并为建设路中的一段，现在的老安庆人，仍亲切地称它为高井头。

清末民初，高井头最热闹处便是府城隍庙。据《怀宁县志》，"府城隍庙在康济门内，西向，有堂，有寝，有东西序，有斋"。府城隍庙有两绝，一是铁算盘，一是孽镜。前者悬于庙堂之上，传为神灵为世人计算善恶报应的工具。后者嵌于庙宇大殿，周为尺余，两人并立其下，只能看见对方身影而看不到自己的身影。"任凭你无法无天到此孽镜还有胆否，须知我能宽能恕且把屠刀放下回转头来"。这副对联大有来历：同治四年（1865），安徽布政使吴坤修捐俸重修府城隍庙后，由水师提督彭玉麟出上联，自己应下联，共同作下了这副发人深省的对联。

"九头十三坡"中的"坡"，最富传奇色彩的是城南登云坡。顺登云坡一路攀上来，便是老城区中的高地：盛唐山山顶。史书载，汉武帝曾由此登山一望。西晋末或东晋初，精通阴阳历算的郭璞也气咻咻爬了上来，结果一抬头，水树千帆，云烟万岭，不由击掌叫绝，连呼"此地宜城"。800多年后，安庆建城，文人雅士借此典故，取"宜城"为安庆别称。

登云坡东接小南门正街，街口过去在康济门西侧，出城门，便是小南门外。登云坡南的山裙之地，早先建有观景胜地——三江第一楼。登楼扶栏，"山以前身献，江以半壁收"，被誉为老城观江第一佳处。三江第一楼由康熙年间山东提学任塾修建。后凤阳府训导鲁琢，在楼南修建私家花园养园，并洋洋自得曰"养园我筑大江头，恰拥三江第一楼"。可惜楼园咸丰年间毁于兵燹。

登云坡的"坡"，主要集中在巷西，现仍存麻石条阶坡73级，坡之高，坡之陡，在安庆老城排名首位。登上坡顶，是个小小十字路口，向南是大南门内正街，向北是利民街，穿街而过，便是街名有些暧昧色彩的胭脂巷。往南行几步，另一条向东的巷子，则是插竹巷。出登云坡西巷口，过去有长啸阁当街而立，由于建在盛唐山顶，登阁远望，长江如练，尽收眼底。与长啸阁齐名的是民国时期的小蓬莱茶馆，该茶馆经营的点心花色品种繁多，其中出名的有千层油糕、翡翠烧卖、水晶包子、鲜肉大包、重油烧卖等。

任家坡因任氏望族居住于此而

安庆"九头十三坡"之登云坡

得名。任氏先祖均以农为业，直至明万历五年（1577）任可容中进士后，任氏家族才跻身于显贵。任氏家族的繁华，前后延续了两百多年，直到清乾隆之后，才开始显现衰败迹象。太平天国后期，任氏旧宅为太平军英王陈玉成府邸，宅内发现有《飞凤舞狮》《瓜瓞绵绵》等太平天国壁画。清咸丰十一年（1861），曾国荃率湘军克复安庆，任氏旧宅一度为曾国藩行署，后为李鸿章四弟李蕴章公馆。光绪年间，李蕴章长子李经世，将其改建为太史第。太史第有并排三座门楼，高大气派。抗战爆发，太史第渐失昔日风采，后沦为民居杂院。现存任氏旧宅以"英王府"之名进行保护，但因为资金问题，迟迟得不到根本性的修缮。

任家坡与老大南门正街之间的一条南北向小巷，叫宣家坡。宣家坡南的老街，原名哈叭巷，民国时，居住于此的两位报人认为不雅，更名为培德巷。巷东曾为陈独秀故居。宣家坡北与蓄水池巷相衔。宣家坡长仅百余米，坡度相对于登云坡，也略平缓一些。"文革"中，与北段的蓄水池巷、卧石巷（鸳鸯栅）并为建新街。现宣家坡街名早已不存，但南街口仍竖有"宣家坡"路牌。老宣家坡东，原为丰备仓旧址，光绪三年（1877），怀宁县知县彭广钟动员七位怀宁籍士绅捐资创建凤鸣书院，并亲自主讲官课。光绪二十八年（1902）凤鸣书院改为凤鸣小学堂，后升格为怀宁县中学堂。民国后，改建为怀宁县立中学。这也是安庆第四中学的前身。

黄甲坡位于任家坡西，由横街杨家拐连接。现因新辟龙山路，两坡之间架起了滨江桥，而滨江桥位置，就是当年黄甲坡的坡顶。黄甲坡因黄甲山得名，但坡并不是缘黄甲山而上，而是向东插到杨家拐街上来。黄甲山的山顶，在老玉带街西侧，司下坡口东南一带。黄甲坡东，民国初期是江苏会馆，后改建为怀宁县中心镇小学。西边则是赫赫有名的山谷祠。山谷祠为纪念北宋诗人黄庭坚所建，后来也供有李白、张籍、苏轼、杨万里等文人的牌位。明嘉靖初曾移山谷书院于山谷祠左，清初废。山谷祠后为范黄亭。现亭祠均被毁，黄甲坡也演变成高层住宅群间一条平平淡淡的黄甲山街。

由老城的八卦门进城，走西正街向东十多米，一上一下便是县下坡和五垱坡。两条街本是一个整体，西正街将其一截为二。

五垱坡是入八卦门后的头条街巷，它顺城墙向南拾级而下，到老轩辕庙后，随城墙改为东西向。走出街口，便是大南门正街，越街而过，早前是老忠孝街，现在改名为清真寺街。往南，则出镇海门。东行与小南门相连。光绪十年（1884），安庆商办电报局成立，局址就设在五垱坡北的黄甲山下。电报局往东，街南黄泥冈曾建有祭祀人文初祖黄帝的轩辕庙。

县下坡是安庆老城第一大坡，这条街南连玉琳路，北至龙门口街，全长245米，麻石条路面。其坡主要在北端，陡坡且左盘右转。到坡顶，过鸣凤里，便是老怀宁县衙署所在地了。因临近县衙，怀宁历代出头露面的贤达人士，都喜欢在这里留下印记。县下坡牌坊林立，也成为老城一大特色。县下坡还有两大比较有名的建筑，一为大雷公寓，一为鸣凤楼。大雷公寓为望江士绅所建，因大雷戍而有名。鸣凤楼立于县下坡顶，登高之后，西门外街市景色一览无余，是安庆老城有名的人文景观。县下坡于1999年被改造开发，虽街形依旧，老坡也有保留，但由于两旁竖起现代高层住宅，穿行其间，已没有当年风味。值得庆幸的是，登上坡顶后的鸣凤里东侧，老住宅楼"高岗鸣凤"还基本保存完好。"高岗鸣凤"为两层两进住宅设计，青砖扁砌，因大门横额"高岗鸣凤"而得名。这栋住宅楼民国初年由当时安徽省城总商会副会长程鸣鸾所建，建造目的是营业出租，出租对象大多为旅居安庆的一些大钱庄老板。感谢"高岗鸣凤"，虽不足百年历史，但对于我们了解县下坡，了解老城老安庆原貌，多了一扇可以深入了解的窗口。

司下坡在县下坡之东，其全名应为"安徽布政使司下面的坡"。这个坡较之县下坡，既宽且直，有一种官大一级的骄横。从八卦门进城，由西正街东折，顺老街一步一步走上来，当累了准备喘口气的时候，抬眼上望，

县下坡，坡顶早前为怀宁县衙门

司下坡，顶为安徽布政使司司署

坡顶之北的谯楼，正以鄙夷之眼向你俯视，让你感到渺小和卑微。多少年来，司下坡在平民百姓心中，就是这样的感觉。

清末民初，司下坡逐渐向工商经济活动中心的方向发展。光绪三十一年（1905），安庆商务总会发起成立，会址就设在司下坡。首任会长为地方士绅宋德铭，两位协理，一位胡懋旂是胡玉美大老板，另一位吴甫臣是裕皖官钱局经理，同时兼任同康钱庄经理。之后又有钱业公所、米业公所等在这一带相继成立。司下坡也是老城最早的金融一条街，清光绪三十二年（1906），安徽第一家官办金融机构裕皖官钱局在司下坡开业；宣统二年（1910）又在此设立有大清银行安庆分号；1914年，中国银行安庆分行又在裕皖官钱局旧址设立；1931年，再新添中国实业银行安庆办事处等。

九头十三坡中，邓家坡、卸甲坡、凤凰坡等，也跻身于其中，但多少有一些凑数之嫌。老城改造之前，可圈可点的以"坡"为特色的街巷有好多条，如大南门正街、小南门正街、西正街、梓潼阁、同安岭、石家塘等，可惜街名中少了一个"坡"字，只好被挤出"十三坡"外。

中

从地理位置看，安庆处于长江之北。但从大地理概念而言，安庆经纬度与苏州相近，还是属于大江南。安徽分省自治之前，安徽与江苏就同为江南布政使司。老城街巷特点：一窄，二曲，三短，是典型江南小城的风貌。老城中有名无名、生生灭灭的街巷究竟有多少？难以计数。清末安徽巡抚朱家宝"老城改造"时，曾有一个统计，当时长长短短的街巷，就多达260余条。

260 多条老街巷，260 多个老地名，这些地名或粗俗或雅致，或简单或复杂，或直白或拗口，其形成都有它特定的原因。比如，安庆过去是安徽省的老省城，省城文化在相当长一段时间是安庆地方文化的一个重要方面。省城文化对安庆街巷名称的形成有很大影响。

先说三条以"墙"为名、保存至今的街巷，它们分别是东围墙、西围墙、后围墙。为什么以"墙"为名？因为三条小街围着转的这个"墙"不简单，它是安徽省政府的院墙。

老省府大院最早修建于宋代，当时为巡江按院，明代为皖府，清顺治年间为操抚。民国初年改为皖军都督府，倪嗣冲任督军后为安武将军行署，再往后，为省长公署、安徽省政府等。许世英就任安徽省长期间，拨经费在后园建后乐轩，轩前有一天然小溪，上铺石桥，曲径通幽，景色清雅。抗战时期，老省府大院是日军飞机轰炸的主要目标，所有建筑全部被毁。1949 年后，旧址一度改为儿童乐园，后又扩建为中共安庆市委大院。目睹安庆政治体制变革的老省府大院，在几百年的风雨之中，拆拆建建，建建拆拆，最终从安庆城区版图上完全消失。

三条以"墙"为名的街巷，至今仍保留原有格局，其中东围墙北通孝肃路，南接人民路，因短短 300 米的小街有包括卫生局在内的多家卫生医疗单位，并开有多家药房，算是老城特色"卫生"街。后围墙现由两条小街组成，除后围墙外，大沟巷也被兼并其中，越过萧家桥，西边就是近圣街。龙山路建成后，它是龙山路通往东围墙的重要通道。相比之下，西围墙早前虽有天宁寺，后又在此建安庆日报社大楼，但相对僻静，仅仅是城中一条窄巷而已。

人民路步行街西段，从梓潼阁到市政街，过去要经过老省府大院正大门，这截路长不足 500 米，当时却有三个街名，依次是：府东街、省政府街、府西街。三条短街的南侧，也就是现在黄梅戏会馆位置，过去是长满低矮杂木的小山包。另外还有一条府后巷，但指的不是后围墙，而是后围墙东的一条南北向的小巷。府后巷深 50 米，宽仅 2 米，勉强能行一人，"文革"期间曾名为红旗路南一巷。20 世纪 20 年代末，老城修建西起梓潼阁、东至大栅子的新市街马路，老省府大院为配合修路工程，将原大门向后退让到现在位置，原有建筑除屏墙及传达室外，其他一律拆除。新市街马路竣工后，府东街、省政府街、府西街等街名，也就渐渐淡出安庆城区版图。

老城还有三条以"府"为名的街巷，分别是府前街、府东巷和府西巷。这个"府"指的是安庆府，相比于省府大院，它的级别矮了一截。民国初年安庆府废，府署一度改为六邑工艺厂，后又改设省立第一甲等工业学校，也就是后来老安庆人熟悉的"高工"，现为安庆第二中学南校区。所谓府前街，就特别指安庆府前这条短街。20世纪20年代末，府前街被并至吴越街。老安庆府东侧的府东巷，一度改称为福泉街，现为永安街的一段。府西巷北连健康路，南接宣家花园，巷东原来是汪家塘，现名宣家花园街北巷。1956年，安徽黄梅戏学校前身的"黄梅戏演员训练班"在此开学，为安庆培养了第一代黄梅戏后继人才。

另外四条以"局"为名的街巷，分别是公安局街、局东街、局西巷和局后巷，四条街巷依附的则是孝肃路上的老安徽省警察厅。老城之中的这处大院，机构三番五次变化，民国年间一度为市公安局，后又改为省会警察厅，抗战后

安徽省政府前短街，民国时期一度称为"省政府街"

又曾为怀宁县政府。1949 年后为安庆市政府所在地，之后又为安庆市政协与市人大所用，现为房管局大楼。其中连接孝肃路与四照园街的局西巷，现仍延续旧名。局东街现为双井街南段，民国初年曾名上吕八街。20 世纪 60 年代，双井街全程拓宽，局东街也被并为双井街。面对省警察局正大门的这一小段，名公安局街，现为孝肃路中的一小段。而另一条局后巷，也因老城改造而不复存在。

东西向的孝肃路，西连北正街，东接华中路。民国时期，除老安徽省警察厅外，还另有安徽省高等法院、国民党安徽省党部、安徽省立法政学校等机关。这些机关大门那一小截路，随机关名称，分别取名为法院街、党部街和法校街。1930 年前后，孝肃路整体修筑，这几条小街全被并入孝肃路。与这些街名形成和消亡原因相类似的，还有一条市政街。1926 年，挂牌五年的市政筹备处终于正式成立，办公地点在劝业场。劝业场向西到府东街这一段，因市政处成立，约定俗成为市政街。民国初年，市政街是老城繁华闹市区之一，安庆八家扬班妓院，这条街就占了四家。后市政街并入新市路，但仍保留附近一条小巷为"市政巷"。此外，劝业场和劝业场附近的御碑亭，当时也分别被冠以相对应的街名。

健康路东、健康路小学门口这一段，早前名道尹公署街。安庆道尹公署设于 1914 年，此前，为光绪末设立的劝业道。1926 年安徽省财政厅发生大火，将办公地点迁至此。道尹公署街也因此而改称为财政街。另一条学署街，为现中宜大厦门前那一段。"学署"指安徽学政署，后改为安徽提学使司，其所驻，原为安庆营副将府，后为安徽高等法

20 世纪 50 年代发生在孝肃路的保卫世界和平大游行

院。学署街后期也称法院街。

安徽布政使司司署,也就是谯楼前的这一段短街,过去叫司门口。"司"是安徽布政使司,"门口"两字不用解释,简单直白。司门口与县门口之间的一截短街,过去叫司狱前,同理,司狱前中的"司狱",指的是清代安徽省监狱,也称"臬司狱"。这几条小街,后来都并入龙门口街。还有一条纯阳街也基本类似,其中"纯阳",指的是纯阳道院。纯阳道院建于清康熙五十五年(1716),同治年间重新修复。民国后驻中路商团,附设有因利局。因利局发放小额借款,主要是扶持贫民做小生意,类似现在的就业基金。纯阳街是孝肃路中一段,位于姚家口东。

现在的程良路,之前叫操江场。安庆明代置提督操江,领上、下江防事。至顺治元年(1644),兼巡抚安(庆府)、徽(州府)、宁(国府)、池(州府)、太(平府)、广(德州),顺治七年(1650)驻安庆府城。史书载,操江早前在西城外江滨,操江场由此而名。

曾有文章认为安庆是中国海军发祥地,因为建立海军的最早构想,就是太平天国战争期间,曾国藩立于集贤关山顶,遥望长江时萌生此念。中国第一艘木壳蒸汽轮船"黄鹄号",也是在安庆试制下水的。在这之前的清康熙六年(1667),安庆就设立有安徽水师,咸丰十一年(1861),湘军水师将领彭玉麟又率部队入驻安庆。同治八年(1869),长江水师设立安庆营,管辖长江南岸270里与北岸234里范围。辛亥革命后,长江水师才被撤销。老城因水师而名的街巷有两条,一条是水师营巷,一条是水师巷。水师营巷在小南门外,与登云坡相对,一度改名为建设路东巷,附近的菜市场,约定俗成名为"水师营",其中又以水产品为特色,依然离不开一个"水"字。水师巷原是德宽路东拐到玉琳路后的第一条小巷,向北通腊树园,其东为里仁巷,老城改造中被废除。

2000年公布的安庆城区新地名中,还有两处记录清末皖省新军历史的地名,一是炮营山巷,一是马山西路,但两者距原址都有一定偏离。炮营山在老发电厂南,紧靠长江;马山泛指现马山宾馆的范围。皖省新军名陆军暂编第三十一混成协,炮营与马营是其中两个营,分驻老城东郊与西郊,炮营山与马山因此而名。清光绪三十四年(1908)熊成基率炮、马二营起义,这两处地名也因此传遍全国。

安庆另一位传奇人物陈独秀，出生地是老城后营。这个后营，在双井街体育场的位置，太平天国战争前为清军营地，后营因此得名。

除此之外，一些代表性建筑，如湖北会馆、河南会馆、天宁寺等，也都成为街巷之名，顾名思义，指的是位于这些建筑前面的短街。湖北会馆是现在卫门口街的旧称，中华人民共和国成立初期仍在沿用，后改卫门口至黄家操场的那条短巷为湖北会馆。河南会馆是现在的三祖寺街，而当时的三祖寺街，则是指由王家塘经河南会馆通往孝肃路的窄巷，现名三祖寺南巷。天宁寺是老城建造最早的寺庙之一，原在现四中内，后移至现商业银行大楼西侧，之间多次修葺。1913年改为务正小学。天宁寺作为街名，当时北至西围墙，南至府西街，后又因务正小学改为务正街。

最能反映安庆政治风云变化的街道，就是现仍保留的国货街。五四运动时期，安徽省会安庆城，前前后后有数十万人以示威、游行、停市、罢工等方式，向北京表示声援。其中抵制日货、销毁日货的行动，几乎成为老城共同的义举。之后由学生代表提议，社会各界赞同，并最终经省政府批准，改老四牌楼西街为国货街，以纪念安庆的这场爱国大运动。

老城另一条街华中路，是1930年为迎接第四届华中运动会在安庆举行，用短短半个月时间突击修出来的，当时长只有2000米，宽8—12米，通往位于森林公园内的公共体育场。安徽、湖北、江西、湖南四省运动员，是老城新马路迎来的第一批外地客人。为纪念老城历史空前绝后的大规模盛会，这条新马路就命名为华中路。现在这条路向东已经延伸到机场路，远不是70多年前的那个老概念了。

老城当然充满时尚气息，特别是民国初期，作为安徽省会，对于科学之风、民主之风、革命之风等，安庆往往是江淮大地最先感受并最有体会的城市。这种感受，一度也通过街名的变化反映出来。其中梓潼阁（龙山路交通银行大厦段）曾名科学街，而以教育闻名的龙门口街，也曾经改名为育才街。

与教会相关的街道，安庆也有不少。比如西连双井街、东接锡麟街的健康路，相当长一段时间内，名为同仁医院街。同仁医院是老城最早的教会医院，初期设在大二郎巷，后迁往百花亭新址。其南墙外的这条小街，因此与同仁医院共名。

另外，锡麟街天主堂段，民国时期一直叫天主堂街，2000年公布安庆城区新地名，天主堂巷仍有保留。这条天主堂巷，是原孝肃路中的一小段，孝肃路改道后遗弃不用，随天主堂成为其附属街巷。现在的大南门西巷，当年是进镇海门后朝西的第一条小巷，清末民初叫哈叭巷，后改为培德巷，这条巷名也与教会有关。清光绪二十九年（1903），基督教圣公会在大二郎巷教堂附近创办初等女子学堂，后迁址百花亭，1928年又搬回，改名培德女子中学。经两位报人提议，附近的哈叭巷易名为培德巷。

安庆老城的地名，也随时代变迁而不断更新。光绪之前，老城区划以"坊"为界，由此也派生出许多地名。同治八年（1869）基督教内地会在安庆建教堂，选址就在城北的西右坊。安庆名寺双莲寺，在史书上，也位于"城内东北前阜民坊"。民国时期，受外来文化影响，老城一些相对较窄的街道，又以北方地名文化中的"里"为名。当时在安庆，就出现有余庆里、新市里、康济里、民生里、仁和里等巷名。余庆里，标明在城西北的玉虹门，是入城之后玉虹街最西的一小段，"文革"期间与玉虹街并为新建街，后恢复为玉虹街。另一条窄街新市里，与钱牌楼通往人民路的新市巷相近，但一是"里"，一是"巷"。新市里位置在鹭鸶桥附近，但如何走向，多长多宽，现在已经查不到了。康济里是钱牌楼通往大二郎巷的一条曲巷，其间要绕好几道弯。当时的钱牌楼居委会，就在巷子的深处。民生里在张家拐附近，原先这一片多是荒地，后来相继建起民居，也就派生出新的街巷。安文生曾写过一篇《旧城遗址》，文中提到，当年以"里"为名的街巷，还有锡麟街最南段的化民里、墨子巷至任家坡的景福里、高井头至天后宫的荣鑫里、连接卫门口与四照园的进德里、与进德里平行的新民里等。此一时彼一时，不经意的街名变化中，一两百年的时光，晃眼就过去了。

下

关于安庆老城街巷名称的来历，大多有一定说法，或以山势，如坡、如岭、如头；或以景物，如井、如桥、如坊；或以建筑，如庙、如寺、如祠等。前些年老城还没有彻底改造，晚饭之后，我总喜欢找一些七弯八绕的老巷子，独自反背双手，行走其中。这些街巷本身虽缺少诗情画意，但不少街巷名称含蓄雅致，韵味十足，让人惊叹。

在这些街巷中，最值得寻访，也最具浪漫色彩的，一是布云巷，一是施雨巷。凡夫俗子，如何敢有呼风唤雨之能耐？细一查考，原来两条街相邻的都是龙神祠。龙神祠也是一条窄巷，东西走向，连接北正街和小珠子巷。龙神祠建于明代，清时多有重修，为祈神求雨的场所，民国后改为警察北署。"施雨布云龙司职守；消灾降福神显威灵"，施雨巷与布云巷之名，就取于龙神祠的这副对联。施雨巷在西，由三祖寺至龙神祠，布云巷在北，由孝子坊街插过来。现布云巷仍保留有原街型和街名，龙神祠和施雨巷则不存在了。

以"月"为名，诗情画意。类似街巷，当年有三条，分别是月城街、月牙宫和月字街。月城街在东门外，过吊桥后由东城口街向南，往前就是长江。月城特指围绕在城门外的半圆形小城。月城街的街名则由此而来。民国时期，这一带曾辟有长带形沿江花园。月牙宫位于城南，连接大南门街与建新街，当年这条街的街型呈半圆形，确实有一点月牙儿的味道。现在仍保留在安庆城区版图上的月字街，其东西均与大王庙街相接，严格意义上，是大王庙街绕出来的一条月形街道。取名于"月"，名副其实。

安庆老城与"水"相关的街巷比较多，但其中有特色的主要为蓄水池、抱江巷和南水关。蓄水池现在是建新街中的一段，过去走倒扒狮子街，由鸳鸯栅向南，经卧石巷，便是蓄水池，往南过街，便是宣家坡。蓄水池街名直白，就是为突发性火灾备用的水池，隶属镇安水龙局。抱江巷宽不足 3 米，长也只有 50 米，实在是一条不起眼的窄巷，但抱江巷"抱"之对象，是万里滔滔的

月字街

长江，其势之大，让人侧目。南水关位于南城，因22号陈家大洋房是中国共产党创始人之一的陈独秀故居，所以远近闻名。

若说粗犷威武，街名充满堂堂男子汉阳刚之气的，有系马桩、卸甲坡。系马桩至今尚存，是宣家花园向北通向孝肃路的一条短巷。老系马桩为"人"字形，由孝肃路插进来，走至一半，花开两枝，向东通往吴越街（公安局北），向西通往双井街。关于系马桩，有必要多写两句。在以马代步的时代，凡官做至一定级别的人家，宅子门口都要置石两块，一为上马石（下马石），一为系马桩（拴马桩、拴马石）。系马桩分木料、石料两种，石料者等级更高。孝肃路一带过去是官衙集中之地，在此居住的也多为官宦人家。斗转星移，时过境迁，但系马桩却一代代传下来，成为一方标志，并约定俗成为街巷之名。卸甲坡原在枞阳门外，是老城门的附属。具体方位，是东城口街临近城门的一小段，再往前就是枞阳门。大将军进城，声名再显赫，也必须在此卸甲下马，估计街名由此而起。

若说婉约细腻，街名透着女性柔弱风韵的，有女儿桥、鸳鸯栅、风节井等。其中女儿桥以桥为名，位于老城最西端，原先为东西走向，西接大王庙街，东与广济桥相连。街之北，是风景优美的鸭儿塘。"文革"中，女儿桥被并入立新街，1980年地名恢复，又被移花接木，改成由大王庙街向北至热电厂围墙的窄巷。同女儿桥一样，鸳鸯栅也在"文革"中被改名，至今也没有恢复。建新街由倒扒狮街向南插，顶头的瓶颈一段，就是过去的鸳鸯栅。结木为栅，鸳鸯栅中的"栅"，本义为"栅栏"，而鸳鸯，又是象征爱情的飞禽，因此鸳鸯栅街名，本身就带有清纯浪漫的色彩。鸳鸯栅构造很特别，它是从民居建筑下穿过的一条街巷。下分上连，下街上宅，这在老城十分少见，由此也成为平民百姓津津乐道的一大景观。风节井为孝肃路中的一段，因井而名，"风节"二字，颂赞的是投井而亡的余阙家人。

另外也有些街巷名，一听上去，就能给人以丰富联想。如采菊巷、插竹巷、插米巷、腊树园、香粳巷等。采菊巷清末民初时名为插烛巷，其东为忠臣庙、大观亭，其西有大节祠、大王庙、水府庙等，烧纸插烛焚香，自然有一番热闹。1949年后，烛火渐废，改称采菊巷，也顺理成章。采菊巷西面水，北背山，"采菊东篱下"，悠然之情，溢自内心。采菊巷起自横坝头，北绕至观音巷，街口过

采菊巷西面水，北背山。"采菊东篱下"，悠然之情，溢自内心

去是墩头坡和广济桥的分界处。插竹巷位于城南，是小二郎巷连接大南门街的横街，穿过大南门街，则与胭脂巷相衔。插竹巷旧名也是插烛巷，同样含有"香火旺盛"之意。清末民初，插竹巷附近有两大庙宇，一是药王庙，一是府城隍庙。两家庙宇都设有戏台。逢庙会集日，烧香敬佛的，逛庙赶场的，将这一带挤得水泄不通。另一条"插"字打头的插米巷，是条宽只有两米的窄巷子，长不足50米，由玉琳路通往沿江西路。民国初年，这一带粮行云集，"插米"之意，可能取于此。由插米巷过玉琳路，再经青石板路面的水师巷走到底，便是腊树园。腊树大概是安庆方言，从字面上理解，应该是梅树。腊树园为高岗之地，估计当年这一带曾有大户人家的梅园，久而久之，便叫出了名声。香粳巷地处北门外，原名赵家坡，"文革"期间为工农街西三巷，这是条半圆形的街，由荷仙桥绕进去，又从蔡家桥绕出来。陆游《新凉》中有"粳香等炊玉，韭美胜炮羔"句，不知香粳巷之名，是否源于此。

还有一些比较世俗的街名，如糍粑巷、铁匠巷、哈叭巷等。但大俗就是大雅，细心体会，也有许多乐趣。糍粑巷过去由玉琳路通往沟儿口，长只有百米。安庆的糍粑，通常以糯米为原料，蒸熟捣烂后，用油煎成金黄色，十分可口。敢以糍粑为巷名，肯定当地的糍粑做得地道，并有特色。铁匠巷是北门外老街上众多窄巷中的一条，为工农街往老集贤路的东西向通道，长不足百米，宽处只有 4 米，窄处勉强能侧身而行。隔街相对的，南是碟子塘巷，北是香粳巷。这一带过去为城乡交接地，多居住有篾匠、纸扎匠、锡匠、白铁匠、铁匠、铜匠、补锅匠等。或许铁匠巷内铁匠或白铁匠更多些，因此就被周边居民叫开了。哈叭巷中的"哈叭"，从字面上理解，指通常所说的狮子狗，但延伸出去，又有"溜须拍马"之意。哈叭巷是清末民初的老地名，由大南门街向西，与任家坡相连。它与胭脂巷平行，中间有宣家坡相接。

安庆街巷名还有一种特别有趣的现象，就是以数字居首的街巷特别多。从"半"到"一"到"十"，再到"百"到"万"，几乎无所不包。

在数字打头的街巷中，半济堂的"半"，数字最小，排到了第一位。过去说半济堂，方位十分明确，它西抵黄甲山，东至轩辕庙，是一条麻石条路面的窄巷。虽然街道不长，却是老安庆一处非凡之地。街前街后，有老安庆出名的江苏会馆、江西会馆，距老安徽省议会，也只一步之遥。20 世纪 30 年代，省议会大厅改建为新潮的电影院，小街因此早晚人流不断，着实风光了好多年。

一人巷是近圣街中段北向的一条窄巷，南接近圣街，北连孝肃路，街长百余米，宽只能容一人独行。其具体方位，在现工商联左侧。安庆辖区内最"大度"的街，当属桐城市的六尺巷，"让它三尺又何妨"，不仅让出了一条远近闻名的老街，更让出了一段千古流传的佳话。在老城安庆，尤其是在建造无序的城西城北地区，如此大度宽容的胸襟实在不多，因而类似"一人巷"这样的老街，比比皆是。

以数字"二"开头的街道有两条，同叫二郎巷，分大、小两条。现在的小二郎巷东起高井头，向西有一段陡坡，与插竹巷交接后，一个大直角北甩，与大二郎巷相连。大二郎巷则是一条直街，它西连繁华的四牌楼，东接热闹的高井头，历史上就是一条要道。这两条街的标志性建筑，就是清末圣公会修建的哥特式建筑——圣救主座堂。

以"三"打头的三孔桥、三祖寺、三官塘等街巷，随着老城改造，大多数已不存在，或完全改变了原先的街型。三孔桥在老城东迎江寺附近，原是沿江东路东西向的一段，现在方位变了，演化成南北向由沿江东路通往人民路康熙河段的一条不规则的窄街。三祖寺是龙山路西连小珠子巷的一条横街，一东一西曾经分

别是河南会馆与三祖寺，这两处都是老
安庆有名之地。三祖寺初名菩提庵，相
传三祖曾在此小住，故而有庙。三官塘
老地名三官堂，因"堂"与"塘"音近，
附近又多水，因此讹传为三官塘。三官
堂是道家供奉三官的场所。三官者，分
别为天官、地官和水官，是早期道教尊
奉的三位天神。

20 世纪 20 年代，安庆城南二郎巷

　　相比较而言，以"四"打头的街巷
变化稍微小些。其中四照园得名缘于街
上曾坐落一座典型北方四合院民居，这
多少也反映了老安庆极大的包容性。四
照园在 20 世纪 50 年代连接平心桥和局
东街，现贯穿龙山路与双井街，但其知
名度，已经让位于北向另一条卫山头街了。四眼井街因井而名，是沿江西路直接
通向长江大堤的一条小短街，长不过百余米，但因浓郁的市井文化颇具代表意义，
因此被认为是城西八卦门外居民区的缩影。老城民国之前没有自来水，全城饮用
水来源，一是江，二便是井，鼎盛时期，安庆城内共有大小井七十余口。目前能
见到的老井已经不多了，四眼井是少数基本保持原貌的老井。四达路作为老街名，
"来得晚走得早"，是时间长河的一个匆匆过客。它是 1930 年为举办华中运动会特
意破开城墙修建的，取名四达，体现出老城对外开放的迫切心情。四方城的格局
在 21 世纪初的老城改造中，已经面目全非。过去的四方城，由县门口街拐弯朝北
始，止于分龙巷口，长约 200 米。"文革"后，四方城向北兼并了郭家桥，到大洪
家巷口，又东与关岳庙街相连。上下两条街都是东西走向，而四方城是南北走向，
这就形成了"四方"之形。取名四方城，非常贴切。

　　五垱坡、五甲塘、五巷口都在老城之西。五垱坡的"垱"是个生僻字，它是
指为便于灌溉而筑的小土堤。五垱坡是老城进八卦门后，沿老城墙向南蜿蜒的一
条小街，也是老城有名的"九头十三坡"之一。2000 年 7 月 31 日，随着安庆市

地名委员会一纸公告，五垱坡从安庆版图上永远消失。相比较而言，八卦门外的五甲塘，存在时间就更短，它是现白云巷北段的一段，位于老白云凸山下。五巷口也是一个老地名，特指现玉琳路太平寺街口这一段。五巷在民国初期具体包括：西门外大街西来与东去两条、太平境、操江场（程良路）、糍粑巷。五巷相汇，在老安庆城也是一处风景。

过了"五"之后，老城的街巷名称就直接奔"百"字上来了。其中百忍巷作为地名，曾出现在民国初年的安庆版图上。也许这个"忍"字杀气太重，后来这条小巷一分为二，改名为五甲塘与祥斌巷，依然拗口，索性再改，就演变成现在的白云巷。"百忍"与"白云"，音和意都有相似之处，表现了高远的意境。百子庵过去是一座小庙宇，位于现市立医院内。中华人民共和国成立初期，现市立医院西侧向北有一条小土路，由新市路通往四达路，因临近百子庵，这条小巷就约定俗成叫为百子庵，后随老城墙被拆除而消失。百花亭原是西北端老城墙上的一座小亭，远可眺望城外菱湖百花，故名为百花亭。城内由铁佛庵通往百花亭的一段小土路，当时就叫百花亭街，民国后改名为锡麟街。

万安局是安庆老街中辈分最大的一条。老城改造以前，它包括两条小巷，南都起自荣升街，一巷北抵黄花亭西街，二巷北通黄花亭小学，街长均在130米左右。万安局创办于清同治七年（1868），是一家民间慈善机构，主要布施棺木、掩埋路尸等。万亿仓是清时安徽官办粮储。旧时进康济门后，其门前那段街，也称为万亿仓。万亿仓规模最大时，环建有南北内外仓共119椽，另有会储堂、后堂及大晒场。

外地朋友来安庆，听到不少诸如"布云巷""鸳鸯栅""古牌楼""抱江巷"等街名，十分讶异，认为仅是这些充满文化意味的老街名，就能看出安庆老城深厚的历史文化底蕴。的确，安庆建城800余年，其中又有300年老省城的辉煌，无论政治、经济、文化，都有许多可圈可点之处。而老街巷称谓的变更，又无不留有深深的历史痕迹。所以我们说，地名文化是城市文化不可或缺的重要部分，而且是支撑地方文化个性特色的关键组成部分。

第三讲　老城的井，老城的桥，老城的景

上

安庆建城 800 余年。800 多年风风雨雨，安庆老城的古井，几乎每一口都有一段凄楚故事，其中最打动人心且最具传奇色彩的就是风节井。据史书载，风节井在原按察使署后院。现在孝肃路向东穿吴越街的那一段路面，就是风节井的位置。元末时，这里是淮南行省左丞余阙公署。元至正十八年（1358）正月初七，农民起义军领袖陈友谅率红巾军攻打安庆，余阙出八卦门在西城外迎战。虽然拼尽全力，但最终还是因为兵力过于悬殊而战败。余阙作为大将军，虽兵败但气节不丢，从容拔剑自刎，沉尸于清水塘。消息传进城内，余阙结发之妻姜氏与侧室耶律耶卜氏，带领儿子德臣、女儿安安、外甥福童先后投井身亡。这口井，就是后来被安徽历代官员赞为"节烈可风"的风节井。清康熙年间，安徽布政使在风节井上建纪念亭，题额为"一家仁"。1919 年，安徽高等法院又对一家仁亭进行重修，两边廊柱新题对联"男女共成仁古井无波清足鉴；门墙宣正气庭花满地讼常闲"。遗憾的是，1926 年老巡按使公署发生大火，一家仁亭和风节井也被殃及。一段可歌可泣的传奇故事，因亭毁井填成为安庆城千古绝唱。

类似"风节井"性质的古井，大二郎巷街西段还有一口，附近居民称为"龙王井"。龙王井位于大二郎巷小学对面，井台缩在街南。龙王井的井圈为鼓形，内沿上勒有深深绳沟。井圈后的墙上嵌有一方石碑，据传当年是官府用来"镇鬼"

隔开城与乡的安庆老城楼与老城墙

的。"鬼"从何来？清咸丰十一年（1861）9月5日清晨，曾国荃率湘军破西北老城墙攻进安庆，城内太平军守将吴定彩、叶芸来以及手下两万余将士，全部死于肉搏血战之中。居住龙王井周边的一些太平军家眷，见大势已去，纷纷涌过来，以跳井的自尽方式，表示对太平天国的忠诚。此后龙王井就生出一层神秘色彩。

过去的安庆老城，取水源主要有三个，一是江，二是塘，三是井。相比较而言，井易于开凿，省工省力，算得上是流动的取水源。因此，自来水普及之前，城区老井如林，遍布大街小巷。1980年相关部门对城区生活用井做过统计，当时城区内大小井共282口，其中井深之最为17米，井深在7米以上者，多达30口，而浅者，只有1.3米，弯个腰就能把水打上来。安庆城区处丘陵高地，地形复杂多变，有高岗也有洼地。正因为如此，老安庆的井，相比其他平原城市，更有自己特色。

老城地势最高的老井，应该是县下坡鸣凤里附近一高一低两口井。县下坡是进八卦门后通向怀宁县衙的老街，一路青石板阶坡走上来便是鸣凤里。当年曾建有鸣凤楼登楼扶栏，站在此处，老城景色一览无余。因掘于高岗之上，鸣凤里井就有许多传奇色彩。比如说井是鸣凤里之"凤"的两只凤眼，其水自然清澈透亮。

任家坡也是老城"十三坡"之一，位于任家坡中段的取水井，虽地处高坡，但水源十分充足。据周边老人回忆，在井边居住多年，从没见过井水见底的情形。可惜的是，打上来的井水味略咸，不能食用。

在地势相对较低的低阶地，井水的水源更充沛，水质更优良。五挡坡往江边去的南水关，有一私宅大院，其家用的一口简易井，无井

太平军战败后，将士家眷纷纷自投龙王井，尽忠而亡

圈，只简简单单用青石板铺就，但水质奇好，偏甜。井深两丈不见底，但水面与地面始终保持尺余左右。大旱年间，家井外借，取水量过大了，偶尔也会浅一些，第二日便能复原。在双井街、宣家花园、锡麟街、铁佛庵巷一带，老井成群，有名可查的就有铁佛庵大小井、双井、宣家花园井、汪家塘井、福泉、小东门井等。这些井多为大口径砖井，水质清纯，一般可直接饮用。

安庆城区老井取出的水，多为含水岩组中的孔隙水。有些地段，这些孔隙水"个性张扬"，便以泉水的形式外露出地表，其中最有名的，就是位于原安徽省电力学校校园内的"让泉"。史书载，让泉"争则涸，让则涌，汲者依序而进，各得充盈"。清康熙年间，安徽巡抚徐国相曾建澄碧亭于让泉之上。与之相隔不远，另有一口"龙井"，掘于两山裙连腰地，掩于参天古树之下，水质清冽甘润，历旱不涸。原染织厂一带的老居民，大多在此取水饮用。龙井与让泉，早前是西门外平头山的两大景观。城西北的杨家塘井，井台建于杨家塘水面之中，为典型的塘中井。杨家塘井内的水，较之塘水，更清更亮，属于饮用水。类似杨家塘井这样的塘中井，国内其他城市未见有介绍，可能独此一处。

1932年，防疫部门为加强城市生活用水消毒管理，曾在城区对饮用井做过摸底统计，最后结果是，安庆城内共拥有各种生活用井127口。当时老城的井主要分两大类，一类为公用井，一类为私用井。所谓公用井，是指或官府独资，或地方绅士共同捐资开凿的带有很大公益色彩的生活用井。民国年间印行的《怀宁县志》，就有光绪十年（1884）士绅出资重修北门外龙眼的记载。公用井一般都建于街头巷尾比较显眼位置，并专门建有规范的井台区。公用井一般以四眼

城西北铁佛庵大井，单眼，水质清纯，可直接饮用

为多，双井次之，这主要是从居民用水者众的角度考虑。四眼井的井圈，有高有低，适合不同身高不同力气的人使用。

老城公用井最出名的有西门外四眼井、北门外龙眼、双井街双井，以及城中闹市区的钱牌楼井。钱牌楼井位于钱牌楼街中段，缩进街南，通往井台的路是一条窄巷。井台区略低于路面，青石板铺就，井为四眼，很深，枯水季节要用十来米的井绳。井南的墙上嵌有一方青石碑，上有"源泉"二字。目前保存完好的后围墙双井，早前它的名字叫大沟巷井，位于西围墙与后围墙相接的丁字路口，当年也是周边几条街居民的主要取水井。后围墙双井的井水，现在也还能使用，但井台、井圈经过整修，已经不再是传统文化意义上的老井了。

20世纪30年代，为便利居民生活，安徽建设厅在安庆开有多口公用井。这类井，井口较大，井圈多为水泥浇铸。其中吴越街大菜市井是1927年兴建菜市场时开凿的公用水井，为吴越街大菜市的配套工程。北正街井是人工机井，掘于20世纪20年代末，类似机井，到1978年，城区内还有32眼。北正街井属Ⅱ级阶地机井，其位置在龙神祠巷街北，水质清亮，可饮用。

私用井多是富庶人家掘在私宅后院独用的家井。相比较公用井的开放与粗犷，私用井更像楚楚动人的深闺小姐。通常私用井的井口较小，单眼，没有特殊情况，一般不外借。当然也有例外，如北门东丁家巷内的丁家井，同一个井口，用一堵墙分为里外二井，墙内为私用井性质，墙外则是附近居民任意取水的公用井。一些衙门、公局、会馆内掘的老井，也属私家井范畴，但在控制使用上并不是太严格。大墨子巷徽州会馆内的井，井圈六角形，井上有锁有井盖，平时为会馆私用，逢大旱缺水，便打开井盖上的锁，供周边居民取用。

井是800年安庆城的记忆。井与800年安庆城共生共存。实际上，安庆城的一些老井，建造历史甚至可能还早于安庆城。看一口老井到底有多"老"有两种方法：一看井圈的材质，二看井圈上的绳沟。

真正老井井圈的材质，多以青色石材为主，也有汉白玉或绛红色麻条石的，但数量极少。通常情况下，井圈都是整块石材雕凿而成，内径为圆柱形，外围则六角形、圆柱形、鼓形不等。如果这些井圈底部周边又生有薄薄青苔，看上去凝重古朴，沉甸甸有历史感，必定老井无疑。若井圈是水泥、碎石、黄沙等材质浇铸，年头肯定不会太久，与"老"字搭不上边。

井圈上的绳沟，更是老井沧桑岁月的见证。大多情况下，井边用水的多为妇女，井中打水力气不够，井绳只好借助井圈，一把一把扯上来。时间久了，取水的人又多，石材雕凿出来的井圈上，就年复一年拉出一道道绳沟来。如果井深5米、7米甚至更多，井圈上的绳沟还会勒得更深。老井的苍劲，老井的刚直，老井历经时间磨砺的所有一切，通过绳沟最真实地反映出来。

老井盛行的年代，安庆方言中使用频率较高的一个词，叫作"井边下"，其中的"下"，读"哈"音。井边下洗菜，井边下清衣，夏天天热，井边下扯桶水冲冲脚，等等。井边下的活动，是居家过日子的一个重要组成部分。家里其他物件可以没有，但井中取水的水盒子是断断不能少的。这种水盒子，通常是用白铁皮敲成的椭圆形的容器，端部用圆木固定，系上井绳，取水十分便捷。时间长了，井绳会烂，水盒子常常掉井中，掉下去也不急，去左邻右舍借一把水钩子，稍稍花一点时间，就可以把水盒子捞上来了。现在自来水普及，井水用得少，像水盒子、水钩子这样的家用物件，如今能见上一眼，也觉得十分稀罕了。

安庆一些上了年纪的老妇人，谈到井，总能张家长李家短扯出许多陈年旧事。而这些陈年旧事的结局，通常都与"跳井"相连。老城有一句古话，说"井上没有盖盖子"。周边住户人家闹大小纠纷，一时半会想不开，就有大姑娘小媳妇"扑通扑通"往下跳。当然大多都被救了起来，但也不免有死在井中的。这就害苦了街坊邻居，至少十天半个月内，没有人敢到井边去用水。时间长了，记忆淡了，又懒得绕道儿去别的地方寻水，闹出人命的这口井，才渐渐恢复往日里的热闹。

与井为伴，井与人的关系就十分亲近。年龄半百以上的安庆老人，其童年回忆多多少少与井有直接或间接联系。井里的水冬暖夏凉，特别是到冬季，遇到雨雪天气，地面温度极低，井中的热气就会顺着井圈升上来。双井街的双井，是一大一小并列的两口老井，有一个奇特的现象，到雨雪天，大井圈的井有热气腾腾而上，而小井圈的井则看不到这种现象。

井作为安庆老城的重要构成，不仅与安庆居民的生活紧密相连，同时也深深融入城市，成为街巷一部分。安庆老城历史上，因"井"而名的街巷有九条，其中双井街和四眼井街至今仍在沿用，龙井巷、板井巷、深井巷于2000年夏才被相关部门注销。其他几条街名，风节井、福泉街、凤凰井巷、高井头等，在安庆版图上消失的时间相对早一些。

四眼井街南临江，北至沿江西路。四眼井位置在四眼井街北端，沿江西路街南。论知名度，四眼井在老城当之无愧排在首位。西门外居民说家住哪，基本都是以四眼井定位，沟儿口在四眼井东，同安门在四眼井西，白云巷在四眼井南，大致方位就清楚了。史书载，"四眼井滨江，与江水无异"。从地质结构上看，四眼井掘于高河漫坡地，不溢不涸，水质清净明澈。现存的四眼井虽保持原貌，但水质已大不如前，只能勉强使用。

北门外龙井巷内的老井，附近居民称之为"龙眼"，取出的水与泉水无二，味略带甘甜。龙井巷为工农街西的一条小巷，向北过蔡家桥，龙眼就位于巷东。

四眼井位于城西，井有四眼，水质清澈。史书载，"四眼井滨江，与江水无异"

龙眼也是老城赫赫有名的老井之一，清前期称"双泉古井"，井台为麻石条铺筑，分四眼井口。后井圈被拆除，不得已，将井口处麻石条斜成一定高度，临时围成井圈。现存的井圈为水泥构件，原为四眼，后来房地产开发，被填了两眼。过去龙眼大旱不干、大涝不漫，是该地段主要取水源。1934 年，安庆城区 70 天不下雨，南至北城口街，北至高花亭一带的居民，都挑着水桶到龙眼取水饮用。

20 世纪 80 年代中期的板井巷，是德宽路向东至水师巷的一条横街，但最早板井巷是德宽路（未开通前）南段的一段，也就是现玉琳街向北至老染织厂一段。板井在板井巷西，为单眼井，水质极好，仅次于四眼井，20 世纪 70 年代被毁。福泉街因老井"福泉"而得名，北接永安街，南抵孝肃路，后与状元府、永安街统称为抗美街。"文革"后恢复地名，却与状元府街连成一体。

一座城市的解读，主要有两个方面：一个是历史，一个是文化。历史与文化有它的附着点，这个点，可以是人，也可以是物。相比之下，人是流动的风景，来去如天上的浮云。物则是定格的画面，历经风雨，饱受沧桑。而在物之中，井，又是最具代表性的典范。我们说"城"，必须把"市"连在一起，有市，城才能完整。而我们说"市"，又必须与"井"联系起来，有井，市才能鲜活。《管子·小匡》有一句话，叫"处商必就市井"。其中"市"是交易之处，"井"是共汲之所，只有两者结合，才是真正意义的"街市"。

中

安庆城的地理结构，最大的特点就是山多。严格意义上说，也不算是山，只是略有一些起伏的小丘陵而已，如城南的盛唐山、黄甲山，城西的枸杞山、万松山，城北的平安岭，以及东城外的杨家山、炮营山等。安庆城的地理结构，还有一个特点就是水多。但安庆城区没有河，因此这个水，一个是塘，一个是沟。有水必然有桥，安庆的桥也是安庆城的重要特色。说来难以置信，鼎盛时期，小小一座老城，木桥、石桥、水桥、旱桥等至少在 50 座以上。这些个性鲜明、造型各异、名称独特的桥，很长一段时间也是安庆百姓引以为傲的城市景色。老城居民对"桥"的感情，如同地名"九头十三坡"一样，聊起来眉飞色舞，口若悬河。

翻阅中国教育、金融、电力、司法类志书，谈到安徽，常常会提到一个地名，这就是鹭鸶桥。清末民初，安庆鹭鸶桥曾红火一时：光绪二十四年（1898），安徽第一所高等学堂求是学堂建于鹭鸶桥；同年，又在桥东原新塘火药局旧址，建造皖省银元局；光绪三十四年（1908）改名度支部安庆造币分厂后停铸铜元，又试办安庆电灯厂；再往后，1914年，位于饮马塘的模范监狱，迁至鹭鸶桥西侧，改为安徽第一监狱。前后短短15年，鹭鸶桥在安徽历史上分别创高等教育、钱币铸造、电力照明、现代监狱等四项之最。现在由锡麟街向南至人民路，再向东南到新水电街，过街的这座桥，就是老城大名鼎鼎的鹭鸶桥。以"鹭鸶"为桥名，给人许多美丽的联想，但说白了，不过是架在排水沟上的青石板而已。鹭鸶桥过去是老城七大排水主沟之一，也是城东第一桥，因此在老城叫得十分响亮。1958年人民路扩建，深埋于地底半个世纪的鹭鸶桥重见天日，老城许多居民都特地赶来目睹鹭鸶桥风采，据说桥头果然立有两尊鹭鸶石雕，高约三尺，雕工精细，形态逼真，仿佛一动，就会展翅远去。

三孔桥在迎江寺以西，已经出枞阳门外。三孔桥是东门外老街跨越康熙河的主桥梁。民国之前，三孔桥到现在大湖一段的河流称之为康熙河，是东北郊一带乡民走水路至长江的要道，水大时，帆船可直来直往。据说正是因当年康熙皇帝巡视安庆，大帆船从长江过三孔桥入河进城，所以这条河又称康熙河。还有一种说法，说康熙河是康熙年间为方便漕运，官府组织开凿的一条人工河。康熙五十一年（1712），三孔桥因年久失修坍塌。三年后重建，无论是规模还是气势，都远远胜过老三孔桥，因而一度成为老城与振风塔齐名的标志性建筑。后随星移斗转，河道淤塞，桥梁被毁，到20世纪50年代初，三孔桥已经演变为老沿江东路中的一段。后来方位又起变化，改成南北向由沿江东路通往人民路康熙河段的一条不规则的窄街。

早前安庆最大特点，就是周长"九里十三步"的四方之城。老城墙以砖石包砌，高二丈，基宽七尺，顶宽三尺半。城墙之外，有深丈许的护城壕沟，要出城，必得先过这道护城屏障。而架在壕沟之上的，多是与城门合为一体，能收能放的吊桥。老城最初分东南西北建有五座城门，其中出东南枞阳门与西北集贤门的吊桥，进进出出人流最多，因此东门吊桥和北门吊桥，也最为安庆人所熟悉。民国之后，安庆逐步衰落，城墙坍塌，护城河淤塞，依附城门而生的吊桥，形状与性质也完全发生了变化。既"吊"不起来，也弱化了"桥"的功用，东门吊桥和北门吊桥萎缩为出东城口与北城口那段小街的特定地名。特别要指出的是，东门吊桥学名为永济桥。早前不少文史作者误认为永济桥与三孔桥是枞阳门外的同一座桥，其实是两码事。三孔桥架在康熙河上，而永济桥是出枞阳门向北，跨护城壕沟的一道石桥。由此过永济桥，经东岳庙，才是三孔桥。永济桥是依附老城墙而生的古桥，民国时期，随菱湖路修建，壕沟被填，永济桥才不复存在。

另外三座吊桥，小南门外的康济桥、大南门外的镇海桥、西门外的八卦桥，虽然同样也具有"护城"性质，但因地形改变，很早就失去了"桥"的意义。史载，镇海门外过河沟，曾经还另外有一座凤凰桥，单孔，上面铺的是大块麻石条。

清咸丰三年（1853），太平军攻入安庆，翼王石达开添筑子城。清同治元年（1862），曾国藩拆子城，又从集贤门向南直抵正观门外加筑月城。与此同时，老城另添"同安""金保""玉虹"三门。其中同安门外有水南通外江，河上旧有一大一小两座桥，名都为同安桥。而同安门，则是因同安桥之"同安"而名。另外，西门外出金保门的河街南侧，过去也建有宏建桥，但最终命运也与同安桥基本相同。

20世纪20年代末，安庆老城向外拓展，陆续在城东破开城墙豁口，如东门大塘东的建设门、石家塘通往华中路的四达路，以及新市路向东到菱湖路的大栅子，等等。其中越过护城壕沟的地段，也分别架有建设桥、四达桥、水关桥等。20世纪50年代初，老城墙相继被毁，这些依附老城墙而生的桥梁，也纷纷从老城历史版图上隐退。

安庆的桥，还有一个特点，就是与老城名小吃紧紧挂钩。其中高井头北的三步两桥，缀在其后的是"江毛水饺"；姚家口南的萧家桥，必然连着的是"油酥饼"。老城居民对小吃特别偏爱，由此也可窥见一二。三步两桥的具体位置，大约在现建设路向西往人民路的拐弯处。出小沧浪浴室东大门，首先走的就是三步两桥。三步两桥因桥形而得名，桥下是略大于90度钝角状的排水沟，桥面为宽尺余、长近丈的麻石条。两桥之间，相隔不足两米，说三步两桥，指前后三步踏两座桥，形容的是两桥之间的距离。1953 年建设路整修，三步两桥原形浮出地面。据周边老人回忆，当时一些妇女挎一篮子衣裳到桥下去洗，桥下水清，也流得急，稍不留意，小件衣裳就被冲走了。到三步两桥，"江毛水饺"是必吃的老城名点。"江毛水饺"借地名为品牌定位，区别于其他水饺，而三步两桥也借"江毛水饺"，扬名到更远地方。

萧家桥位于姚家口与同安岭之间的低洼地带。西为近圣街，再过去便是杨家塘。多雨季节，水往东流到现后围墙西段的大沟巷，萧家桥因此便成为北城区少有的水域风景。清末最后一任安徽巡抚朱家宝曾大规模翻修老城石板路，排水沟渠也一并规划处理，萧家桥排水沟渠得到整治，桥面换上了从花山采来的麻石条。20 世纪 30 年代，城建部门又改排水沟渠为暗沟，萧家桥"桥"的意义自然消失，光秃秃只剩下纯地名色彩。"萧家桥油酥饼"因创始人李道隆居住附近而得名。油酥饼制作过程一强调精工，二注重细料，成品色泽金黄，形如蟹壳，香甜松脆，在老城一传百年，成为传统名点。

通常说桥必须先谈水，水清自然桥秀。杜牧绝句"二十四桥明月夜"，也是因迢迢水色而生发感触。安庆老城虽然以"桥"见长，但建城 800 余年，没能留下传诵百年的咏"桥"佳句，最重要原因，就是桥下流水平平，无法引发诗家的创作冲动。如三步两桥与萧家桥，就是典型架于出水沟上的桥梁。面对如此之水，哪有雅兴作诗？

1922 年，许世英回皖主政，上任安徽省长后的最大动作，就是修建安徽第一条官办公路怀集路。怀集路起自安庆老城（怀宁），止于集贤关，全长约 9 公里。公路修建经费由华洋义赈会提供，先期投资 2 万。新成立的安徽道局招募灾民，以工代赈。严格意义上，这是一条"赈灾"公路。在修筑怀集路的同时，对北门吊桥外的老街也进行了翻修。原有的荷仙桥、蔡家桥、小野螺桥、大野螺桥等改建后，重新命名为第一桥、第二桥、第三桥和第四桥。

在安庆，后改名为"第一桥"的荷仙桥，最具有传奇色彩。坊间流传，荷仙桥是吕洞宾携何仙姑成仙之地，而托他们升天的祥云，便是何仙姑从水中采摘的荷叶与莲花。荷仙桥向北不足百米，是后来改名为"第二桥"的蔡家桥，现仍残存半边桥栏，上面有时任安徽省省长许世英亲题的"第二桥"三字，并落有"民国十一年八月"的建造日期。第二桥为单孔桥梁结构，跨径不足4米，宽4米。从残存的半边桥栏看，当年建造的这几道桥梁，建筑材料均为水泥，辅料不是现在常见的碎石子，而是圆溜溜的鹅卵石。民国初年，水泥与煤油、香烟一样，都是国外引进的技术，所以安庆百姓都称水泥为"洋灰"。从这个角度看，残存的第二桥半边桥栏，见证了安庆百余年间建筑材料的变迁。

第二桥，旧名蔡家桥，现仍残存半边桥栏

　　清末民初，蔡家桥又名太平桥。在民间，有"筛子碰白菜——蔡家桥"的趣说。位于棋杆街的第三桥和位于高花亭华亭宾馆内的第四桥，早前都是石拱涵洞，但第三桥（小野螺桥）跨径相对更窄，淤塞时间也更早一些，因此同以"野螺"为桥名时，就以"小"而甘拜下风（安庆还有一个大野螺桥）。此外，出高花亭向北，另有一座阮帝桥，只是具体方位以及桥梁结构等，因为年代久远，已经没有史料可查了。

　　过去出安庆老城，只有北向、东向和西向三条古道。其中西向的官路是：正观门出城，走大新桥，过小新桥，由新河口至山口镇，再往石牌方向而去。这中间大新桥与小新桥一带，是城西三水交界处，也是老城西门外最具水域色彩的街巷。所谓三水，指的是石门湖、皖河与长江。其实还应加上一水，这就是狮子山脚下的鸭儿塘。四大水系相环，沟沟汊汊必然就多；桥也就成了这一带特色风景。

　　西门外南北并列的两条街巷，一条是同安桥至小新桥的河街，一条是正观门至大王庙的后街。规范地名，南为大新桥街，北为大观亭街。大新桥街由江岸弯上来，先经过小新桥，之后走大新桥，越月字街，再往北是公益色彩突出的便民桥。大观亭街则从狮子山入城，先过女儿桥，路南是月字街，中间有月字桥，再往东紧靠鸭儿塘的广济桥，道光年间又名广心桥。一口气数下来，先后经过的桥，竟有六座之多。其中女儿桥，民间有"油头小脚——女儿桥"的比方，形象生动，诙谐幽默。而最著名的大新桥，是城区向西延伸至怀宁山口镇的重要桥梁。大新桥初修于明万历年间，原名大金桥，由曾任广东按察使、陕西布政使的汪道亨出资修建，清光绪年间复修。虽是单孔桥梁，但径跨10米，由9块整体麻石条铺设，桥面宽度也达到4米，桥头镌有"八省通津"横匾一方。这种规模，这种气势，在安庆建桥史上独一无二。大新桥原为石门湖水道，后从小新桥处挖断，改成石门湖通长江的水路。清末民初，桥下尚能行走高桅帆船。秋谷登场，大雁南飞，大新桥下，船只穿梭，更是城西最值得观赏的风景。

安庆的古桥，虽多为简简单单的石板桥，但经文人墨客或温馨或浪漫或潇洒或飘逸的联想，便有了激情，有了灵性，有了深厚的文化底蕴。比如说荷仙桥的温馨浪漫、女儿桥的娇柔婉约，比如说鹭鸶桥的机警灵慧、月字桥的清亮明净，又比如说平心桥的淡泊豁达、广济桥慈悲博爱，等等。闭眼浮想，是不是充满诗情画意？

但真正有情有趣的古桥，还是在一些典型江南风格的园林中。老城这些园林，有官园也有私园。官园是官府衙门修建的修身养性的休闲之地，私园则是富绅人家修建的豪华老宅。官园主要有抚署内的安园，安园之内又有抱翁园，谯楼藩署有成园，卫山头安庆道署有惺园，龙门口府学内也有孔园。私园主要有城北平安岭的馨园，老百花亭内的寂园，旧万松山的陟园，老盛唐山北麓的养园。这些园林多在清池之上建有水榭，之间免不了以三曲五弯或石桥或木桥以点缀，渡鹤桥（安园）、状元桥（孔庙）等，就是其中的代表。

能供老城平民百姓观赏游览的风景桥，更多在森林公园、菱湖公园等公共园林内。森林公园在菱湖公园东南侧，清中期有园无名。朱家宝到任后，疏通壕沟与菱湖相连，沟渠之上，建有石桥、木桥多座。菱湖成形于清康熙年间，民国时期又建有可园和宜园。菱湖特色有二：一是"菱"，湖内有白莲与红莲，均引自杭州西湖；二是"水"，园内河泊纵横，并有天然湖心岛屿。有水必然有桥，有桥必然有景。菱湖公园也成为老城石拱桥、曲桥、木桥等众多桥梁集中展示之地。其中俗称一道桥的石拱桥，最初为木桥结构，1933年改建为砼板桥，1957年重建，径跨10米，宽3.5米，桥下单孔，净高1.8米。其桥面为拱形，造型流畅而自然，具有流动的韵律感。

岁月流淌，老城"桥"风景已不复存在，但老桥风韵仍残存在一些街巷的称谓中。安庆因"桥"而名的街巷，大约有十数条，其中一些甚至是老城象征性标志，如鹭鸶桥、三孔桥等。现在仍继续使用的，也还有广济桥、蔡家桥、大新桥等。

下

安庆是历史之城，更是人文之城。人文之城必然有人文景观。人文景观不同于自然风景，它的形成与建造，有它特定的历史原因。而这个特定的历史原因，又随着时间的推移，发生偏离于本质的变化。东城外的振风塔，就是其中最为突出的典型。

振风塔建造之初，并不是佛教意义上的塔。佛教意义的塔，是供奉或收藏佛舍利（佛骨）、佛像、佛经、僧人遗体等的建筑物。振风塔的建造更多是从"风水"的角度。类似建筑盛于明清，流传于南方地区。最常见的，就是各州城府县以"文峰"冠名的塔。它的作用通常有二，或为"震慑妖孽"，或为弥补风水上的缺憾。在安庆，振风塔的修建，属于后者。

民国初年印行的《怀宁县志》载："皖城诸山雄峙西北，东南滨江平衍。形家言，须镇以浮屠，青龙昂首，为人文蔚起之兆。明隆庆庚午，安庆知府王宗徐谋于邑绅于惟一、吴宗周，乃建兹塔。"意思是：安庆城郊，西北诸山绵延，而东南方，长江浩浩，一泻千里。从城市风水意义上说，这是安庆人文不兴的典型征兆。如何解决，办法只有一个，就是在城市的东南方向选址建塔，以青龙昂首之势，重振安庆文风。

修建振风塔的动议，起于明隆庆初年，真正开始修建，则始于隆庆二年（1568）。这是一项浩大的工程，几乎动员了安庆城所有的人力物力。经过两年的努力，最终于隆庆四年（1570）完工。传说振风塔的设计者是北京名刹白云观观

振风塔被誉为"万里长江第一塔",民间也有"过了安庆不说塔"的说法

主张文彩,主体结构参考的自然也是白云观内的天宁塔,但在天宁塔的基础上,有不少变动与改进。

振风塔样式来自于佛塔,为楼阁式砖石建筑。这种式样,多见于长江以南地区,北方相对少些,它也是中国塔的发展主流。其七层中柱,为合抱粗大楠木,因此严格地说,振风塔应该算是砖石木混构。振风塔塔体为八角之形,7层,高24丈(82.7米),登塔台阶共168级。"嵌空玲珑,屹立云表",被誉为"万里长江第一塔",民间也有"过了安庆不说塔"的说法。

振风塔根据风水理论而建造,在一定程度平衡了安庆东西视觉上的差异。因而除标志性外,它还有观赏性的意义。目前我们看到的振风塔,一至三层各供佛像一尊,四层以上有浮雕佛像600多尊。2006年5月25日,振风塔作为明代古建筑,被国务院批准列入第六批全国重点文物保护单位名单。

振风塔竣工后,安庆府文风由此而振兴了吗?据不完全的统计,明代隆庆之后的万历,前后共48年,南直隶安庆府共出进士36位,其中有不少官做到相当于现在省部级位置。

安庆东城外的另一道人文景观，是位于迎江寺东的镇皖楼。镇皖楼修建起因十分简单："长江东下，皖为门户，不有巍峨雄杰之观，以补形势之不气，由门户无管束，其气不聚。"镇皖楼最早建于何时，史料不详，无从查考，据安徽提学李振裕《镇皖楼》介绍，"皖城东门外，向有楼名中江，屋废而址存，非一日矣"。康熙二十四年（1685），安徽巡抚薛柱斗于中江楼旧址再建，并额以"镇皖"，自此镇皖楼声名鹊起，在沿江一带，与振风塔齐名。咸丰三年（1853），太平军攻打安庆，镇皖楼毁于战火。光绪十九年（1893），安庆知府请款于原址再度复建。新镇皖楼为三层建筑，当街而立，底层为拱券门洞。前后两道大门，晨启暮闭，其功用，与北门外堑楼类似，均为老城的第一道防守要塞。1914 年，巡按使韩国钧拨银元 900 两，由怀宁县知事朱之英牵头三度重修。题写镇皖楼的诗联，历代都有，其中张英"树色岚光千岭月，渔歌帆影一江烟"，孟命世"霓裳舞罢江天暮，看弄鱼舟兴未阑"，钱选"迢迢江上楼，结构飞参错"，以及李振裕"夕阳斜对千帆影，晓雾平分万井烟"等，都为镇皖楼添色不少。十分可惜的是，20 世纪 50 年代初，迎江寺主持月海，以镇皖楼"年久失修，梁柱倾斜，木构朽毁"为由，呈请安庆市政府批准后，将镇皖楼完全拆除。

位于迎江寺西的四宜亭，也是东门外有名的人文景观。四宜亭建于顺治十六年（1659），后因年久失修而废，目前我们只能从史书上查到一些零星资料。四宜亭名声非常大，程小苏《安庆旧影》说"古迹"，头一篇介绍的就是四宜亭。"亭砌连香阁，江烟接寺楼。一番云水意，几处夕阳秋。"有关四宜亭诗句，史书上留有不少，其中出色的，如"萧寺钟声分晓夜，孤亭木叶识春秋"，"最是新晴明月下，水光山色坐中收"等，都为后人留下许多想象的空间。

四宜亭、慈云阁，以及后面的广嗣殿，清末为同一建筑群体，统称大士阁。建造大士阁缘由，有两种说法：一是此前怀宁知县马刚曾许愿普陀山，"得宰濒江州县，为建大士刹"，后来到安庆，舟停东门外，问地名，曰"观音港"，暗符其意，因建大士阁，并题匾额"慈云阁"；二是刘余谟《大士阁记》所说，"江水自岷江发源，经数千里，汪洋澎湃，过小孤，汇海门，渐委折以朝宗。皖据雄图，俯瞰长江，直襟带然，第岸北循江而东，一浮屠耸立外，更无高山大麓，可砥柱狂澜……见皖东偏一隅较薄，特建大士阁，而前构四宜亭。"光绪二十七

熊范二烈士专祠。早前为慈云阁。现仍存

年（1901），安徽巡抚改慈云阁为祭祀前巡抚英翰的英果敏公祠。民国初，又将此改为熊范二烈士专祠。慈云阁为硬山单檐坡顶式建筑，上下两层，面阔20米，进深11米，正门上方镶嵌有汉白玉"熊范二烈士专祠"门额，东西次门书有"铭勋"和"建绩"。大门前端，分别置有抱鼓石和石狮。慈云阁后，东西各建有长廊，拾级而上，可直达广嗣殿。1914年，熊范二烈士专祠又改为忠烈祠，"凡死事于皖及皖籍之成仁于他省者，皆与焉"。类似性质的纪念专祠，只安庆独一座。

城西大观亭是由余阙墓发展起来的"皖省第一名胜"，所以我们说大观亭的精神内核是余阙。余阙元末守安庆城与陈友谅对决，因势力悬殊而败后，以自杀谢罪城池。陈友谅攻占安庆后，为余阙大义所感动，将其厚葬于正观门外。明洪武十六年（1383），明太祖朱元璋谕知"表其墓"，遂在其葬地建墓立碑。后环余阙墓又建李宗可、马卒墓，以及烈夫人祠等。大观亭作为人文景观，自此形成规模。

大观亭景区最早的建筑，是余阙生前督建的励忠祠。励忠祠建在余阙墓地东侧，名为"祠"，实则是激励将士精忠报国的一处场所，余阙生前曾多次"率众生"来此"讲性命之学"。余阙身亡后，励忠祠一度改建为青阳书院。后周边建筑多次改变，分别建有忠臣庙（忠节坊）、正气楼、感恩亭、仰高亭等，后又在青阳书院修建余忠宣公祠。这之中，正气楼楼观雄伟，楼名刚烈，是大观亭建成之前景区内最具代表性的建筑。

目前能看到的大观亭老照片相对较多，其中最具代表性的是清末日本摄影家山根倬三拍摄的大观亭。他把这张照片收入其摄影作品集《长江大观》。山根倬三镜头中的大观亭，"三楹拓地，十笏循檐，一周回廊尽匝"，尤其是底层南厅伸出来的半边楼阁，重重叠叠，更衬映出大观亭的巍然。大观亭西侧的镜舫，为圆顶建筑，小巧玲珑。大观亭东的望华楼，明显是更具现代意义的建筑，虽然与大观亭风格有一定差别，但也相映成趣。尤其珍贵的是，大观亭景区外，依稀还能看见在地里耕作的汉子和在水边洗衣的妇人，望华楼上，也还能看出三两游人。百余年时间恍然流失，但因有这张老照片，我们仍能感受当年大观亭景区上空太阳的明媚。

大观亭在城之西，镇皖楼在城之东，东西之间，早年也曾有一处了不得的建筑，这就是位于小南门外的调元阁。康熙二十四年（1685），安徽巡抚薛柱斗于城东建镇皖楼，一个月后，又在宜城古渡之西建调元阁。调元阁为正方形亭式结构，上启重檐，下达四衢，朱拱丹梯，门楼峥嵘。调元阁四周匾额，均用一字而眉之，分别为"霁""熏""爽""肃"。调元阁名"调元"，有化解、中和、融合之意，这也是对安徽巡抚薛柱斗政绩的肯定与赞赏。道光二年（1822），怀宁县令朱士达，又对调元阁进行了全面整修。

城南霄汉楼位于盛唐山东侧。"凭栏月涌三江上，解带风从万里来"，曾经醉倒不少安庆文人墨客。桐城派大师姚鼐当年登上霄汉楼，也忍不住吟出"层轩尚有斜阳白，更就明霞望逝鸟"的佳句。霄汉楼建造者，为康熙年间任山东提学的任塾。任塾晚年归隐故里，在登云坡南购得山地，圈建了一座私家园林——屺园，霄汉楼就是其中的主体建筑。霄汉楼建成后，主人任塾携酒登楼，

城西大观亭

微醉之中，咏出了内心的真实感受："振衣一长啸，此地恰宜楼。山以前身献，江从半壁收。未晨先见日，当暑忽成秋。"屺园向西不远处的养园，内中三江第一楼也为任塾所建。

与霄汉楼相隔不远，出镇海门，临江处曾建有照江楼。照江楼与八卦门外的得月楼同建于康熙年间，主持建造者也是安徽巡抚薛柱斗。薛柱斗是陕西延长人，自康熙十五年（1676）出任安徽按察使，至康熙二十六（1687）年离任安徽巡抚，前后在安徽为官13年。主政期间，曾为安庆城人文景观建设做了积极且卓有成效的努力。据钱选《照江楼碑记》介绍，清康熙年间，安庆各城门之间均有城墙，但大、小南门之间的这一段，因为临江，所以没有修建。在镇海门外建照江楼，则有正南重门之意。照江楼正额"乾"为薛柱斗题，虽只一个字，却将象征春夏秋冬的"元""亨""利""贞"统纳其中。

因天柱山而名的天柱阁，安庆城历史上曾有两处。其中一处位于谯楼之后，是光绪末年安徽布政使沈曾植修建的。当时他在谯楼后院修建了一处园林，名成园，园内主体建筑就是照片中的天柱阁，阁旁的楼，称之为礼乐楼。1930年前后此处改建为安庆公园，天柱阁是其中主要景观。皖派三诗家之一的方守彝，有诗云："起楼筑阁山之巅，云里一山迎栏前。"又云："雾雨冥冥迷圣眼，起攀天柱倚云看。入山老鹤自高隐，鼓浪长蛟不肯蟠。苔砌余香曾沥酒，露林清响警飞丸。庄严楼阁扶花树，岳气终多彻骨寒。"另一处天柱阁建于明代，位于西门外长江之畔，其规模气势，远远胜于后建的天柱阁。"云当天柱出，月傍小孤流。帆外收吴楚，樽前落斗牛。""何人建阁俯江水，千尺飞腾出皖州。""深夜长啸倚高阁，明月坠江潮欲来。"诗人发出的感慨也荡气回肠，更有气势。

位于城西北县下坡顶的鸣凤楼，清嘉庆十三年（1808），由怀宁知县左辅筹资建造。同治十年（1871），怀宁知县彭广钟牵头重建，并撰楹联曰："十八年轮换重新听衙鼓咚咚且莫忘蔀屋星霜茅檐风雨，二百里提封无恙望城楼隐隐依旧是万家烟火六代江山。"其中"望城楼隐隐依旧是万家烟火"一句，既生动又贴切，至今读来，依然回味无穷。城西南位于黄甲山顶的范黄亭，应该是安庆城区最高的建筑。相传北宋时期，黄庭坚曾在此读书。早年此处建有山谷书院，明嘉靖时又建山谷祠、德星堂等。清顺治安庆推官黄敬玑自称黄山谷后裔，又出资重修山

天柱阁

谷祠。范黄亭建在山谷祠后，登高远望，安庆街景尽收眼底。"亭前风景浑如画，坐看江城两座山"，诗人李范之曾如是感叹。

　　非常可惜的是，上述安庆人文景观，太平天国运动中，均被强行拆除。拆下来的石木材料，就地垒筑为抵抗湘军进攻的防御工事。安庆地方志书提及，多用咸丰三年（1853）"毁于兵燹"简而言之。同治、光绪年间，安徽政局相对稳定，财政也有所好转，由官府出资牵头，地方士绅协助，开始对被毁的人文景观进行选择性修复。但更多的亭台楼阁，自此销声匿迹，永远在安庆城区版图上消失。

第四讲　人民路步行街的变迁

上

安庆是国家历史文化名城。从"城"街道布局的角度，有 800 余年历史的安庆城分有两大不同功能的区域，一是以倒扒狮街为核心的商业圈，一是以人民路为中心的政务圈。因为安庆有 300 年省城史，所以我们又说，倒扒狮街是清代皖省商业第一街，人民路是民国安徽政务第一路。两者相比，倒扒狮街是 800 年不变的旧格局，人民路则是西风东渐的新风尚。

人民路是横贯安庆城区最繁华的一条长街。它西起龙山路交通银行大厦，一路东行，初时只突破至市立医院一带的老城墙，后又顺延至渡江路胡玉美冷饮厂，贯通至曙光路的江畔尚城。2013 年秋以全新形象亮相的人民路步行街，只是其中西头的一段，它起于龙山路，东止于宜城路，没有越出安庆的老城厢范围。我们所说的人民路是狭义的人民路，指的就是人民路步行街这一段。

说人民路步行街，必须先说这条街的标志性建筑——劝业场。目前它是皖新传媒集团打造的时尚书店"前言后记"。安庆的年轻人，尤其是在外求学的游子，放假回家，都喜欢到这里走一走。一定意义上，劝业场已经成为安庆老城核心位置的地标建筑。

20 世纪 20 年代，劝业场也是安庆老城核心位置的地标建筑，而且它的用途，比现在还高大上，因为它是安庆市政府所在地。

劝业场，民国时期曾作为安庆市政府

　　清末与民国初年出版的安徽省地图，有关安徽省城城厢图，名称是不同的。清末用的是"安庆"，民初用的则是"怀宁"。民国年间出版的安徽省地图，以"怀宁"为省城城厢名的多，以"安庆"为省城城厢名的也有，但相对较少。

　　为什么会出现这种情况？这与安庆市的"市"相关。

　　清代安徽设有安庆府，府衙设在宣家花园。府衙之西的小巷，也因此称为"府西巷"。1913年1月8日，安徽设民政长，置行政公署。分置内务、财政、教育、实业四司和总务处。怀宁县设知事，置公署。这中间，省略了安庆府这一层机构。

　　安庆市之"市"，源于1922年。民国第一个具有行政区划单位意义的"市"，是广州。1921年2月，广东省署公议通过孙科所撰的《广州市暂行条例》。1921年2月15日，广州市政厅成立，孙科为首任广州市市长。后北洋政府仿其例，于7月颁布《市自治制》。1922年，安徽省长许世英主政，议定安庆设市。之后不久，便成立相应机构——市政筹备处。筹备处办公地点，设在谯楼后的藩署大院。当时建市条件并不成熟，因此只挂了个牌子，并没有开展实质工作。

　　一搁置就是五年，直到1927年初冬，筹建安庆市政的决议才被重提。当年

11 月 26 日，安徽省政府召开政务会议，决定安庆建市，直隶于安徽省政府。12 月 16 日，安庆市政厅正式挂牌，下设秘书处、财政处、公安局、工务局和教育局。市政厅的办公地点，设在旧劝业场大楼。此时中国共设有 13 个市，内地 3 个，分别是汉口、重庆和安庆，其余 10 个在沿海。

1927 年 6 月，安徽省政府委员韩安，被推选为安庆市历史上的第一位市长。之后不久，安徽省政务委员张秋白、张仲琳，专门到上海，"与尚未就职之安庆市长韩安会晤，韩允不日来皖任事"，且"行李等件，已托张秋白携带到皖"。安庆设市，算大新闻，因此 1927 年 7 月 2 日《申报》以"皖闻纪要"为题，对此做了报道。后特别交待"市政厅办公地点，择定旧劝业场，刻已动工兴修"。

接下来的 8 月 22 日，《申报》又做了跟踪报道："安庆市政厅，经建设厅长张秋白，筹备已历多日。现在市长韩安，由沪来皖。故定于八月十四日上午九时，在黄家操场，举行成立典礼，宣誓就职。"一城之大事，自然全民同庆，因此"成立前两日，安庆市即遍贴市政厅之标语"，并与庆典当天，"各商号均休业半日"。拟定的 10 条标语，最后两条特别有意思，一为"安徽省政府万岁"，一为"安庆市革命的市民万岁"。

接着介绍安庆首任市长韩安，他是中国现代林业事业奠基人之一，中国留学生中第一位林学硕士，中国第一位林学家出身的政府官员。韩安"政府官员"身份，起始之地就是安徽，就是安庆。之所以把安徽与安庆分开来说，是因为韩安来安庆的另一个身份，是安徽省政府委员。据 1927 年 7 月 28 日《申报》"皖省新政府定期成立"报道，安徽省政府 8 月 1 日正式改组，管鹏任安徽省政府主席，韩安为安徽省政府 15 名委员之一。与韩安共事的，另外有柏文蔚、王天培、蒋作宾、李宗仁、冯玉祥、何世桢等。安庆作为安徽省城，类似于省辖市，市长进入省政府班子，名正言顺。

当时安庆市区规划分南北两个区域，北市区域：由魏家嘴，经任家嘴，至江家老屋为东界；由江家老屋，经芭茅巷、游家村，至十里铺为北界；十里铺经乱石堆，至新河口为西界。南市区域：由麻石桥，经马家垅，至八都湖沿为东界；由马家垅，沿八都湖边经朱家铺，至杨家套为南界；由杨家套，至新河口为西界。全市面积，约四百平方里。全市人口约九万人。

1928 年 12 月 18 日，安庆市政厅升格为安庆市政府。而此时，韩安已转任省教育厅厅长，安庆市长由宁坤继任。当时市政府的决策机构是行政委员会。行政委员会由市长和各局局长组成，市长为行政委员会主席。行政委员会一周两次例会，固定在周三和周六。市政府秘书处还曾出版《市政月刊》。

可惜，安庆"市"之格局，前后只维持了一年多时间。1929 年 2 月，省政府便动议撤销了安庆市政府，只保留其中工务局，改称市政处，交安徽省建设厅管辖。同年 4 月，市政处又降格为市政筹备处。1930 年 11 月，市政筹备处由安徽省民政、财政、教育、建设四厅组成临时接收委员会接收，改组为安徽省会工程专员办事处。至此，安庆市政府所设机构全部撤销。

民国的安庆市政府，虽只是昙花一现，但值得欣慰的是，这个如花的影子，至今还有留存。通过人民路（西段）步行街改造，民国时的市政大楼得以修复并加以合理的利用，成为整条街最为耀眼的历史人文核心景点。

20 世纪 20 年代中期，人民路（西段）还算不上一条正儿八经的路，至少没有全线贯通，或者说没有形成街型。也许能够行走，但绝不如安庆老城的其他几条街道，如倒扒狮街、四牌楼、三牌楼那般繁华，那般顺畅。

现代测绘的安庆城厢图，最早是清光绪三十四年（1908）印行的《安徽全省明细图》附"安徽省城厢图（安庆府城）"，它是安徽陆军测绘学堂的学生毕业之作。安徽陆军测绘学堂组建于光绪三十二年（1906）春，因为生源不足，临时从安徽高等学堂和安徽武备学堂选调40 名学生，改学测绘。次年九月，为时一年半的教学结束，经过考试，前 30 名优秀毕业生，分为4 组，由督练公所的官员带队，派往省辖各府州进行实地测绘工作，最终

中华邮政特准挂号认为新闻纸类

中华民国十七年二月 第一期

市政月刊

安庆市政府秘书处编辑

1928年2月，安庆市政府秘书处出版《市政月刊》

汇成安徽总图。"安徽省城厢图（安庆府城）"以及初版于 1913 年《中国新舆图》上的"怀宁县街道图"，均出于此。

"安徽省城厢图（安庆府城）"上的人民路（西段），布局非常混乱：韦家巷向北，梓潼阁与同安岭之间，向东有一条小路，其北是抚署大院，南为山坡，坡顶为倒扒狮。过督练公所，至中军府署，才短短有一条街道，其东止于三牌楼。再往东，北转，有一个半圆形广场，当时是御碑亭所在地。再过万寿宫、马王庙、臬署前，又有相对宽阔的土路。东至状元府街，又窄成了小街，向东南方向直抵鹭鸶桥。再往东就没有路了，路的尽头是制造局和火药局的围墙。现在人民路步行街的东端，早前是老城墙东水关的位置。稍后出版的《中国新舆图》附"怀宁县街道图"，虽然绘制表述有所不同，地名也有些变动，但基本形态依旧。

到 20 世纪 20 年代初，人民路（西段）才全线贯通，但它最初的名字，叫"新市街马路"。作为民国安徽第一路，新市街马路是当时安庆繁华的记忆。

关于"新市街马路"的由来，出自孙中山《建国方略》一书。其中论及安庆，具体文字为："安庆城前面及西边之江流曲处，应行填筑。此填筑之地，即为推扩安庆城建新市街之用。所有现代运输机械，均应于此处建之。"虽然其中"新市街"只是泛说，但对安庆则是一个具体的规划。因此以"新市街"为名，有特殊的纪念意义。而以"马路"为后缀，又突出了与时俱进的色彩。《建国方略》是孙中山于 1917 年至 1920 年期间所著的三本书《孙文学说》《实业计划》《民权初步》的合称。关于安庆"双联市"论述，则出自《实业计划》。

新市街马路简称新市路，其雏形，起于 1929 年夏。早前，安庆城市规划管理工作由公安局负责，1927 年正式移交至市政厅工务局。工务局局长由邵逸周出任，其职责是统领土地、交通工程、城市规划及屋宇事宜。1929 年 2 月，省政府动议撤销安庆市政府，只保留其中工务局，改称市政处，交安徽省建设厅管辖。同年 4 月，市政处又降格为市政筹备处。市政筹备处重点工作，就是实施"辟城东马路计划"。

1929 年夏，东城之外，新建建设路与民生路，北与安庆至合肥的省道相通。安庆汽车总站选址枞阳门外，也在大兴土木。城内省政府东出线路，原"拟由吴

新市街马路修建规划线路图

越街起，转风节井，经直奉会馆、程公祠、天主堂、黄狮子街，过陆军监狱门，首又转陆军监狱后身，再转刘公祠，复转小井旁，出建设门，以接省道"。也就是说，先走人民路，再转吴越街，最后由孝肃路经小栅子出城，自然迂回繁杂。后调整计划书："兹经职处详细研究，拟以省政府为起点，自东面通市政街，经三步两桥，达教育厅前直穿造币厂，及厂右城墙，辟马路一道，以与建设路汽车站附近相接，俾汽车可直达城心。"新辟新市路，全长 2925 市尺，宽 26 市尺左右，人行道各 6 市尺。纵坡最大不逾百分之三，路宽高 4 寸。并计划，"路线所经过之旧街，不及上订之宽度者，拟照左列之标准办理之。"

新市路马路建设的最大阻力是拆让矛盾。据"安庆市辟新城东马路计划"，沿线仅需要拆除的房屋，就有：省政府街（东辕门至三牌楼街心），民房 59.3 平方丈，公房 15.8 平方丈；状元府横街（车篷至三步两桥），民房 20.6 平方丈；柳街巷（三步两桥至巡回文库）民房 56.1 平方丈，公房 13.9 平方丈；鹭鸶桥（巡回书库至造币厂），民房 22.3 平方丈，公房 35.9 平方丈；造币厂（西墙至东墙）；东水关（造币厂东墙至建设路），民房 30 平方丈。

其中三牌楼街心东西一段，为整条新市路"V"字形瓶颈。虽然也想规划直行，但寸土寸金的繁华地段，拆让成本过大。经反复斟酌，只能在旧有格局上略加拓宽，车马道与人行道相加，只设计为5公尺。尽管如此，包括地价费、折让费、青苗费、土方费、工务费仍需大洋37842元。拆让矛盾是新市街马路最大阻力，而这种阻力能否迎刃而解，最终还是要看安徽省政府的态度。

安徽省府大院，早前为巡抚衙门。据《安庆旧影》介绍，其格局"先周以垣，外设屏以树塞门。屏内建坊，左右为东西辕门。门内鸣楼二，坊内为仪门，自仪门历阶而至大堂……"这才算是进了内部。后又"于东西辕门外，各建辕门一座。西题'保障江淮'，东题'控制吴楚'"。规划中的新市路，实际止于东辕门，再往西的省政府街，以及西辕门，其范围内房屋均没有列入拆除计划。而仅东辕门至三牌楼，公房面积就达到了15.8平方丈。

安徽省政府态度在于两个层面：其一，新市街马路贯通之前，由梓潼阁经东围墙至西围墙，秀木林立，辕门威严。府署大门前开通人行道路，是否能放下这个架子；其二，在清末"安徽省城厢图（安庆府城）"上，府署向南直抵倒扒狮街北的山坡，占地极为辽阔，改道必然让出大半土地，是否肯做让步？

时任安徽省主席的陈调元，最终顺从民意，从城市建设的大局出发，做出巨大让步的决定：除相应保留屏墙以及传达守卫等室外，其余建筑全部拆除。安徽省的这种态度，对后续拆让工作，起到了重要的表率作用。

下

新市街马路贯通工程直到1933年春，才有了突破性进展。据当年《安徽建设》刊发的文章《建筑新市街马路》介绍："该路自省政府东辕门起，经造币厂绕东门外以达江岸三北码头，共长1631.8公尺。自省政府至造币厂为城内段，路面宽6公尺。自造币厂至三北码头为城外段，路面宽11公尺。路面两旁，麻石路沿，石子路面，计厚25公分，路下之水管，留沙井，进人井，拱砖等项，均安置无缺。自本年二月间破土兴工以来，进行颇速，五月底已经全部完成，到沿路市屋，均已翻造一新。重楼巨厦，又是新气象也。"

由城内与城外两段组成的新市街马路，破土典礼于 1933 年 2 月 22 日在东门汽车站举行。当时的安徽省政府及各厅主要官员，都参加了破土典礼。先行施工的路段，为城外菱湖路一段。而城内重点，仍然集中于拆让工作。在《建筑新市街马路》中，作者感叹："惟因城内及沿江一带，房屋林立，障碍甚多，虽经省府布告饬令拆除，初不无少数人民观望疑阻，幸其中深知大礼者甚多，未几亦次第拆尽。"又回顾新市街马路建设历程说："缘其设计，始于前市政筹备处，续于省会工程专员。而市政处仅计及自省政府东辕门，经市政街、教育厅前，达建设路为止。并做成自建设路（现宜城路）至造币厂一段后，全宽为 12 公尺。"其中建设路至造币厂的"12 公尺"，相比于老街老巷的狭窄，是非常宽阔的概念。而之所以能够以"12 公尺"修筑，最重要一点，就是新市路穿越之处，恰好是拆让压力相对较小的造币厂厂区。

新市街马路修筑工程，由省会工程专员丁紫劳设计，省会工务局负责筹办。工程招标于 1932 年 11 月 18 日举行，但开标结果极不理想，其最低标额仍远远超出预算。不得已，省会工务局只得招工自办。旋即成立"建筑新市路工程办事处"，设总工程师一人，副工程师二人，另设监工员及材料采办、收发、保管等襄助人员。招募的工人编制了两个工程队，先期组织训练，传授工程常识。

从《安徽建设》提供的材料所示，修筑工程繁杂而琐碎。如鹭鸶桥大沟，"自教育厅至状元府，计长 81 丈，其中一部分在车马道下者，长 42 丈，须砌成拱砖。余在车马道外者，长 39 丈，仅砌平沟。计费工 680 余，费时 37 日，始告完成。"又"车道下两旁，安设 9 寸径洋灰排水管，计全长 1155.3 公尺。全路每隔 25 公尺，设留沙井一座，共 52 座。又进人井 11 座。共费工约 750 余个。"从当时的下水道铺设现场照片看，整个新市街马路的修建，是开膛剖肚式的大动作。

从 2 月 22 日破土，到 5 月 27 日竣工，前后不足百日，新市街马路便全线贯通。除去雨雪天气，其中晴天工作日为 84 天。不仅如此，先期工程预算 81951 元，精打细算，"以最少之经费，收最大之效果"，最终结余多达 6000 余元。

1933 年 5 月 28 日，在新市街马路西端的省政府大门前，举行新市街马路盛大的通车典礼。安徽省政府主席刘镇华、安徽建设厅厅长刘贻燕，以及省政府各厅官员、社会各界名流，"分乘汽车，循路开驶。市民欢快，极一时之盛"。作为

民国时期新市街马路之市政府前一段

民国安徽第一街，新市街马路正式亮相。

新市街马路城外一段，由建设路至江岸，两旁人行道加起来为 4 公尺，车马道为 11 公尺，全宽为 15 公尺。而城内部分，由省政府至建设路，全宽为 9 公尺，其中车马道 6 公尺，两旁人行道各 1.5 公尺，合为 3 公尺。两处走向也有区别，前者为东西向，后者为南北向。

作为街名，新市街马路并没有深入人心，市民更习惯于传统称谓。1948 年前后，安庆发电厂绘制"安庆配电线路图"，关于新市街马路，仍顺从民间约定俗成的叫法，具体分为七段：从进化街（梓潼阁）至三牌楼，省府大院前这一段，分为三小段，西是府西街，东是府东街，中间为省府街。三牌楼至奚家花园，为市政街。再东行，为庆云街。过三步两桥至黄家狮，为教育厅街。之后往东出大栅子，为新市路。

而这与 20 世纪 90 年代出版的《安庆市志》关于人民路"龙山路到宜城路一段"的诠释，"自东向西由新市路、教育局街、庆云街、市政街、府东街、省政府街、府西街等 7 条短路组成"，完全吻合。

新市街马路（城内）贯通工程改变了老城旧有格局。但其中，负面影响最大的是三牌楼老街。新市街马路（城内）号称宽 9 公尺，但穿越三牌楼一段，仍有大幅缩减，其中最窄处，只有 5 公尺，典型瓶颈格局。虽如此，仍有部分店号被

新市路东拆老城墙而建的大栅子城楼

拆除，本身就不长的三牌楼，损失惨重。不仅如此，向南延长至大二郎巷段，在省政府主席刘镇华建议下，又改名为带有亲民色彩的利民街。这也为三牌楼最后在安庆城区版图的消失，埋下了黯淡的伏笔。

与吴越街相对，向南行至钱牌楼的窄巷，过去叫薰风巷。民国初年，此处曾为著名红灯区。安庆八大扬班妓院，其中有四家（春和班、如意班、同乐班与长春班），都集中于这条小巷中。新市街马路（城内）全线贯通后，薰风巷也借用"新市"二字，改名为新市巷，且一直延续至今。这也是安庆目前唯一保留"新市"二字的街巷。与此同时，新市街马路西端的梓潼阁，也改名为进化街。新市街马路城内与城外的折合点，是大栅子，它是破城形成通道的豁口。

1929年秋，安庆开通至高河客车，汽车总站设在东城外建设路南端。建设路往北，与菱湖路相连，再与安合路相通。前一年，配合安合路修建，新市街马路东拓，起自东辕门，横穿老城，由大栅子豁口破城而出，与建设路交接，折往南，再至江岸临江路（三北码头）。

清道光《怀宁县志》"城郭街衢图"上，大栅子位置当时为水关，是老城主要出水口。有门洞，无城楼。安庆城池位于丘陵地带，老城墙多依山而建，唯一平缓处，就是大栅子一带。因此城区主要积水，多由此排向城外，最终流入菱湖。

安庆东城三个新辟的豁口：建设门、小栅子、大栅子，唯有大栅子建有类似于敌台结构的新式城门楼。门楼为四柱三门汉白玉牌坊，其东向匾额为前任省长吴忠信题"开物成务"，西向匾额为继任省长刘镇华题"大辂椎轮"。前者1932年出任安徽省政府主席，后者为继任，1933年到职。由此也可判断，大栅子城门楼，建于1932与1933年之间，历经两任省政府主席之手。

"开物成务"出自《易·系辞上》，"夫《易》开物成务，冒天下之道，如斯而已者也。"其中"开"为"开通""了解"，"务"为"事务"。意思是通晓万物之理，且按此行事，最终得到成功。"大辂椎轮"中的"大辂"，为古代华美的大车，"椎轮"指无辐条的原始车轮。组合在一起，借用大辂由椎轮逐步演变的过程，比喻事物的进化，由简到繁，由粗至精。

1938年6月12日，大栅子城门楼独特的敌台结构依然没能阻止住日军侵占安庆的步伐。

日军使用的"安庆"地图，其制版最早为日本大正六年（1917）。昭和年间发行的安庆地图，多为增补改版的版本。由此推算，日军对安庆的侵略野心，前前后后，至少有30年之久。

6月12日，江防军第134师以及守城警察与日军战船交火，相互炮击有两小时之久。午后，杨森见大势已去，不得已，将司令部北移至集贤门城楼。下午3时许，又撤至集贤关观音洞。至此，安庆城内电话局拆除了通信设施，守城军警也纷纷向十里铺撤离。

据6月13日《朝日新闻》号外，特派安庆记者冈田报道："高桥、佐藤两部12日上午，浩浩荡荡从菱湖门入城，安庆省政府高楼上升起日军旗。"由大栅子破门而入，经新市街马路攻入城内的是芹川部队本田队。侵占安庆后，他们在大栅子前专门留有"欢呼胜利"合影照片。这张照片，后刊发于昭和十三年（1938）7月1日出版的《支那事变画报》第32辑。

1938年至1945年，安庆沦陷8年，新市街马路东段，即大栅子

吴忠信题大栅子坊额"开物成务"

至三步两桥，是重兵防守之地，一般民众根本不能靠近。尤其是原迎江区政府一带，为一一六师团部（下设参谋、幕僚、副官、经理、军法、报道、军医等部）所在地。一一六师团主要负责江西湖口至安徽芜湖沿江一线警备任务。1941年浙东会战期间，师团长筱原诚一在杭州遇刺身亡，后日军在御碑亭专门立有"功德"碑。而这8年，日军包括坦克在内的重型车辆横行，新市街马路路面损坏严重。

1945年抗战胜利，原设在东城外的汽车站，又一度迁至新市街马路与吴越街"丁"字形交叉口（现人民剧院），直到1951年新汽车站建成才撤出。

至此，曾一度作为民国安徽形象的第一街，道路损坏不堪，坑坑洼洼，几乎无法行走。下水道也因久未疏浚，一遇阴雨，便污水外溢。

从新市路到新宜路，是一个政权的更迭。"新宜"是一个时代，区别于早前新市街马路，区别于之后人民路。"宜"是安庆的别称，"新"，代表新政权下的安庆进入新时代。

新宜路改造同样也是一个漫长过程。其序幕，启于1951年。此次翻筑，主要针对府西路一段，全长约40米，路面或铺砼预制块或现浇砼，路面加宽到17米（含两边人行道6米）。次年，工程延长到府东街，但车行道由府西街的9米缩为6米。

由府东街往东至市政街，虽长不过百余米，但因穿越繁华老街三牌楼，涉及面过于繁杂，所以始终为新市路全线通畅的阻碍。直到1955年，安庆市政府才作出决定：拆除老御碑亭一带的建筑，将"V"字形一段拉直，新市路路面拓宽至10米，向东经由新市路，与同期规划的新宜东路连成一线。商业老街三牌楼，由此"伤筋动骨"，被一劈为二的残段，分别并入南北四牌楼与吕八街，彻底从安庆城区版图上淡出。新宜路也在这一年基本形成。

1958年，新宜路迎来以拓宽为主的"大跃进"时代。全线车行道13米，两边人行道各6米，总宽度为25米。各段分别为铺筑砼、砼块以及沥青路面。

20世纪60年代，安庆曾出有一组"安庆十景"风光照片，其中"新宜路远眺"上，可以看出当年的新宜路，气派有余，繁华不足。远处街北，百货大楼、京津餐厅、大布店已相继落成。街南，轻工业大楼也已竣工。正在修建的，则是新市巷西的供销社大楼。唯一遗憾的是，长达千余米的新宜路，宽宽敞敞，行人寥寥。街面上别说汽车了，就连自行车也看不到一辆。车也是有的，是几辆拉木料的大板车。大板车行走于城市最繁华的街道，悠悠闲闲，至今想来，简直是天方夜谭。

同样名为"新宜"的新宜东路，1955 年由大栅子向东，一直修筑至渡江路，形成人民路东西横贯城区的大气势。这之后两三年，老城一些工业项目纷纷上马，由西至东包括毛巾厂、针织厂、机床厂、发电厂、酒精厂、米厂、粉厂、油厂、糖醛厂、糖厂、造纸厂、香皂厂，等等。新宜东路是安庆第一代工业园区。

1966 年 8 月 23 日，安庆市委召开常委会，做出决议：变更老街巷（包括商店、工厂、学校）名称。其中从老中医医院始，到新河堤止，新宜路和新宜东路合并为人民路。1978 年 9 月，安庆城区街道恢复旧名，但人民路没有变动。不仅如此，1967 年三次武斗期间，人民路（西段）路面的水泥砼块也被大面积撬起，改做掩体材料。"文革"对人民路（西段）的摧毁，既有精神层面，也有物质层面。

安庆老城改造之前，人民路（西段）先后经历过三次翻修：第一次是 1973 年，主要为路面改造，以百货大楼为界：西以一块板型水泥路面，东则浇铺黑色碎石

20 世纪 60 年代，新宜路（新市街马路）远眺

路面；第二次是 1981 年，集中力量拆除街道两侧违章建筑，以展宽人行道路；第三次是 1985 年，由龙山路至西围墙，北侧房屋大面积拆让，最终统一人民路（西段）路基。1995 年 5 月至 9 月，人民路（西段）又进行大规模翻筑，全线路面拓宽为 17 米，分快慢车道。两侧人行道则各为 4 米。全线长 1200 米，宽 25 米。道路、排水、路灯、交通设施、灯饰、环卫等设施一并完成，总投资为 441.6 万元。这也是人民路（西段）有史以来最大规模的改建。

2012 年 10 月 8 日，人民路（西段）步行街综合改造工程启动。"安徽政务第一路"由此掀开崭新的篇章。

第五讲 老城历史建筑遗存的分布与保护

上

安庆城池严格意义讲不是很大，史书介绍只有九里十三步。安庆建城于1217年。安庆城建造者黄榦虽然是一介文人，但对安庆城池的规划具有长远目光。他选定的安庆城池格局，保持了整整700年，直到20世纪20年代末，才有小小的变化。这个城池，南抵长江，东至枞阳门（现在的宜城路），西至八卦门（玉琳路至玉虹街段），北至菱湖南路。往东北拐是百花亭，西北拐是北正街。后来西门范围向西又有延伸，民间俗称西门外，它以德宽路为界，北至玉虹门，南抵长江，同样也归于安庆城的城池。但它是清同治初年，湘军战胜太平军后，曾国藩亲自为安庆规划拓展的新城，我们也把它称为子城，或称月城。作为城市记忆的重要载体，作为国家历史文化名城的重要构成，安庆为数不多的历史建筑遗存主要集中在这一区域。正因为历史建筑遗存数量急剧减少，而现状也越来越不容乐观，因此有步骤有规划地保护这些历史建筑遗存，是城市未来重要的发展方向。

在安庆历史建筑遗存保护方面，已经规划定型的有大观亭历史文化街区（大王庙特色风貌保护区）、倒扒狮历史文化街区，趋向成熟的有人民路历史一条街、城南滨江历史文化带、百花亭历史文化街区。

大观亭历史文化街区得到国家的认可是2007年，距今已经有10多个年头。

当年国家发展改革委批准《全国"十一五"历史文化名城（镇、村）历史文化街区保护设施建设规划》，安庆城区有两个历史文化街区入选，其中之一就是大观亭历史文化街区。

大观亭历史文化街区以大观亭旧址为主体，包括周边的观音南巷、观音街、大观亭街以及采菊巷。大观亭曾为皖省第一名胜之区，它最初为余阙墓葬，后在明清两代扩建重修，成为安庆城西享有美誉的人文景观。清末民初，安徽政府曾有规划，将此与鸭儿塘、周公祠共建为公园，后因抗战爆发而落空。复建于清同治年间的大观亭建筑，也在此期间被毁。关于大观亭的资料，目前我们搜集有不少，包括两本《大观亭志》、大观亭明信片、大观亭及周边风景老照片等，这些都对将来复建大观亭有积极的参考作用。

早前认定大观亭历史文化街文保遗存，主要为大观亭旧址、和尚祠、痘神庵（邓石如读书处）等，近年青年文史爱好者发现，还有火神庙、严凤英演出舞台。环大观亭旧址而建的民居建筑，早建于清，晚建于20世纪50年代，以民国建筑居多。这些建筑也有各自不同的风格特色，涵盖安庆历代民居建筑的时代元素。

大观亭历史文化街区的延伸，就是大王庙特色风貌保护区，所以我们更愿意将两片区域作为一个整体呼吁保护开发。大王庙特色风貌保护区由安庆市政府定性，其中"特色"两个字用得特别好。因为大王庙特色风貌保护区位于长江与皖河之三角地带，周围有平头山等坡地相环，内中又有鸭儿塘水域点缀，因而构成头、坡、桥、街、塘等相结合的街区。这一带早前是皖河古渡口，周边六邑进安庆城，出安庆城，这是必走之道，从而又自然形成特色浓郁的商业区域。这一区域街巷纵横，结构复杂，仅街名就有大王庙、月字街、女儿桥、墩头坡、横坝头、鲍家巷、盐店巷、古牌楼、便民桥、大新桥、小新桥、观音巷等。单凭这些街名，我们就能穿越时空，与古城历史与古城文化进行面对面的接触与交流。而从国家历史文化名城角度来说，这些街名也是要受到重视与保护的地名文化。

关于地名文化，特别要多说两句。民政部《地名文化遗产鉴定》行业标准认定，地名文化是地名语词文化与地名实体文化的总和。地名语词文化指地名词语具有的语种、读音、书写、含义及其演变等内涵。地名实体文化是地名指代的地理实体的历史、地理等特征。地名文化遗产是具有突出的普遍价值的地名文化。地名文化遗产特征为：1. 历史悠久，具有重要的传承价值；2. 地名语词文化内涵丰富，或具有重要的研究价值，处于濒危状态；3. 地名实体文化内涵丰富，具有突出的普遍价值；4. 知名度高，长期稳定，或需要长期保持稳定。

我们很高兴地看到，安庆市政府拟定的"十三五"规划中，专门列有"历史文化名城工程"一节，强调重点推进大观亭历史文化街区规划建设、大王庙特色风貌保护区规划建设等。据悉，相关部门也将根据安庆市历史文化名城保护规划，把大王庙、大观亭分别明确作为传统风貌保护区、历史文化街区进行规划保护，并对此明确了保护内容和要求。虽然现在有鸭儿塘路相隔，但不妨碍它依旧作为一个保护整体。大观亭历史文化街区重点是游览区域，大王庙特色传统风貌保护区重点是安庆老城体验区域，两者可以结合起来。

同样，倒扒狮街历史文化街区也是 10 年前国家发展改革委在《全国"十一五"历史文化名城（镇、村）历史文化街区保护设施建设规划》中批准的。

倒扒狮街，我们可以称为安徽商业第一街。这里有一个时间限定，就是清初至民国，准确些说，是安庆确立为安徽省会的这一段时间。早前安庆有两大商业区，一条是八卦门内外的西门大街，另一条就是倒扒狮街。西门大街主要是做批发生意，类似于现在的光彩大市场，倒扒狮街做的则是零售。安庆是安徽省会，民国之后又是安徽高等教育发祥地，因此在繁华与时尚方面，就自然引领安徽全省。倒扒狮街东西走向，其东过龙门口，清末则是安徽省与怀宁县两治所在。其地理位置的优越，也占尽天机。

现在保存完好的倒扒狮历史文化街区，核心区域是一个直角形，早前统称为四牌楼。南北向的一段，北与三牌楼相交，南抵至大南门街；东西向的一段，东与大二郎巷相连，西接倒扒狮街，又称四牌楼西街，后改名国货街。倒扒狮历史文化街区现今面积有所拓展，其北并入一段三牌楼街，西则将倒扒狮街纳入进来，并与梓潼阁相接。

倒扒狮街是老城文字记载最老的一条街，从街名正式形成到现在，有 400余年历史。倒扒狮牌坊立于明隆庆五年（1571），表彰对象为山东左布政使司刘尚志（明崇祯戊辰科状元刘若宰之父）。牌坊四柱三门，坊额两面题刻，一为"黄门司谏"，一为"青琐纳言"。其初名"黄门坊"，其两侧石柱上的倒扒狮子，圆头长尾、卷发巨睛、张吻施爪，因为实在太生动，所以老城百姓索性俗称其为"倒扒狮"。牌坊位于倒扒狮街中段，现仍存南端两根石柱及横坊，其上窗棂纹饰和云龙纹饰，镂雕十分精细。倒扒狮牌坊初败于太平天国战乱，后毁于"文革"期间红卫兵之手。

国货街是老城最具时代色彩的街道，长仅百余米，但记录了安徽一段政治风云。1919年北京爆发五四运动，安庆作为安徽省会，学校以及社会各界人士立即做出反应，召集2000余学生在黄家操场召开声援大会，并通电全国。后安庆商会会同各路商团组成检查组，沿街巡查，杜绝日货。与此同时，省学联也在倒扒狮街设立国货专卖部，专门出售一女师、女职、培媛女校等学生制作的手工制品。高潮时，安庆城区总罢市，大街小巷所有商店全部关门，2000余码头工人也同时进行罢工。大规模提倡国货和抵制日货的活动，使安庆成为全国关注的政治风云中心之一。之后由学生代表提议，安徽省政府批准，改四牌楼西街为国货街，以纪念老省城安庆发生的这场声势浩大的爱国运动。

倒扒狮历史文化街区能得以保存，初衷是"商业"而不是"文化"。20世纪70年代末，传统计划经济的商业模式受到冲击，政府为鼓励更多的新型集体（知青）与个体经济发展，特辟已基本荒废的倒扒狮街为商业街，力图创建新的商业模式样板。由于是历史商业区延续，又是全新的商业经营方式，倒扒狮商业街很快便得到了市民的认可。1985年，政府正式将这一段街命名为"倒扒狮步行街"，1986年，又在西街口重立倒扒狮子石牌坊。回过头来看，这一招是歪打正着，以商业目的保留下来的倒扒狮子和四牌楼，却因能集中反映特定的老城文化，成为安庆的历史文化街区。

倒扒狮历史文化街区的建筑，多建于清宣统二年（1910）。这年的一场突发大火，顺东北风势，从三牌楼烧起，一直向南肆虐到四牌楼，又由四牌楼西街，直烧至小墨子巷口。这场大火，不仅将老省城主要繁华街道上的沿街商店烧成一片废墟，也殃及周边的居住人家。其状况，只能用"惨不忍睹"一词形容。

倒扒狮历史文化街区建筑与格局，因为避开老城改造的冲击，目前仍保持老城原生态的旧有形态，这在中国各城市中，极为罕见，因此越来越受到相关方面的重视。倒扒狮历史文化街区早前做有规划，目前能看到的有《安徽安庆倒扒狮历史街区保护规划编制研究》，作者为胡明星、阳建强；《安庆倒扒狮历史文化街区的保护与更新》，作者为阳建强、张帆、宋杰、王颖。可惜规划一直没有得到实施。

关于人民路步行街，我们有两个定位，一是民国安徽第一街，二是安徽最长步行街。民国安徽第一街的定义，与倒扒狮安徽商业第一街的定义区别在于，倒扒狮形成时间相对较久，其跨度贯穿安庆作为省城的始末，而且着重强调商业性质。

人民路步行街是人民路西的一段，它西起于龙山路，东止于宜城路。作为安庆城区东西走向的一条大街，它成型于1930年前后。清末民初，它是一条向南外凸的弧形街道，西段包括西辕门、省政府街、东辕门，中段为御碑亭、状元府横街，西有柳街巷、鹭鸶桥。民国之后改建，更名为市政街、庆云街、教育局前诸段，总名称为新市街马路，简称新市路。20世纪60年代初期改名为新宜路，"文革"期间又改名为人民路，并延长至东门造纸厂。

作为民国安徽第一街，它包含有清末民初安徽省城的六大元素。其一，政治之重。先后为曾国藩督帅行署所在地，安徽巡抚、安徽省政府所在地，清末民初安徽政治变革核心地，包括安徽克复、安徽独立、皖人治皖等。其二，皖省之先。见证陈独秀新文化运动起始，见证清末安徽军政改良，见证民初安徽经济振兴，见证清末民初安徽司法改革。其三，教育之始。求是学堂创办地（此为安徽高等教育之始），武备学堂创办地，新军起义之源起，桐城中学堂、农业学堂以及安徽教育局均设于此。其四，经济之重。安徽银元局、安徽铜元局、安徽制造局、安庆电灯厂、安庆电话厂、安庆造币厂等创办于此，是清末民初安徽经济中心。其五，文化之灿。普及民众教育的安徽省立第一民众教育馆，安徽科技教育之先的安徽省会科学馆，服务于民众的公共设施第一游乐园等等，都设于此。其六，商业之潮。民国商业蓬勃兴起，尤其是市政街一段，取代四牌楼成为繁华闹市。其中御碑亭菜市场、大中华照相馆、大旅馆、海洞春酒店、小沧浪浴池、一乐也理发馆等，闻名沿江一带。

人民路步行街的历史建筑遗存有鲜明特色，它以三大标志建筑为起始：东段，安徽银元局洋楼；中段，劝业场；西段，安徽邮政管理局旧址。后者虽然游离于人民步行街之外，但大的范围，还是一个整体。其中劝业场周边又是历史文化元素最为丰富的建筑遗存群，它包括清末建筑四牌楼北口中式商业楼，民国初年建筑的劝业场，民国中期建筑的吕八街南口西洋商业楼，以及 20 世纪 50 年代苏式三代会办公楼。这个建筑遗存群完整地展示了近一百余年安庆建筑发展的轨迹与变化。

人民路标志性建筑——劝业场旧貌

人民路步行街作为主干道，它也是一条中轴带，其历史文化元素向两翼延伸：孝肃路方向有黄家狮天主堂建筑群、宣家花园安徽甲等工业学校教学楼、孝肃路教育会大楼、四照园民国小洋楼；天台里方向有世太史第；小二郎巷上有圣救主堂；龙山路西南向有谯楼、安徽省立图书馆旧址、孔庙。

下

城南滨江历史文化带是一个简称。从历史文化角度，安庆城南滨江历史文化带西应起自皖河入江口，东则终于长风沙。两端都有大诗人的诗作相衬，前者是王安石的《过皖口》，"皖城西去百重山，陈迹今埋杳霭间。白发行藏空自感，春风江水照衰颜。"后者是李白的《长干行·其一》，"八月蝴蝶黄，双飞西园草。感此伤妾心，坐愁红颜老。早晚下三巴，预将书报家。相迎不道远，直至长风沙。"如果从历史建筑遗存的角度看，它西起大王庙，东至迎江寺，北止于玉林路与人民路，前后十余里，呈狭窄而细长的带状。

从东往西数，城南滨江历史文化带的第一个点就是迎江寺古建筑群，其中，熊范二烈士专祠又具有现代意义。说熊范二烈士专祠，可以再往东说说炮营山。清末时，这里是新军三十一混成协炮营驻地，也是著名的炮马营起义大本营。起义失败后，有三百余军人学生遭清军株连杀戮。熊成基后在哈尔滨被捕，就义于吉林巴尔虎门外刑场。安庆炮马营起义是新军起义的开端，也是辛亥革命的开端。熊范二烈士专祠原为慈云阁，建于康熙三年（1664）。光绪二十七年（1901），改建为英果敏公祠。1912年，安徽省政府为祭典民主革命烈士熊成基、范传甲，将其改建为熊范二烈士专祠，现为安徽省重点文物保护单位。专祠为硬山单檐坡顶式建筑，正门上端镶嵌着汉白玉的门额，上刻"熊范二烈士专祠"，东、西次门上额，则嵌有"铭勋""建绩"碑刻。

迎江寺与振风塔看似一个整体，但从历史根源上看，两者又有独立之处。振风塔最早是文昌塔，建造目的是振兴安庆的文风。振风塔是安庆城标志性建筑，20世纪30年代末有一部很有名的中国抗战纪录片叫《四万万人民》，其开篇取的就是振风塔航拍影像。怀宁十二景之一"塔影横江"，也是安庆经典图景。四百多年来，振风塔塔影横江，气吞苍穹，令江上游客及慕名前来观瞻者望而惊叹。振风塔因此被誉为"万里长江第一塔"，民间也有"过了长江不说塔"之说。安庆城清末民初老照片不多，目前我们能搜集到的，大多是外国摄影师乘船顺江而行，经过安庆时，从甲板远拍振风塔的。我写过一篇文章，叫《一道风景的收藏》，就是对这些老照片的梳理。

熊范二烈士专祠，全国唯一的辛亥革命纪念专祠

　　迎江寺是振风塔延伸出的宗教建筑群，但其规模与气势，在沿江一带远近闻名。迎江寺古称护国永昌禅寺，又名万佛寺。它的最大特点，就是山门左右分置一对大铁锚，其重量接近于3000公斤，这在全国寺庙中，独一无二。虽如此，它的分量还是比振风塔轻一些，前者是全国重点文物保护单位，后者只是安徽省重点文物保护单位。迎江寺扬名，多少也依附于振风塔，其中最有影响的，就是迎江寺山门与振风塔的画面。作为安徽形象标志，出现于民国中央银行壹角券，安徽地方银行壹角券、贰角券，以及安徽中华银行壹佰枚铜元票、壹圆与伍元银元票上。如此荣耀，在安徽同样绝无仅有。

　　迎江寺内的大士阁是典型的西洋建筑，在传统建筑群中，多少有些异类。大士阁也将近有100年历史，已成为迎江寺经典建筑之一。大士阁是1918年迎江寺大修时修建的，出资人是当时的财政总长周学熙。大士阁在广嗣殿之西，早前归慈云阁，后慈云阁住持广法圆寂，转赠于迎江寺住持竺庵。1918年迎江寺大修，周学熙独自捐银数在万两以上，此外，寺塔修复所用材料，也由周学熙安排专轮进行运输。据传当时为修塔所搭的脚手架，遥遥两三里远，向北直抵现在的华中路。由于资金到位，加上竺庵精打细算，因此修复完工后，仍有部分结余。竺庵

安徽地方银行壹角券上的迎江寺建筑群

利用这些结余，另外在广嗣殿西修建了退居方丈的修身之所——大士阁。

大南门中西建筑群在城南滨江历史文化带中，占有非常强势的重要地位，它主要包括三大板块：大南门东侧老活塞环厂，大南门西侧老自来水厂，以及大南门回族古建筑圈。后者主要包括清真寺与探花第。清真寺始建于明成化五年（1469），1870年重建，是安徽省境内最大的清真寺，整体布局仅次于北京东四清真寺、广州怀圣清真寺等四大名寺。无像宝殿中立36根圆木金柱，高均达10米以上，高昂宏伟，肃穆宁静，可同时容千余人排班聚礼。探花第为马大用故居。马大用是清雍正年间武探花，后官至福建水师提督。探花第为明代旧屋改建，原为五进。大门两侧旗鼓石状如鼓形，高52厘米，顶面正中至底开凿有供插放旗杆用的孔洞，腰围最宽处直径为285厘米，通面浮雕，整个画面构图虚实有致，形态生动，线条圆润流畅，石雕手法精湛。

大南门街往西，是安庆自来水厂。这也是中国共产党创始人之一陈独秀的故居——南水关22号陈家大洋房。陈独秀出生于北城后营，后迁到大南门培德巷。1908年，陈独秀叔父陈衍庶（字昔凡，陈独秀过继为其嗣子）在南水关22号购

20世纪30年代，安庆清真寺与探花第

南水关 22 号陈家大洋房（陈独秀故居）

置房产建造新宅。新宅主建筑五开间六进，后二进为重檐楼房，宅前宅后均有花园，总面积为 3300 平方米。有三个天井，一个前院，二个中院和一个后院，大小房屋有 106 间。1986 年，安庆自来水厂扩建，虽有地方专家学者呼吁保护，但陈独秀故居仍未能逃脱被强行拆除的命运。自来水厂之西的"陈延年、陈乔年读书处"，1993 年元月由安庆市政府将其确立为市级重点文物保护单位，这实际是陈独秀安庆故居中的一处——南水关道院。但这只是道院建筑群中的一小部分，据《安庆文化志》介绍，道院为典型清代砖木结构建筑，前后四进，目前得以保留的，仅是其中两进。它与陈家大洋房仅几步之隔。

关于老活塞环厂旧址，市政府一度决策作为文化用地，对外宣布为"千年宜城记忆广场"。其中北侧三层洋楼与东北侧两层洋房，建造时间早为清光绪末年，晚为 20 世纪 20 年代，两幢建筑虽然风格各异，但都明显区别于传统中式建筑。大南门中西建筑群周边，值得提及也必须提及的，是南北向与东西向的两条老街，前者是入镇海门进城的大南门街，后者是入盛唐门后左转进城的登云坡。虽然它们不能归类于建筑遗存，但因特殊的地形构造，以及现在仍基本保持的地形地貌，同样也可作为建筑遗存的外延品。

位于任家坡的太史第，清康熙年间为山东提学任塾的私宅，后为李蕴章公馆。光绪年间，李蕴章长子李经世（丹崖）又大规模修建，定名为太史第。据文博部门的调查资料，太史第府门辟有三门，分三路，以正中一路为主体，向东西二路蝉联各筑偏殿，进深均为四进，围以住宅、更楼、戏楼、花园等，连成一完整府屋建筑群，占地 2 万多平方米。以"英王府"之名列为市重点文物保护对象的太史第旧宅，仅仅为其中东路四进，规模已大不如从前。咸丰三年（1861）曾国荃率湘军克复安庆，此后 3 年英王府一直作为曾国藩督帅行署。

龙山路向北有两处建筑，目前保存都相对完好，一是依泽小学内的江西会馆，一是四中内的明伦堂。前者是安庆会馆文化的唯一遗存，虽然目前保存的建筑只是原规模的一小部分，但能把盛于晚清的会馆文化保留到现在，也算是一个奇迹。早前安庆会馆规模与气势最大的，当属大二郎巷的湖南会馆和天后宫的福建会馆，尤其是后者，天后宫只是会馆内的建筑，却以此命名了一条街道。两广会馆规模也不小，内中舞台，是严凤英唱红黄梅戏的地方。明伦堂早前是怀宁县学宫内的建筑，与府学宫的孔庙大成殿性质相同，但目前保存比大成殿完整。

百花亭历史文化街区是皖江文化研究会 2015 年开始力推的新历史文化街区，它是安庆历史建筑遗存相对集中的区域，也是清末民初安庆人文历史最为丰富的区域。百花亭在此有窄与宽两种指向，"窄"是指建于古城墙东北拐顶部的角楼，它与东南菜花亭、西北黄花亭合为安庆古城墙三大角楼。虽然百花亭随古城墙的消亡而消亡，但作为东北城厢这一区域精神地标建筑，百花亭三个字与安庆城并存，这就是从"宽"的角度来说的百花亭。

相比于国家级历史文化街区倒扒狮和大观亭，我们对百花亭历史文化街区的认识和研究都相对欠缺。百花亭历史文化街区是安庆三大历史文化街区之一，它以中华圣公会皖赣教区历史建筑群和省立安徽大学旧址为核心，包括独特而浓烈的街巷文化，厚重而丰富的人文精神，温情而委婉的市井风貌等等。我们可以将其特色简单归纳为以下几点：一、教育兴盛。这一带集中的学校有：安徽巡警学堂、安徽官立中等工业学堂、安徽省立女子师范学校、安徽医师专科学校、安徽省立女子中学、圣保罗中学、培媛女子中学、安徽大学第一院等。二、皖城西医之始。光绪三十三年（1907），同仁医院从大二郎巷迁至百花亭，历经 110 余年，在此基础上发展起来的海军安庆医院，已经成为安庆三大西医医院之一。三、重大事件聚集。其中包括光绪三十三年（1907）震惊朝野的会堂第一枪——徐锡麟起义，也包括 1928 年 11 月刘文典与蒋介石在安庆纷争。四、文化名流云集。安徽大学第一院借址圣保罗中学后，来此任教的大师云集，包括作家郁达夫、作家苏雪林、诗人朱湘等。五、市井风貌独特。而这种风貌，又是多元化的，包括宝善庵、铁佛庵大井、圣保罗中学 300 米跑道体育场、古樟树群等。六、西洋建筑成片。安庆城东北百花亭这一片，清末民初为中华圣公会聚集之地，西北有同仁医院，南有天恩堂，东北有圣保罗中学。虽然经历多次变革，但保留下来的历史建筑，仍有十多处。目前文物部门正积极将中华圣公会建筑群，打包申报全国重点文物保护单位。

关于安庆近代西洋建筑，有必要多说两句。从建筑形态角度，安庆历史建筑遗存分中西两种格局形态，深入下去，不同的形态又有不同的细致划分。目前安庆保护相对较好，遗存数量较多的，多是西洋建筑。从性质上区分，安庆近代西洋建筑主要为两大类：宗教建筑和非宗教建筑。两者的数量均衡，建筑质量前者更为出色。宗教建筑具体又分为两大类，一是宗教性质的建筑，一是宗教附属机构建筑，如学校、医院、宿舍等。非宗教建筑从形态上也可分为两大类：复制型西洋建筑和改良型西洋建筑，后者的数量更多一些。改良型西洋建筑具体按属性又分有三类：政府类建筑、商业类的建筑、公馆类建筑。安庆最早的西洋建筑是教会建筑天主堂，为全国重点文物保护单位。它动工于清同治十年（1871），光绪十九年（1893）竣工。教会之外的西洋风格建筑，目前有资料可查的为劝业场大楼，建造时间在 1915 年春夏之交。

安庆近代西洋建筑形成，有特定的原因，这就是它在安徽不二的特殊地位。作为清乾隆至民国的老省城，安庆一直是安徽的政治、经济、教育等中心。

最后我们要说，历史文化名城保护是一项长期性工程。近年来，市委市政府高度重视，既做出了符合实际的长远规划，也做出了许多卓有成效的工作。2015年夏初，住建部历史文化名城巡查组来安庆巡查，对我市历史文化名城保护工作给予了充分肯定与赞赏。同时，也从更高层面给出积极建议，尤其对倒扒狮历史文化街区等历史建筑和文物古迹保护，认为还需要进一步落实规划，深入挖掘，提高利用，扩大知名度，真正打造出"望得见山、看得见水、记得住乡愁"的历史文化名城。这也就是说，摆在官方与民间的国家历史文化名城保护工作，任重而道远，这就需要我们大家的共同努力。

第六讲　清末民初安徽铸币始末

上

安庆老城许多街巷的名称，虽然平平淡淡不起眼，却有着不可取代的独特意义。走进去不仅可以体会历史的厚重与沧桑，还可以感受城市发展沉稳而坚实的脚步声，其中之一，便是枞阳门内的造币厂巷。

造币厂巷是一条东西向的小巷，早前因安庆造币厂而名。清末民初，造币厂巷东为老城墙，西与火神巷相连。现在的造币厂巷，东为宜城路的南段，西为锡麟街。造币厂巷南，为枞阳门小商品市场。其北，人民路步行街改造之前，是迎江区政府和人民路小学的后围墙。

安庆造币厂是民国年间的称谓，最早不叫"造币厂"，而是叫"银元局"，银元局前面也不是"安庆"，而是"安徽"，全称"安徽银元局"，起始时间是光绪二十三年（1897）。

关于开办安徽银元局的记载，最早见于《二十年目睹之怪现状》。在这部书的第九十四回"图恢复冒当河工差　巧逢迎垄断银元局"与第九十五回"苟观察就医游上海　少夫人拜佛到西湖"中，对安徽银元局的来龙去脉，有非常翔实生动的叙述。第九十五回提到：

后来封得银元局总办的苟才，在上海长发栈认识了广东银元局革职的童佐阊。闲聊之中，苟才熟知了造币厂从上条陈、办机器、到安装、鼓铸、发行等起始套路，便暗暗留了心眼。投奔安徽抚台后，又访着童佐阊，查考了银元局章程、机器价钱、用人多少、每日产量，官中余利等诸细节。苟才将此议上报，并接受重托，负责具体操办。接任后，苟才又到上海由童佐阊带到洋行，"商量了两天，妥妥当当的定了一分机器，订好了合同，交付过定银"。苟才上条陈时，看定了一片官地，此番动议，又叫人把那片地皮草草画了一个图，托童佐阊找工程师按着地势打了一个厂房图样。自此开始，直到厂房落成，机器运到，苟才便一连当了两年银元局总办。

《二十年目睹之怪现状》是晚清一部讽刺小说，虽然取材有相应的原型，但在撰述过程中，有一定扭曲与夸大。

安徽银元局是近代安徽金融变革的重要起点。解读安徽银元局，就必须先介绍安徽银元局的动议者与决策者——安徽巡抚邓华熙。邓华熙来安徽之前，先后任京师巡防处办事员、刑部郎中、江南道监察御史、云南大理知府、云南按察使、湖北布政使、江苏布政使，之后又分别担任山西巡抚、贵州巡抚、署漕运总督。实际邓华熙出任安徽巡抚，已是古稀之年。晚年邓华熙为什么频频受朝廷重用？最重要原因，就是他"思想甚为开通"，被郑观应、康有为等革新人士"引为同调"。

光绪二十年（1894），郑观应出版 5 卷《盛世危言》，全书洋洋洒洒 30 万言，不仅积极主张变法图强，发展资本主义，而且鼓吹参照西方政治制度，立宪法、开议院，实行"君民共主"。时任江苏布政使的邓华熙读后感慨万分，于次年春将《盛世危言》推荐给光绪皇帝。光绪皇帝读后赞叹不已，立即诏命印刷 2000 部，分发诸大臣阅读。一时间《盛世危言》洛阳纸贵，被时人称为"医国之灵枢金匮"，并对后来康有为领导的"戊戌变法"起到了先导作用。

光绪二十二年（1896）夏，70 岁的邓华熙踏上安徽省城安庆的江岸。自此开始，至光绪二十六年（1900）止，作为安徽巡抚，邓华熙以他力所能及的力量，积极推行了一系列新政，为安徽的政治、经济、教育、军事发展，注入了世纪末的活力。

半年之后，光绪二十三年（1897）春末，邓华熙奏请筹办求是学堂，强调以西学造就"既通西学、又切时务"的人才。为顺利实现计划，邓华熙一方面

"将司库存储之查抄革员赵怀业、卫汝成房产变价银一万七千两，尽数提拨"，以解决办学所需经费；另一方面，命布政使于荫霖在安庆城外另辟新址，扩建"以圣贤义理之学植其本"的敬敷书院，缓冲传统势力对新学的压力。光绪二十四年（1898）春，位于鹭鸶桥（现女人街）的求是学堂正式开学。三年后，求是学堂由二等学堂升格为高等学堂的求是大学堂，安徽现代高等教育的历史，由此正式发端。

安徽银元局创罗者：安徽巡抚邓华熙

同一年，继张之洞湖北武备学堂后，邓华熙又在安庆创办安徽武备学堂。在《建议武科改试枪炮并设武备学堂折》上，邓华熙发自内心感叹，"洋员教习只须聘住学堂，经费省而事易行。教就学生，由十一而传千百，泰西练兵良法渐偏，中华武备之振兴不难蒸蒸日上矣"。当年秋，学堂动用白银 8912 两，选址抚署东侧的演武厅，并于次年正式开学，首批招收新生 40 人，教员分别由天津陆师（武备）学堂毕业生和日本武官担任，学制三年。中国近代史上不少有影响的人物，如张汇滔、倪映典、石德宽、冷御秋等，均毕业于这所学校。正是武备学堂培养出来的一批新生力量，为安徽在中国近代史上的重要位置，打下了坚实基础。

仍是同一年，为配合光绪皇帝包括"提倡开办实业"在内的变法维新，邓华熙结合安徽实际，提出农桑种植并筹办日新蚕桑公司的设想。在上报朝廷的奏议中，邓华熙规划"在安庆省城东门外五里庙设课桑园"，"设厅事以供讲学会友，建化学房专以储器藏书"，并"设蒙学馆收附近农家子弟"，培养专业人才。入民国后，安徽省教育厅在安庆开办"安徽省立女子蚕桑讲习所"，设置蚕桑、蚕丝两个专业，这是安徽省教育史上第一所女子职业学校，也是邓华熙农桑种植构想的延续。现代历史学家认为，直隶总督荣禄、山西巡抚胡聘之、安徽巡抚邓华熙、两江总督刘坤一、湖广总督张之洞、湖南巡抚陈宝箴、陕甘总督陶模、陕西巡抚魏光焘等洋务派督抚，在百日维新中，不仅态度主动、积极，而且实施改革的面较宽，对于地方变法维新起到非同寻常的重要作用。

1898 年 12 月 21 日，《申报》全文刊发"照登皖抚邓中丞奏"，这是安徽巡抚邓华熙专门为彭名保研制的传声器，也就是中国第一部电话所拟的奏折，主题为"候补知州新制传声器，请敕总署考验并予专利片"。彭名保是安徽电报局会办，他研制出的传声器，被认为是中国第一部电话，也被称为"争气电话"。身为安徽巡抚的邓华熙不仅看到了传声器未来发展前景，还想借传声器为安徽、安庆经济，打开一片新天地："惟是器属创兴，需本颇多，非一人之力所能行，必须设立公司，招股集资造办，方能应手。并须请准专利，酌定年限，股份方易招徕，一年后造有数百具，运往他处装用，既能消息通灵，亦可漏卮稍塞。现据禀呈试验。"十分可惜的是，邓华熙任期之内，传声器制造并没有实质性的进展。

邓华熙安徽变法最重要的举措，就是创设安徽银元局。上任不久，邓华熙便以"安徽省制钱缺少"为由上递奏折，要求"铸造银元以便民用"。奏议得到清廷批准后，光绪二十三年（1897）春，安徽银元局在安庆东城正式挂牌成立。

光绪以前，外国货币在中国广泛流通，其中新式银元多重库平七钱二分，成色在 90 左右，而以此套换的，则是重一两、成色高达 93.5% 的纹银。仅此一项，就造成巨额白银流失。光绪十三年（1887），两广总督张之洞奏请获准在广东设立造币厂铸造银元。光绪二十年（1894），湖北造币厂也开始铸造大小重量相同的银元。其他省份看到广东、湖北所铸银元不仅能行销于市，而且获利颇丰，纷纷购机仿铸。安徽省也是其中之一。

严格地说，邓华熙来安庆赴任前，对安徽经济已有一定了解，并且也有一定的心理准备。但上任之后，安徽经济状况之差，仍出乎他的预料。正是在这种大背景下，邓华熙首先想到的就是步张之洞后尘，走铸造银元谋利的道路。

邓华熙委派"赴上海与洋商订购铸银元机器"的候补道潘汝杰，也确实与小说《二十年目睹之怪现状》中的苟才身份相符。但在作家吴趼人笔下，抚台（邓华熙）重用苟才是出于无奈，"兄弟从前也想办过来，问问各人，都是说好的，甚么'裕国便民'啊，'收回利权'啊，说得天花乱坠。等问到他们要窍的话，却都棱住了。你老哥想，没一个内行懂得的人，单靠兄弟一个，那里担代得许多"。正是得了这样一个内行，"抚台喜孜孜的，送客之后，便去和奏折老夫子商量，缮了个奏折，次日侵晨，拜发出去"。

"戊戌安徽省造"与"二十三年安徽省造"光绪元宝

候补道潘汝杰赴上海与德国商人订购机器，是光绪二十三年（1897）三月的事，当时签订合同注明"限期五个月"，也就是当年夏天运抵安庆。但由于是在"外洋制造"，因而直至九月中旬，"先度地购基鸠工建造"的"工作厂屋办公局所"主体建筑都已经竣工，铸造银元的机器仍然没有运送到安庆。

一向办事果断的邓华熙，也陷入无计可施的困境。不得已，他只好借广东同乡会的关系，向广东银元局商借铸币机三台先行试铸，并于十一月先行铸造出无纪年"安徽省造光绪元宝"银元样币。这一年年末，外洋制造的机器陆续运到。第二年二月，铸币机器安装就绪，三月正式开炉鼓铸。据上海《申报》光绪二十四年（1898）闰三月初一报道，"皖省铸造银元已于三月十三日（4月3日）开炉。"

安徽金融史、安徽工业史、安徽近代史，随着第一枚银元的成功铸造，掀开了新的一页。

安徽银元局自光绪二十三年（1897）十一月借用广东机器试铸起，至第二年三月正式鼓铸，至光绪二十五年六月遵旨停铸，前后只生存一年半时间。在这短暂的时间内，共铸造银元600余万枚，平均单日产量在万枚左右。由此可见，当年安徽银元局规模绝非一般。

据地方史志资料记载，安徽银元局在原火药局旧址上扩建，而火药局"原在枞阳门内新塘中央（旧为宛在亭），因建银元局移北门外马山"。其具体方位，在安庆老城的西南角，包括2013年之前的迎江区政府、人民路小学、三中、市立医院部分区域，以及人民路由市立医院至锡麟街这一段路面。安徽银元局仿广东造币厂规模建造，拥有技术员工近500人，置办机器20部。下设铸模、校准、镕银、碾片、舂饼、光边、烘洗、印纹（冲压）、修理（配）等车间。因为是铸造钱币，管理十分严格。

库平一钱四分四厘与库平七钱二分安徽银元

安徽银元局铸造银元，按照广东、湖北银元分两、成色，并錾明年份及"安徽省造"字样。铸造大小银元五种，统归库平校准：其中大圆，重七钱二分；两开，重三钱六分；五开，重一钱四分四厘；十开，重七分二厘；二十开，重三分六厘。细分下来，又有五种不同版别，分别为：无纪年安徽省造光绪元宝、二十四年安徽省造光绪元宝（分有英文和无英文两种）、戊戌安徽省造光绪元宝、二十五年安徽省造光绪元宝。为推广应用，邓华熙还专门出示晓谕，"凡完纳钱量税厘等项俱兼收，支发廉薪粮饷等需，亦均搭放。皆按市价核算，不许畸重畸轻。市肆之间各项交易，令与外国银元同价，不得故意低昂"。

2004 年，易趣网曾出现一枚"二十三年安徽省造光绪元宝库平三钱六分"银元，经过境内外藏家竞价，最后以 50 万天价成交。这枚天价银元虽是"安徽省造"，但其实只是一枚样币，它也不是安徽银元局铸造，而是由出售机器的德国厂商代铸。德国厂商代铸的银元共三种币值，分别是库平七钱二分、库平三钱六分和库平一钱四分四厘。代铸的银元正面，有英文"ATSC"字样。光绪二十四年（1898）夏，邓华熙向朝廷"进呈银元式样并陈办理情形"时，其中三枚银元就是德商代铸的样币。代铸样币未正式发行。

光绪二十五年（1899）五月，清廷下谕，称"各省设局太多，分两、成色难免参差，不便民用，且徒糜经费。湖北、广东两省铸造银元设局在先，各省如有需用银元之处，均着归并该两省代为铸造应用，毋庸另筹设局，以节糜费。"圣旨难违，安徽银元局不得不于当年六月停止了银元铸造。据史料记载，由于投入过大，生产期过短，至最后停铸，铸币收入勉强与物料开支持平。而筹建银元局所欠 6 万余息借商银（借款），经奏准，最后动用公款补上了漏洞。

中

　　安徽银元局改为安徽铜元局，是光绪二十八年（1902）的事。当时邓华熙已经离任，新任安徽巡抚为聂缉椝。

　　光绪二十七年（1901）冬，聂缉椝与夫人曾纪芬，踏上安徽省城安庆的土地。这是曾纪芬第二次来到这座城市。不同的是，幼时来安庆，她的身份是两江总督曾国藩最小的女儿，而如今，她却是安徽巡抚聂缉椝的夫人。而且幼时来安庆，她是顺江而下，坐的是水师统领彭玉麟特备的木制大船，此次来安庆，则是逆江而上，乘坐的是招商局从美国旗昌轮船公司买下的外国洋轮。

　　曾纪芬一生命运波折，本应 21 岁出嫁，不料婚事筹办期间，父亲曾国藩与公公聂亦峰双双去世，婚礼只好后推。23 岁再议婚嫁，母亲欧阳太夫人又去世了。到光绪元年（1875）九月，24 岁时举办婚礼，又因"国恤犹未及期年，故仅备仪仗而未用鼓乐"，与丈夫聂缉椝拜了个清静无声的天地。聂缉椝是湖南衡山人，早年追随过曾国荃、左宗棠和李翰章。奉旨调补安徽巡抚前，先后任浙江按察使、江苏布政使和江苏巡抚。此次由苏州去安庆赴任，聂缉椝带夫人及家眷，先是租用 3 条民船，顺苏州河而下到上海。稍事休息后，又登上了上海至武汉的客轮。

　　闻知新任安徽巡抚来安庆，安徽各界官员，纷纷到大南门招商局码头迎接。但出乎大家意料的是，聂缉椝与夫人的四抬大轿，由城南康济门（小南门）入城后，并没有西拐至安徽巡抚衙门，而是东拐由火神巷步入安徽银元局临时行辕。

　　作为新任安徽巡抚，聂缉椝来安庆不在抚署大院落脚，却选择安庆银元局作为行辕，看上去有些蹊跷，但其中有他的理由。来安徽之前，聂缉椝任江苏巡抚，驻苏州。此前因各省停铸制币，市面辅币紧缺，甚至出现"钱荒"局面。因而光绪二十六年（1900），两广总督李鸿章率先在广东

安徽铜元局创办者：安徽巡抚聂缉椝

试铸铜元，并取得成功（利率高达 20%）。次年十月，清廷令"沿江、沿海各省可筹款铸造铜元"，聂缉椝闻风而动，于七月筹款万两，由江南铸造银元制钱总局（设南京）西厂，代苏州铸造当十铜元，取得一定经验，也获得一定利益。此次新官上任，必然要有三把火。如何烧？铸币既是轻车熟路，也可借此改善官府财政。落脚安庆银元局旧址，一是熟悉情况，二是便于工作，三也免了许多官场上的虚伪事。

光绪二十八年（1902）四月初十，也就是聂缉椝上任半年之后，安徽铜元局向藩库及牙厘司借银 35000 千两，另外添置铸币机器 20 部，在原银元局旧址成立安徽铜元局，安庆知府林眉仲兼任提调。当年铸造的铜元主要为五文、十文、二十文三种币值。

2003 年 11 月末，北京华辰拍卖公司举行钱币拍卖，其中一场为日本藏家秋有晃铜币藏品专场。拍品中，正面满文为"宝皖"的铜币"安徽飞龙梅花星光绪元宝十文"，最终以 3.85 万元的高价落槌，创下历史新高。相比较，安徽铜元局更为珍贵的极品，当属"安徽方孔十文"。1980 年 1 月，这枚铜元在美国拍卖会上露脸，参考价高达 4000 美元，后为中国台湾藏家收藏。14 年后，"安徽方孔十文"在香港黄元文遗藏拍卖会上再度现身，最后落槌价为 5600 美元，另加 10% 佣金。据台湾收藏家郑仁杰介绍，"安徽方孔十文"分别为民间藏家施诚一、张明泉、郑仁杰、陈吉茂（中国台湾），施志民、秋友晃（日本）以及上海博物馆（李伟捐赠）收藏。其中日本藏家秋友晃对中国钱币研究深透，"安徽方孔十文"就是他最早向钱币收藏界披露的。

"安徽方孔十文"与另一款"安徽省造光绪元宝五文铜元"，都是安徽铜元局试铸阶段的铜元。但据 1902 年 9 月 10 日天津《大公报》报道，试铸"未及两日，造币机器忽生故障，遂运至上海检修"。造币机器出现的故障，主要与"方孔"有关。铜元中间穿孔，需另加装打眼梃杆。铸币过程中，由于机器本身撞力加大，从而对钱模和梃杆造成损坏的概率也高。从现存实物看，

中国铜币十珍之安徽方孔十文

除个别铜元品相相对完整外，其余背面英文"AN-HUI"部分，都有破版痕迹。造币机器往返上海检修，花了半个多月的时间，于 7 月 16 日重新开工。但由于机器易损，以及低币值铜元费工费料，后方孔铜元和五文币值铜元停铸。

安徽铜元局铸安徽飞龙十文

据资料记载，"安徽省造光绪元宝五文铜元"前后只铸造 7060 枚，其中满文"宝皖"极为稀少。"安徽方孔十文"铸量更小，目前存世的仅仅只有十余枚，是"中国铜元十珍"之一。

安徽银元局建造之前，东南城这一大片厂区，地方志书称之为"枞阳门内新塘原火药局"。因修建安徽银元局，新塘原火药局迁建至北门外马山。这里的"新塘"是个泛指，它东至老城墙，西至鹭鸶桥，南至火神巷，北至菜园地，范围很大。新塘四面环水，中为孤岛。孤岛向南，是一座既宽又长的木制廊桥。向西也有一道木桥，但略窄些，跨径也不大。这也是原火药局最具安全性的生产地貌。孤岛上曾建宛在亭，"宛"有委婉、仿佛、盘曲之意。阳春三月，置身亭间，林木茂密，绿水相环，其景其情，有如仙境。安徽巡抚聂缉椝将行辕建于此，自然也有他许多道理。

安徽银元局旧址：
东门内新塘

但相比之下，安徽抚署内的环境还是更好些。前为办公场地，往北行，东依序有御书楼、爽襟楼，西边为大小花厅。再往后，便是家居内宅，宅后另建有集庆园，园中有亭名"菜根香"。聂缉椝"先以铜元局为行辕，后始入署"，原因可能就在于安徽铜元局开工之后，环境实在太过嘈杂，而抚署这边，清池之上，水榭相绕，曲桥以缀，难得一片清静。聂缉椝光绪二十七年（1901）冬赴安庆任安徽巡抚，至光绪二十九年（1903）八月离开（期间饶应祺曾任巡抚但未到职，诚勋代理过一段时间），在安庆为官前后三个年头。

光绪二十九年（1903），诚勋正式出任安徽巡抚。诚勋是个实干家，上任后不久，就往铜元局东扩建了东厂，后又向西扩建了厂区。生产规模扩大后，铸造铜币的原料立刻变得紧张，诚勋于是专门上奏《添造黄铜元鼓铸币》折："嗣查得铸钱局存有用剩黄铜，爰试铸数万枚发行市面行使"，要求动用库存黄铜铸造黄铜材质铜元。一般官员，恐怕连想也不敢去想，诚勋思想之新锐之超前，由此可见。不仅如此，上任之初，诚勋就以"安徽抚提部院诚"的名义，特别制作了一批模仿西方奖章设计的"奖"字铜币。

诚勋时代的安徽铜元局，铜元铸造有如洪水开闸，其势凶猛，很有一些控制不住的意味。清光绪三十一年（1905）末有一个统计数字，自安徽铜元局开铸至统计时止，安徽铜元局共铸造铜币 2.94 亿枚。但至光绪三十二年（1906）四月十六日，不过 4 个半月时间，据清廷考察铜币大臣陈璧《望岩堂奏稿》的统计，这个累计铸币数就达到了 5.19 亿枚。140 天左右，铸造量为 2.25 亿枚，不能不说是天量。尽管如此，这个数字，还不包括光绪三十二年（1906）下半年为赈灾而特别加铸的铜元数量。

光绪三十二年（1906），安徽巡抚改由镶白旗人恩铭出任。一上任，户部就给他一个下马威：安徽、江西、江苏等省铜元局，停止铸币，其机构及设备全归入江宁造币厂。

作为安徽巡抚，恩铭赴任之初雄心勃勃。他的远大目标是要把安徽打造成政治清明、经济昌盛、军事强大的省份。虽然安徽铜元局面临裁撤之窘，但恩铭还是以赈灾为名进行了拖延。那一阶段，他不断电报与户部协商，恳请他们暂缓并局。最后户部同意安徽恢复铜元铸造，但限定日铸量为 60 万枚，年末又追加急限定，"皖省日铸量不得超过30万枚"。也就是这一年九月，安徽铜元局奉户部令，改名为"度支部安庆造币分厂"。

安徽抚提部播院诚"奖"铜章

安徽铜元局以及后来的度支部安庆造币分厂所铸铜元，以币值分共有三种，分别是五文、十文和二十文铜元。以版别分，又有"光绪元宝"和"大清铜币"两种。而这两种版别，主要存于十文币值之中。再细分，"光绪元宝"有三类，早期"每元当制钱十文"，中期"当十"，后期"当制钱十文"。大清铜币也有两大类，一是"大皖"，一是"小皖"。

光绪三十三年（1907），考查铜币大臣陈壁经过全面考查，最终责令度支部安庆造币分厂停铸铜元。几乎与此同时，安徽巡抚恩铭在百花亭遭遇安徽巡警学堂起义，被会办徐锡麟枪杀身亡。

在此特别要做强调，恩铭是一条硬汉子，他被随行官员护送至巡抚大院时，虽身中数弹，但思维仍然清晰。此时的恩铭，一方面下令各营兵士，"务将锡麟拿获，收禁司监"，另一方面，又再三嘱咐，"今日之事系徐道锡麟一人所为，众目共见，与全体无涉"。没有一定心胸，决不能如此坦荡。

继任安徽巡抚冯煦对于如何处置徐锡麟，也在两难之中。《清史稿》介绍，"巡抚恩铭被刺，众情惶惑。煦继任，处以镇静，治其狱，不株连一人，主散胁从，示宽大，人心始安。"冯煦的"民为邦本""政府能使天下自治，则天下莫能乱；政府能使天下举安，则天下莫能危"等主张，也导致他最后仕途上的失意。光绪三十四年（1908），冯熙主持重建大观亭的上达楼，落成后，先名正气楼，后觉太直白，改名"望华"，有两层意思，一是遥望九华，二是翘望中华。他个人对徐锡麟的敬重，也包括其中。望华楼为两层建筑，"上下各五楹，纵广数十步"。辛亥革命后，安徽都督柏文蔚改此楼为纪念馆，里面陈列有徐锡麟烈士生前的衣冠剑履等遗物。望华楼因此又被称为徐锡麟纪念楼。

仓促之中全面主持安徽政务，55岁的冯煦必须面对的另一"世纪难题"，就是决定安庆造币厂的去向。经过多方面谋划与论证，冯煦大胆提出改"造币"为

"生产现代武器"的构想，此项建议很快得到朝廷批准。当年，也就是光绪三十三年（1907），安徽制造局（厂）成立，下设9个分厂，包括煤炭厂、子壳厂、马力厂、修枪厂、翻砂修理厂、制药厂、装药厂、电灯厂、电话厂。由于9个分厂中专门有"修枪"分厂，不少地方史学者为之迷惑，认定安徽制造局（厂）主要任务是"修理枪械"，从而忽略了安徽制造局（厂）制造现代武器的"制造"性质。

严格区分，安徽制造局（厂）下设9个分厂，是兵工厂典型的9个车间，其中"煤炭"负责燃料，"马力"提供生产动力，这两个分厂是枪支子弹（炮弹）生产的准备工序；"翻砂修理"是弹壳枪支的外坯制作，"修枪"是枪支制造（"修"在这里是"做"的意思），"子壳"制造子弹（炮弹）的外壳，这三个分厂负责制作现代武器的主体部件；"制药"专门生产火药，"装药"负责子弹火药的填放，这两个分厂是弹药生产流水线；"电灯"与"电话"负责厂区的照明和通讯，是工厂的辅助车间。把9个车间的生产工序集中到一起，很明显，这就是一家专门生产枪支弹药的大型兵工厂。

安徽制造局（厂）"电灯"与"电话"两个分厂在安徽近代史上的意义，不仅仅局限于制造局本身。光绪三十四年（1908），安徽政府最大的政务，就是当年11月在安庆太湖举行的新军秋操。参加太湖秋操的南洋各镇新军包括湖北第八镇、江南第九镇、安徽第三十一混成协等，光绪皇帝亲赴太湖观看。冯煦有意在安徽制造局（厂）设"电灯"与"电话"分厂，目的也很明确，就是要光绪皇帝亲睹自己的主政能力。其中电灯厂沿用的，是安徽银元局最初从上海置办的两台50千瓦单相交流发电机（蒸汽机带动），后陆续添置其他设备，并于太湖秋操前，率先在康济门（小南门）到镇海门（大南门）外一带江岸，装上了公用路灯。另外的电话厂，则有可能是延续邓华熙最初的设想：批量生产由安徽电报局会办彭名保发明的争气电话。这在清末，也是一个超越时代的创新。可惜的是，电话厂最终仍只是半空中的风，来去都没有影子。

查《制造厂每月额支杂支经费表》，当时制造厂包括官员"提调""文案兼庶务监印""监工兼巡查""匠目"，技工"车床配件打磨匠""钻床管钳打铁匠""制药造子壳管马力各匠"，以及"门役""听差""水夫"等，共99人，月累计工资支出9910元。其中匠目月薪最高，640元，其次是提调，500元（另每月有770

安徽银元局（铜元局）建筑遗存

元杂支），管理机器兼画图匠 320 元，翻砂匠 240 元，水夫最低，30 元。尽管如此，在安庆城，制造厂的员工也绝对是高工资了。

下

关于民国安庆造币厂的恢复时间，一般采用的史料出自《安庆市金融志》，其中《安庆市金融大事记》记述：1913 年 4 月 23 日《申报》载"皖督孙毓筠委吴藩任铸币局局长，并筹备重开银元、铜币，以周转市面。"

又据安庆市钱币学会课题组《安庆造币厂及其铸币研究》，吴藩出任铸币局局长后，即派造币厂厂长李国杰专程赴上海购回原铜料 1000 多吨，很快恢复了铜元生产，开铸一种"书成楷体、国字有棱有角、丝毫皆有自然状，背面五谷枝叶特别，更形尖锐，唯十文字迹略嫌不正的开国纪念币"。与此同时还"试铸了屈指可数的'十八星旗'十文铜元"。

但上述两段文字的准确性存在一定问题。首先，1913 年 4 月 23 日发行的《申报》上面并没有刊发"皖督孙毓筠委吴藩任铸币局局长"的新闻；其二，孙毓筠出任皖军都督，是 1911 年 12 月 21 日的事，1912 年 4 月 27 日便为柏文蔚所取代，任职时间只有 4 个月。也就是说，1913 年 4 月，安徽都督为柏文蔚而非孙毓筠。

1908 年春，安徽制造局（安庆造币厂）远眺

所以这段史实的准确性，值得推敲。

从当时安徽政治大背景分析，1913 年春恢复安庆造币厂生产的可能性也不是很大。1911 年 11 月 8 日，安徽宣布独立。12 月 12 日，安徽临时省参事会召开会议，选举孙毓筠为皖军都督。在这之前，安徽都督为李烈钧。李烈钧上任没几日，冯国璋派重兵进攻武昌，黎元洪一日多电，命李烈钧为五省联军总司令，要李烈钧迅速支援。李烈钧无法推辞，只好将皖督大印交付胡万泰，于 11 月 28 日率领赣皖联军溯江西上。李烈钧走后，安徽群龙无首，胡万泰根本压不住阵脚，省城安庆一片混乱。孙毓筠就是在这种背景下，被临时推选为安徽第一把手的。

如果说 1913 年春夏之交安庆造币厂有恢复生产，时间也不会太长。1913 年 7 月 27 日，袁世凯任命倪嗣冲为安徽都督兼民政长。8 月 28 日，倪嗣冲率部入驻安庆。安徽铸币因此又陷入差不多一年之久的停顿期。

1914 年 10 月，安庆造币厂再次动议恢复铸币。10 月 19 日，倪嗣冲委任徐襄甫为制造局经理。11 月，安庆造币厂奉命开铸有袁世凯头像的银币，也就是坊间相传的"袁大头"。一共生产有 4 种币值，分别为壹元的主币，伍角、贰角和壹角的辅币。但生产并没维持多长时间，1915 年，世界形势陡变，第一次世界大战爆发。安庆造币厂铸币所用的原材料价格一日三变，造币厂收支严重不敷，无奈之下，只得再次做出停铸决定。

这一停就是 4 年，直到 1919 年 8 月 10 日，北洋政府财政部币制局才致电安徽，"准予在安徽省城暂设造币分厂一所，鼓铸铜元，俾资救济"。倪嗣冲一纸令下，江南贵池人吴藩再度出任安庆造币厂厂长。

吴藩与直隶银元局总办周学熙算是半个老乡。光绪二十八年（1902）吴藩赴天津谋事，被周学熙安排在手下任职。次年随周学熙赴日本考察实业。1915 年，吴藩任湖南银行监理官，后改任湖北大冶水泥厂驻汉口办事处主任。1919 年回安徽任职，同年当选为安徽省议会议员。

倪嗣冲对吴藩有知遇之恩，吴藩对倪嗣冲有感激之情。安庆造币厂开铸后不久，1919 年冬，安庆造币厂先后推出 4 款倪嗣冲头像纪念章，其材质为银质，分壹元、伍角、贰角、壹角 4 种。另外还有金、银、铜三种

安庆造币厂创办者：安徽都督倪嗣冲

材质的安武军纪念章，其正面图案均为倪嗣冲戎装正侧位头像。

这里很有必要介绍倪嗣冲。民国安庆造币厂兴与衰，与他都有密切关系。

倪嗣冲出身于官宦之家，由他上溯，祖孙四代在清廷都身居高位，尤其是他的父亲倪淑，早年是袁世凯家庭老师，后为袁世凯亲信幕僚。

安徽阜阳县人倪嗣冲，幼年随父亲在四川生活，后纳赀为知县，授任山东陵县。光绪二十六年（1900），倪嗣冲闻县境有义和团起事，果断出手，将聚众设坛者逮捕入狱，并修书上封，奏请严查。时袁世凯出任山东巡抚，正为义和团烦心，见此良才，立即令其督办德州等九县义和团事。倪嗣冲果然不负所托，袁世凯连连感叹"深器伟才，谓堪大用"。之后倪嗣冲的命运，一直随袁世凯命运的起伏而起伏：宣统元年（1909），袁世凯受贬，以"足疾"回原籍。时任东三省民政司长、黑龙江布政使兼巡防军翼长的倪嗣冲失去靠山，立即因"贪污"被弹劾，交刑部问罪。武昌起义爆发，清廷重新重用袁世凯，倪嗣冲也随之时来运转，被任命为河南布政使，兼武卫右军左翼统领参赞军备。袁世凯接任临时大总统后，倪嗣冲升任豫鄂皖边区剿匪督办，后又任总统府军事顾问。1913 年 7 月 17 日，安徽宣布独立，都督柏文蔚组织讨袁军，自任总司令，北上讨伐袁世凯。但在正阳关就被倪嗣冲击败，后又一路追击到安庆。7 月 27 日，倪嗣冲受命出任安徽都督兼民

安庆造币厂制作安武军纪念金章

政长。由此，倪嗣冲开始长达 8 年之久，被史学家称之为"祸皖"的时代。而这个时代由盛而衰的转折点，就是安武军纪念币的铸造。

1919 年夏末，财政部币制局批准安庆造币厂再度上马，厂长吴藩立即开始了紧张的筹备工作。江宁造币厂雕刻技工舒溥炎等四位师傅，就是这年秋天应邀乘船来安庆的。据舒溥炎回忆，到安庆后，他们主要负责设计和雕模工作。那一阶段，他们日夜加班加点，终于按要求在最短时间内拿出了安武军纪念章的铜样。铜样分"大花"与"小花"两种版式，其中"大花"铜样直径为 28.1 毫米，重量为 10.1 克；"小花"铜样重一些，达到 11.4 克。

安庆造币厂最初完全是参照广东造币厂的规模和样式设计。鼎盛时期，工厂置办机器 20 部，拥有各类工种工人 500 余人。1919 年 12 月 1 日重新开工，日铸铜元达 100 万枚。其规模虽次于广东、湖北两省的造币厂，但同江西、山东、河南等省的造币厂相比，又高出一筹。安庆造币厂的生产工艺流程，主要有铸模、校准、镕银、碾片、春饼、光边、烘洗、印纹（冲压）等，另外专门有修理（配）车间。每道工序都是由专门的熟练的技术工人依次进行操作并有专人负责监督。因为是铸造钱币，工厂管理十分严格。造币厂所有工作人员以及车间里的技术工人，必须佩戴工厂特制的徽章，经过严密查验后，方能进入自己的岗位。

造币厂的管理人员因为身份不同，佩戴的徽章也不一样。安庆造币厂徽章正面图案，为倪嗣冲戴帽戎装微侧头像，上方有"中华民国九年"六字。其背面，两束嘉禾分左右向上环绕，五瓣花构成的圆形花环中间，有"徽章"二字，上方为"安庆造币厂"，并留有穿绳圆孔。"徽章"两字下端的圆形图案，上半部分是地球，下半部分是绶带，中间部位的文字与数字，是后来用字模打上去的，每枚徽章都有区别。其中银质徽章地球和绶带中间部位，另外镌有"青天白日"图案。

1919 年冬，安徽形势逆转。倪嗣冲在蚌埠小南山阅兵时，突发中风，从马背摔下，并因此半身不遂。虽遍寻良医，仍医治无果，严重时，大脑糊涂。此时，倪嗣冲侄儿倪道烺与倪嗣冲长子倪道杰，以"代行督事"之名，强行操纵督军署大权。1920 年夏，直皖战争皖系失败，段祺瑞通电辞职，倪嗣冲避居天津，安徽兵权交倪道烺和军务帮办马联甲。10 月，北京政府任命聂宪藩为安徽省长。

倪嗣冲被解职后，本意为"纪念"倪嗣冲的头像系列银章，也就失去了意义。好在这些纪念银章的重量、成色，均高于同期生产的其他银币，因此在安庆市面上，继续流通了相当一段时间。

安庆造币厂银质徽章（正面和背面）

聂宪藩虽然出任安徽省长，但日子并不好过。实权在握的倪道烺，表面对其笑脸相对，暗地却处处作梗，聂宪藩实有被架空之迹。

1921 年初，倪道烺专程来安庆，要财政厅长陶熔将 1917、1918 两年节余的 70 余万省库剩余金，截留改作他用：一是安排为第三届省议员的会议经费（贿选），二是抽调部分至蚌埠，为倪嗣冲修建生祠。陶熔虽觉不妥，但碍于倪道烺淫威，不做正面拒绝，要求省议会议决通过。与此同时，为安武军改编后的军饷筹措，督军张文生默认实施"八分米厘"计划。消息传出，上下愤然，反对声此起彼伏。5 月 5 日，督军张文生从蚌埠走南京坐船至安庆，上岸不久，便赶到省议会，要安徽地方政府担负新安武军 70 万军费。

三方面的要求，都集中到安徽省议会，而此时省议会，却"搁置教育经费案不议，冀图离省，钻营下届议员"。6 月 2 日下午，一些议员准备搭乘下水大轮，由南京转火车至蚌埠，参加倪嗣冲生祠的落成典礼。傍晚，省学联会长方洛舟等得到密报，说省议会副议长赵继椿正在省议会宴请马联甲与倪道烺，于是与姜高琦、戴文秀等十多位学生代表赶过来，要求展开对话，冲突由此而生。学生情绪激动，警卫骄横无理，一方强行要进，一方野蛮拦阻。僵持之中，对峙升级，最后士兵动手，200 余手无寸铁的学生被殴，其中第一师范姜高琦、戴文秀，第一中学周肇基伤势最为严重。震惊全国的"六二惨案"由此爆发。随后，安徽东至人许世英，在"皖人治皖"的口号中回安庆掌院。

1921 年前后的安庆造币厂也乱得一塌糊涂。这一时期，长江一带金融市场秩序混乱，典型现象就是铜元充斥，且大多为轻质铜元。5 月 21 日，财政部币制局紧急致电各地造币厂，要求立即停铸铜元。其实此次停铸、查禁轻质铜元只是一个幌子，真正目的是采取高度集权的手段，改变军阀割据时期遗留的铜元铸造放任自流的局面。由于铜元停铸，安庆造币厂被迫裁减多名员工，且未发放当年红利。这年末，吴藩提出辞呈，厂长一职由江泽春接任。

1922 年 1 月 11 日，吴藩正准备离开安庆，造币厂爆发了罢工风波，工人拦住了工厂大门，要求吴藩发清当年工人们的应得红利，否则，不准他离开造币厂。百般无奈，吴藩只好请新任厂长江泽春作保，答应三日内携款来厂偿还欠债。罢工持续了两个多小时，最终以工人们的胜利而告终。隔天出版的《皖铎报》，详细报道了这次罢工风潮。

这之后一直到 1925 年 8 月，安庆造币厂始终处在铸铸停停、停停铸铸的半生产状态。期间，厂长一职走马灯般换人，先后接任者有江泽春、岑德广、周自元、唐少骥等。由于社会局势动荡，银元市价一路走低，钱币鼓铸入不敷出，最终由微利转为亏损。而此时以会办身份主持工作的唐少骥又不作为，造币厂被迫停止生产。当年 8 月，北洋政府财政部委任胡廷禧为新一任厂长。

胡廷禧曾经就任南京造币厂厂长一职，对于钱币铸造有相当的管理经验。上任不久，胡廷禧一方面以中国银行提供的银条铸造法定国币，一方面停铸了所有微利甚至亏本的辅币。9 月，安庆造币厂重新开铸，每日日班铸 8 万枚，夜班加班铸 4 万枚。成品运送上海后对外发放，其中赢利与中国银行共同分成。

但此景只维持了 9 个月，胡廷禧手下的一位科长张铸青，以"交通不便，铸币微利"等理由，专门打报告给当时安徽军总司令陈调元，提议将造币厂迁移到蚌埠。陈调元大笔一挥，同意了移厂方案，并委任张铸青为新一任造币厂厂长。

上海、武汉两地银行获知移厂信息，立即提出反对意见，要求安庆造币厂必须将所欠 52 万债务还清后，方能动迁。经过两个月的周旋，陈调元深感财力不足，不得不下令中止迁厂工作。经过此次折腾，安庆造币厂元气大伤，再没有能力重新恢复铸币生产。从 1897 年筹建，到 1926 年 8 月被迫停铸，安庆造币厂在老城历史上，留下了短短 30 年的一页。

安庆造币厂关闭之后，所存机器设备，先由安徽财政厅派专员进行保管，后移交给安徽省建设厅，由建设厅转交安庆市政筹备处保存。1932 年，安徽财政厅与建设厅共同对这批机器设备招商承售，但由于发售价过高，没有商家问津。3 月 27 日，安徽省政府第 247 次会议做出决定，"机件由建设厅封存保管"。这也是目前能找到的关于安庆造币厂机器设备的最后一份文字材料，之后，这批机器设备便不再有任何讯息。

第七讲　繁花：清末民初安徽教育

上

近代安徽的教育变革要追溯到光绪二十三年（1897），那一年新任巡抚邓华熙来安徽就职后不久，就把创办求是学堂的设想上奏朝廷。安徽现代教育和高等教育的大幕，从此徐徐拉开。

光绪二十四年（1898）春，位于鹭鸶桥的求是学堂正式开学，首批共招正课生、附课生93名。求是学堂学制三年，相当于初级中学，课程包括几何、化学、英语等。据邓华熙《安省建立求是学堂用过银数先行具陈片》折，求是学堂所需两万余经费，"将司库存储之查抄革员赵怀业、卫汝成房产变价银一万七千两，尽数提拨"，"不敷银两，另筹足用"。

光绪二十七年（1901），求是学堂首批学生毕业，经考选，13名英文、法文成绩优异的学生，由清政府奖"监生功名和八品翻译官"，转入仕途。也是这一年，新任安徽巡抚王之春改求是学堂为求是大学堂。加了一个"大"字，学堂性质也由二等学堂升格为高等学堂。求是大学堂由布政使、按察使共同督办，100名公费"住堂正额生"，由各县选送（每县2人）。原120名求是学堂学生改为"附课生"（师范生）。安徽现代高等教育的历史，由此正式发端。

光绪二十八年（1902），《高等学堂、中学堂、小学堂章程》颁发，求是大学堂应要求改名为安徽高等学堂，同时校址迁往北门外敬敷书院旧址新建的校

安徽高等学堂龙门口旧址

舍，并与政府"脱钩"，另聘著名学者严复为专职监督（校长），负责校务工作。据《学部官报》，光绪三十三年（1907）的安徽高等学堂，除监督外，另设有监学、总教习（姚永概任）、斋务长、庶务长、掌书、检察、监膳等职。开设课程包括国文、经学伦理、中外历史、中外国舆地、心理学、生理学、天文地文地质，以及数学、物理、化学、动植物等。相关部门对学堂的评价是"教员大半得人，校地大略合用，但天井太小空气不足。经费尚不绌，管理员教员中尚有可省者"。这一年，学堂经费收入为 61675 两，支出 56540 两。1911 年秋，辛亥革命爆发，安徽高等学堂因经费无法筹措而被迫停办，未毕业的 12 名学生，并入北京大学。

1912 年春，程小苏独立募款筹办江淮大学。辅助他筹办的，政府层面有安徽省教育司长邓绳侯，好友中则有光明甫、刘希平等。江淮大学分文、法两个学院，学生有千余人。其中法学院又分政治、经济及法律诸科，这也是安徽近代第一所有院系建制的分科大学。江淮大学生源，主要来自辛亥革命前的 3 个法政学校：官立法政学堂、公立法政讲习所、私立专门法政学堂。江淮大学原选址双莲寺街旧电报局，因生源太多，加上国民法政专门法律学校、安徽省立大学并入，校园明显不足，于是迁址至原官立法政学堂旧址。

仅仅一年，江淮大学与程小苏就面临停办的困境。倪嗣冲掌皖之后，一纸令下，强行停学办团。针对江淮大学，主要有三条关停理由：一、学校的性质为私立；

1916年，安徽公立法政专门学校毕业照

二、大学必须直属教育部；三、现有学生过多。以此再三要求江淮大学停办。程小苏自然不服，动用各种力量，寻找各种理由，一拖再拖。而官府方面，"未能遽停，屡加罪名，受军警之骚扰"。如此，坚持有一年之久。

1914年7月，韩国钧出任安徽巡按使。韩国钧与程小苏私交不错，又多从情与理两个方面，以朋友的身份与之协商。迫不得已，程小苏只好同意私立江淮大学由政府接收，改为省立。1915年，江淮大学改为安徽公立法政专门学校。

安徽最早的法政学校，为光绪三十二年（1906）创办的安徽省立法政学堂。学校借姚家口都司署旧址改建，当年考录候补正佐人员60名，藩、臬、学三司为总办。两年后，学堂扩充，并比照京师大学堂法律专业和日本法政速成科"重订章程"。学堂分预科、正科、别科、讲习科、简易科等五科，其中前两科"以造就完全法律人才为宗旨"。正科学制三年，又细分为政治与法律两科，全为高等学堂内容。

1919年冬，安徽公立法政专门学校与安徽省立女子蚕桑讲习所互换校址，由姚家口西街迁到北门外柏子桥东。曾在安徽公立法政专门学校任教的作家郁达夫，小说名篇《茫茫夜》和《秋柳》就是以此为大背景创作的。据《中华民国史资料档案汇编》，安徽省公立法政专门学校1926年上报教育部材料上，明确有法律和政治经济两个专业,在校本科生为 88 人,当年毕业本科生为 40 人,别科生 668 人。

创办省立安徽大学的动议,起于 1921 年秋。这年 9 月,许世英在"皖人治皖"的呼声中就任安徽省省长。之后不久,省内外皖籍学者名流,建言创办安徽大学。许世英采纳建议,于 1922 年春组建安徽大学筹备处。筹备处下设评议部、干事部,干事部又设事务股与交际股。但安徽大学的筹备,最终只是纸上谈兵,并没有实质性的进展。

经过 5 年坚持不懈的努力,1927 年 12 月 14 日《申报》刊发新闻,报道"安徽中山大学筹备委员推定",筹委会重要成员中,刘文典为文法学院筹备主任,安徽省教育厅长韩安兼为农学院筹备主任。又经过一年的紧张筹备,1928 年 4 月 10 日,安徽大学正式成立,先期招收预科生,9 月始招本科生。此之前,校长人选始终是一个大名单,其中包括吴稚晖、童茂萱、李石曾等。最后落定由文学院院长刘文典教授暂主安徽大学校务工作。这年 11 月,刘文典因顶撞来安庆视察的蒋介石,被收押在监,教育厅长程天放临时顶位,勉强半年后,于 1929 年 6 月辞去校长职务。之后,实际全面主持校务工作的武汉大学副校长王星拱,被任命为省立安徽大学第三任校长。

从 1929 年 7 月至 1930 年 6 月,王星拱作为校长,主持安徽大学工作一年时间。虽然时间不长,但他还是尽最大努力,逐步理清安徽大学建校之初的混杂局面。

校舍建设。多次向省政府申请资金,以缓减"圣公会之房屋收索有期"的压力,百般无奈后,又提倡"其他用度概从撙节",以挤出节余"移充建筑之用"。

师资聘请方面,目光高,视野阔。如聘留美教育学博士杨亮功为文学院院长,留德经济学博士陶因为法学院院长,留法物理学硕士张其濬为理学院院长,留学法国巴黎大学哲学系的邓季宣为预科主任,留美诗人朱湘为外语系主任,等等。王星拱时期的安徽大学,被认为师资力量雄厚、师资水平整齐,可以与同期的国立大学相媲美。

院系设置。1929 年 8 月组建理学院,首设物理学系,后又创设数学系。在他的规划中,未来的安徽大学,将包括文学院、法学院、理学院、农学院、医学院

1930 年，安徽省立安徽大学校门

与工学院，为中国一流大学。

王星拱离职，应与安徽省教育革进会有关。1930 年 3 月底，这个团体散发大量传单，对王星拱的工作进行了诽谤性攻击。这让本已生急流勇退念头的王星拱，更坚定了去意。后《民岩报》虽连续刊发安徽大学全体学生署名的《紧急启事》，杨亮功、陶因、张其濬、邓季宣等几大院长也集体联名积极挽留，尤其是杨亮功，明确表示王星拱离职，安徽大学将"失其中心一切"，反之才能"固学校根本"，并表态将与王星拱"同进退"。但这一切，都挽回不了王星拱的去意。

1930 年 6 月，安徽省政府接受王星拱辞呈。安徽大学校长一职，改由文学院院长杨亮功继任。

杨亮功 1929 年 9 月来安庆，本是临时性助王星拱一臂之力。不想杨亮功到安庆不久，安徽政局动荡，安徽省主席方振武因与石友三等密谋反蒋事泄，被召回南京押于陆军监狱。之后省主席如走马灯，替换频率让人眼花缭乱。杨亮功专门对此做过梳理：从 1929 年 9 月到 1930 年 6 月，他来安庆还不到一年时间，就换了数位主席（包括代理）——方宗辙（代理）、吴醒亚（代理）、石友三、王金钰、程天放（代理），平均任期不到两个月。而校长王星拱，也不只专心于省立安徽大学，而是往返于武汉、安庆两地，为武汉大学与安徽大学分心。杨亮功只能被动地留下来，虽说挂名文学院院长，但实际也代王星拱主持学校日常事务。1930

年夏，王星拱辞职，杨亮功的补位，水到渠成。

省立安徽大学校长杨亮功上任后，对校务工作进行了一系列的整改。而重中之重，就是加强师资力量。他认为，要想提高学校水准，必须从师资方面着手。但安庆地方小，物质条件又差，不易吸引人才。唯有提高待遇，使其生活安适，才能聘到优良教授。

在杨亮功的力争下，省立安徽大学的教授待遇，攀上全国高位：教授月薪 300 元，兼系主任 340 元；院长与教务长，同为 400 元。同一时期，上海大学教授的月薪在 220 元左右。杨亮功曾任教的河南大学，教授兼主任则为 280 元。高薪吸引高质量的人才，以及杨亮功的个人魅力，省立安徽大学一时大家云集。

1932 年 3 月 25 日，与王星拱同是怀宁老乡的程演生，出任省立安徽大学第六任校长。此时安徽大学处于发展方向不明的瓶颈制约期。面对如此困局，程演生也拿不出更有效的方法。同样依靠惯例三板斧：筹措经费，约聘名师，建设校园，他只是比别人更用心也更耐心而已。

程演生的成绩有目共睹，最有代表的就是建造了安徽大学的教学大楼——红楼。安徽大学红楼的建造史是一部建筑成本缩减与反缩减的斗争史。程演生在其中充任三面角色：恳请安徽省政府加大经费支持力度；游说安徽大学校董积极筹募资金；劝说设计方与承建方再三缩减成本。三面角色，面面都难。

1933 年 5 月，安徽大学新校舍三大建筑（教学楼、大礼堂、科学馆）完成设计招标，采纳的是上海大德工程设计社刘灏芳设计的图纸，承建单位为南京缪顺兴营造公司。最初整体工程，包括教学大楼、大礼堂、科学馆等，总造价为 21 万。因为经费不足，先降低设计中的材料成本，改古铜色金属瓦为普通红陶瓦，改钢门钢窗为洋木窗门，改钢筋水泥廊柱为砖柱，等等。造价缩至 18 万，还是严重不足。于是又缓建礼堂与科学馆，并将原先 3 层的教学大楼降至 2 层，仍然还有距离。又取消廊柱及马赛克贴面、雕花装饰等，这才把造价缩到了 9.2 万。

1934 年 7 月 24 日，安徽大学红楼举行开工仪式，1935 年 3 月主体建筑竣工，同年 10 月 7 日举行落成典礼。但无论是开工仪式，还是落成典礼，

民国时期的安徽大学第一院教学楼

主席台上都看不到程演生的身影。因为早在 1933 年 12 月，程演生就因"经费积欠四月，不易维持"为由，多次向安徽省政府递交辞呈。1934 年 1 月 23 日，《申报》刊发消息，安徽省政府"准安大校长程演生辞职、遗缺以傅桐继任"。

1938 年 5 月，日军逼近安庆，省立安徽大学被迫外迁。先转徙立煌（金寨），后至汉口、沙市、重庆等地，1939 年夏停办。

抗战胜利后，1946 年 9 月，安徽大学回安庆复校，校名改为国立安徽大学。两年后，杨亮功重回安庆执掌校务。"事隔 17 年，前度刘郎今又来，景物依旧，人事已非"，怀旧、感叹、迷惘，他心绪复杂。事实是，杨亮功无力回天。"目前国内局势不可乐观，大家要头脑冷静。"杨亮功深知处境艰难，赴任之前，他定下"两不"原则：学校不举行欢迎仪式，自己不参加任何公开宴会。

在其位，谋其政。上任后不久，杨亮功专门赴南京，约请包括方重、陈顾远、樊映川、孙华在内的一批教授同去安庆工作。并凭自己的信誉与关系，为大学游说到一批可观的经费。但只仅仅维持了 3 个月，国立安徽大学就无法继续支撑。

1949 年 1 月 22 日，杨亮功主持校务会议，传达教育部迁国立安徽大学至福建的命令，并研究具体迁校方案。但除农学院外，其他学院都表示抵触。而此时，国民政府财政山穷水尽，也无力为国立安徽大学迁校提供资金。3 月 23 日，杨亮功由保卫处长张国藩陪同，前往南京筹集校务经费，后为渡江战役阻隔，从此再没有回到安庆。国立安徽大学在安庆，也由此划上黯淡的句号。

中

光绪三十二年（1906），安徽教育以安庆为核心，进行了一系列大刀阔斧的改革。这一年，安徽高等学堂迁址北门外柏子桥，并聘请著名学者严复为学堂专职监督。与此同时，安徽省立法政学堂在姚家口都司署旧址创办，藩司、臬司、学司高官亲任总办。而在龙门口安庆试院旧址，安徽巡抚恩铭奉学部令，创设安徽省第一所师范学校——安徽师范学堂。

安徽师范学堂初期目的是培养中等师资力量。其生源由安徽省各县推送，经甄试，首批共录取 273 名，分 6 班。光绪三十三年（1907）春，安徽师范学堂开学，安徽政界三巨头，巡抚恩铭、布政使冯煦和提学使沈曾植，共同出席了开学典礼。安徽高等学堂监督严复，登坛做了激情洋溢的演说。安徽师范学堂首任监督为后任北京大学文科院长的姚永概，斋务长由民国安徽教育司首任司长邓艺荪担任。

安徽师范学堂开学后，又从中挑出三个班为优级师范预科，其余均编为简

安徽省立第一中学九周年纪念摄影

易科。学堂按癸卯学制，也就是光绪二十九年（1903）学部颁布的《奏定学堂章程》，"趋重理化博物"，除算术、理化、博物等外，还特别注重官话教学。为提高学堂教育质量，姚永概监督还于当年东赴日本进行教育考察，并聘日本学者西山荣久、正植太郎等到安徽师范学堂任教。这也是安徽教育最早聘请的外教之一。1911 年，安徽师范学堂改名安徽优级师范学堂，辛亥革命爆发后停办。

1912 年 9 月，按教育部《师范教育令》，安徽优级师范学堂复办。教职员工基本为原班人马，校长依旧是姚永概（后由徐经伦继任），但学校改名为安徽省立第一师范学校。校名变了，性质也变了，其中最大的变化，就是实行免费教育，此外，校方还适当补助学生一定的生活费用。1914 年，芜湖第一师范学校甲、乙两班的学生，也并入安徽省立第一师范学校。

1928 年春，安徽省教育厅调整全省中等学校结构，新成立安徽省立第一中学。这个学校严格地说是一个大拼盘，它包括三个部分，位于龙门口的安徽省立第一师范学校与安徽省立第一初级中学，位于江南大渡口的安徽省立第一高级中学。

安徽省立第一中学的前身是安徽省立第一初级中学。创办于 1912 年 3 月，原名全皖中学，校址初在谯楼内。首任校长为葛襄，先期招甲乙丙丁四班共 60 人，设有外国语、地理、数学、博物等新课程，后又开物理、化学、法制、经济等。中间因军阀混战一度停办。1915 年改为安徽省立第一中学，学生规模扩大到 200 余人。也就是在这一时期，校园由谯楼东迁到安徽高等学堂旧址。

1920 年夏，杨亮功从北京大学毕业，先由国文系主任马裕藻推荐至天津女子师范任国文教员，后应安徽教育厅长张继煦邀请，执掌安徽省立第一中学。杨亮功晚年撰《梓桐阁一年》，回忆这一阶段的教学生活，开篇第一句话就是"梓桐阁是安庆一条街名，是安徽省立第一中学所在地"。又说"第一中学前身是安徽高等学校（堂），民国元年高等学堂制度废除后，改设第一中学"。这里的"前身"，指的是校址，而非安徽高等学堂本身。

杨亮功强调"安徽高等学校（堂）"，想突出的是"学校校长室尚保存从前高等学堂监督严几道先生所睡的双人弹簧床，这张床相当的宽大舒适。据说严监督对之颇为欣赏，公余时间，多半消磨在这张床上"。从而连带出"不意在严先生去后十余年，有一不知名的青年，竟偶然地在这张有历史性的床上接着做了一年多的梦"。

杨亮功就任之前，省立第一中学校长为汪启疆，后因学潮不断，汪不得不辞职以求轻松。汪启疆辞职后，校长一职由安徽教育厅科长程小苏代理，但程小苏也不想代理，急于脱身。杨亮功说自己"那时候我刚从大学毕业，不知世事艰难，竟冒然答应下来了"。

杨亮功是这年11月底抵达安庆。这一年，他刚满25周岁。自然也有非议。非议的重点，就是年龄。与省城其他几位中学校长相比，差不多年轻了一半。好在张继煦力挺，说"教育法令只规定中学校长学历，并无年龄的限制"，由此杨亮功成为安徽历史上最年轻的中学校长。

年轻的校长热情而冲动。上任之后做了两件事，一是调整人事，二是整顿校风。

之前学校的师资，多毕业于南京两江师范学堂与安庆优级师范学堂，知识结构相对陈旧。杨亮功新聘师资，则多为北京师范大学、北京高等师范学校、南京高等师范学校、金陵大学的毕业生，而且年龄都与杨亮功相差无几。

整顿校风则是应对学潮迭起而采取的果断措施。其中特别严重的，就是开除两名学生。同是北京大学毕业的教务训育方豪，为防止学生挑事，就端一把椅子坐在布告栏旁，守候一天，硬把那些蠢蠢欲动的行为给压了下去。后有20多位学生违反星期日晚9时必须归校的纪律，杨亮功也毫不客气，将这批学生一律禁假一月。

"两大板斧砍下来"，学校纪律走向正轨，年轻校长的威望也得到树立。但是，

1929年，安徽全省中等学校校长会议

接下来 1921 年"六二学潮"，杨亮功身不由己卷入其中。

自 1920 年 12 月 1 日，至 1922 年 1 月 31 日，杨亮功在安徽第一次担任校长的时间为 14 个月。回顾这一段时间的生活，杨亮功如此概括："无非是奔波、冲突、惨痛、悲哀，不禁感慨万端，真如一梦。"

新成立的安徽省立第一中学，高中部分为普通、师范两科，各 6 个班。初中部 9 个班，另附设有实验小学（谯楼内）。1931 年，学校初、高中部分离，各自创建省立安庆初级中学和省立安庆高级中学。抗战爆发后，省立安庆初级中学迁往潜山，后学生散失。省立安庆高级中学学生分别转入安徽省立第二临时中学（桐城）、湖南湘西国立八中、四川江津国立九中。1946 年，省立安庆高级中学在龙门口复校。中华人民共和国成立后，学校先后改名为皖北区安庆高级中学（并入联立六邑中学、崇文中学、圣保罗中学高中班）、安庆中学、安庆第一中学、安庆九一六中学，现为安庆市第一中学。

安徽省立第一中学建立后，学校将曾国藩所书"天开文运"石刻嵌到学校大门的门楣之上。抗战前夕，第 18 任校长孙闻园在土建工程中，意外发现失散多年的"为国抢才"石刻，是同治初年曾国藩在安庆所题。石刻为四方，汉白玉材质，每方一尺有五。拂去灰尘，曾国藩浑厚有力的书法，依旧荡然大气。老校长如获至宝，嵌四方石刻于学校礼堂北墙之上，并作跋语，交代前因后果，另刻于石。曾国藩"为国抢才"的期望，在这里又得到进一步的延伸。

与城西南龙门口安徽省立第一师范学校相对应，在城东北百花亭安徽官立中等工学堂旧址，1912 年创设有安徽省立第一女子师范学校。据首任校长徐方汉回忆："民元夏秋之交，方汉受邓绳侯先生命，创办此校。时邓先生正司本省教育事，仲秋某日，先生约陈君仲甫及方汉相度校址，即今本校西偏一部寝室及职教员住舍，旧为前清实业学堂，遭驻军摧毁，垣穿榱折，蓬蒿没人，三人者徘徊久之。"徐方汉毕业于南京两江优级师范，后留学日本东京明治大学。他是民国安徽女子教育与安徽女子师范教育的先驱者。他回忆中提到的"邓先生"，便是安徽都督府教育司司长邓艺荪，而"陈君仲甫"，则是中国共产党的创始人陈独秀，此时他为安徽都督府秘书长。

安徽省立第一女子师范学校于 1912 年 11 月 23 日开学上课，当时设旧制师范本科一班，附属两等小学各一班，规模极为简单。后在校园东原安徽官立中等工学堂造纸车间旧址建幼稚园。1913 年春添招预科一班。1917 年 12 月，安徽省立第一女子师范学校第一届师范本科学生毕业。1918 年添招甲种师范讲习科一班。又将校园东侧民地收购，创设附属小学第一部，附属小学第二部则设于城西杨家塘。

作家苏雪林在安庆先读的是教会学校培媛女中，后考入省立第一女子师范学校。在她的笔下，两所学校的氛围形成强烈对比。省立第一女子师范学校"崇尚朴素，请求整齐划一，学生必须梳一样的髻子，穿着规定的校服。这本来无可非议，可是学生长年梳着一个盘龙髻，一堆牛屎般顶在当头，冬天是一袭灰色爱国布衫，夏天是一袭白洋布衫，无冬无夏一条虽名为黑，其实已转成灰的布裙"。但校园环境优美，还是给作家留下深刻印象。尤其是西南之"柳堂"，"合抱大杨树甚多，绿荫四合，景物清幽"（苏雪林：《我的学生时代》）。

安徽省立第一女子师范学校改名安徽省立第一女子中学，是 1928 年的事。据 1928 年安庆女中大事记："一月二十日奉令改组前省立第一女子师范学校为省立第一女子中学校，委任程勉游为省立第一女子学校校长。三月一日举行开学式。三日举行编级试验，分新旧设初中六级，高中师范科三级，普通科一级。"安徽省立第一女子中学首任校长为程勉（号勉游）。也就是在这年 11 月 23 日，因为安庆

1932 年，安庆女中
实验小学教职员合影

女中举办建校 16 周年恳亲会，引发安庆女生与安徽大学男生矛盾，最终导致安徽大学校长与蒋介石的纷争。

有一个非常有趣的小细节：1935 年安徽省教育厅派员视察女中，特别去看了女生宿舍，在报告中他们这样写道："本学期住宿学生四分之一，约百余人。寝室用小铁床或木床，厕所用马桶，由外面观之，惟见旧马桶数个（因校长陪不便视察）。新建浴室有冷暖水管尚适用。一年级生穿童子服，其余各级制服亦尚整齐。对于校长来宾，颇有礼貌。"

1931 年，安徽省立第一女子中学改名安徽省立安庆女子中学。抗战期间，学校停办。1946 年，安庆女中在安庆百花亭复校，主体生源是来自四川江津国立九中的女初中生与女高中生。1956 年，安庆女子中学并入安庆市第二中学。

位于同仁医院街的六邑联立中学校，属于联办性质。其前身为安庆府中学堂，旧址位于小南门外多宝仓。清末迁保宁寺，也就是现海军医院西大院的位置。校长程小苏后来在《安庆旧影》中回忆，宣统二年（1910），"一日予与方宝山等至卫山头下升官桥，见有败坏之保宁庵（寺），而属地甚广"，于是动了搬迁学校的念头。安庆六邑联立中学校的经费主要由各县协商筹款，后来省政

安徽省立第一女子中学锡麟篮球队

府也给予一定补贴。20 世纪 30 年代,安庆六邑联立中学校校园建设在安庆首
屈一指,不仅建有常规教学楼、图书馆、运动场等,还另建有植物园、动物园
等。植物园内,"中为蔬圃,后为花圃,疏浚两塘,并与西边凿小河一道,与两
塘相通。塘中各筑一墩,墩上建亭,西曰吟风,东曰弄月"(程小苏:《安庆旧
影》),花圃中建有喷水池,另有毕业学生出资共建的大亭"旧雨"。十分可惜的
是,1938 年安庆沦陷后,这些景致均被毁坏一空。

民国安庆私立学校起起落落,数量不少,其中办得最成功的是东南中学。东
南中学前身为江淮中学,1920 年方文轩筹资创办。原址初在司下坡旧谘议局,后
购谯楼后院西北端教育司旧房,正式迁址于此。1929 年,江淮中学停办。1931
年,张国乔福建辞官返乡,以家产为抵押,并忍受丧母、丧妻、丧子三次人生痛
苦,领头复办东南中学。先期租借张家拐民房为校舍,招高中、初中各一班。安
庆高中校长孙闻园、安庆工专校长陈介孚、六邑中学校长汪熔生等,纷纷授课支
持,因而创出声誉。1933 年春,陆军医院被迫退出占用的江淮中学旧址,张国乔
将学校回迁,在谯楼外堂堂正正挂出东南中学招牌。这之后,张国乔又争取到同
兴泰老板方沛然、益兴泰老板韩硕甫的资金支持,修缮校舍,添置图书,配置器
材,增聘教师,把东南中学办成安庆一流学校。1946 年,东南中学再回谯楼复课,

1936 年,安徽六邑联立中学校教职员合影照

期间，张国乔变卖夫人陪嫁，又四处筹资，为学校新建一座大礼堂。1949 年 4 月安庆解放后，东南中学停办。

下

清末民初的安徽教育，从性质上分，共有四大类，即普通类、师范类、法警类、实业类。其中法警教育又细分为两类：一类是军队教育，如清末的安徽武备学堂、安徽陆军小学堂等；另一类是法警教育，如安徽巡警学堂、安徽公立法政专门学校等。实业教育为培养实业技术人才而开办，类似于现在的职业技术教育。这两类教育的实体学校，主要集中于省城安庆。

先说法警教育。

在中国版图上，安庆只是长江沿岸一个不起眼的小点，但在中国近代史上，安庆却占有不可替代的重要位置。20 世纪初，回荡在安庆上空的两声清脆枪响，不仅震惊世人，也由此推动了中国历史的进程。发出这两声枪响的，一位是巡警学堂起义的组织者徐锡麟，一位是马炮营起义的领头人熊成基。而介绍他们，又必须牵引出安徽教育史的另一支源流：包括安徽武备学堂在内的特种学堂。

武备学堂最早由李鸿章在光绪十二年（1886）仿德国陆军学校模式创办于天津。课程分理论性"学科"和实践性"术科"。学校为北洋陆军培养了一批军事人才。光绪二十四年（1898），安徽巡抚邓华熙继张之洞创办湖北武备学堂后，也在安庆创办了安徽武备学堂。在《建议武科改试枪炮并设武备学堂折》中，邓华熙特别强调："洋员教习只须聘住学堂，经费省而事易行。教就学生，由十一而传千百，泰西练兵良法渐偏，中华武备之振兴不难蒸蒸日上矣。"当年 9 月，学堂动用银两 8912 两筹办，选址抚署东侧的演武厅，并于次年正式开学。首批招收新生 40 人，教员分别由天津陆师（武备）学堂毕业生和日本武官担任，学制三年。安庆知府方连珍兼总办，谭学衡任提调。光绪二十八年（1902）初夏，安徽武备学堂由城内闹市，移迁至北门外敬敷书院旧址。光绪二十九年（1903）5 月 17 日，陈独秀在大拐角头藏书楼举行演说会，安徽武备学堂的学员就是其中主要听众。后一年（1904），安徽巡抚诚勋招募新军 300 名，交由武备学堂首届毕业生训练，名为安徽武备练军学堂。300 名新军之中，就有后来打响新军起义第一枪的世纪风云人物熊成基。之后不久，光绪三十二年（1906）冬，安徽武备学堂停办。

另一位世纪风云人物徐锡麟，是光绪三十二年（1906）以"道员"身份来安庆试用的。当时的安徽巡抚恩铭，既买前湖南巡抚俞廉三的面子，又重视徐锡麟赴日留学的身份，不久便任命徐锡麟为安徽陆军小学堂会办。安徽陆军小学堂于光绪三十二年（1906）末创办，校址为安徽武备学堂练军营房。一定意义上，这也是安徽武备学堂的延续。两者不同之处，在于安徽陆军小学堂更注重文化课的学习，其课程主要为国文、洋文、历史、地理、格致（物理化学）、算学等，甚至包括图画、修身、游泳。当然，训诫、操练、号音也是必不可少的。熊成基后来策动马炮营起义，就计划"至北门外陆军小学堂夺取步枪，得枪后旋在该校取子弹进城"。安徽陆军小学堂前后创办了 5 年，辛亥革命安徽独立前，安徽巡抚朱家宝担心新军再度谋事，下令关闭。

光绪三十三年（1907）安徽巡抚恩铭遭徐锡麟枪杀是在安徽巡警学堂的毕业典礼上，而这所学堂，恰恰是恩铭来安徽后最得意的大手笔。安徽巡警学堂是安徽最早的警察专门学校，创办于光绪三十二年（1906）七月，校址选在城北百花亭栋树湾。最初分官生与兵生两班，学员不足百名。课程主要包括法律、巡警业务常识、军事战术、操练、武术等。徐锡麟是光绪三十三年三月接何维栋出任会办一职的，之后陈伯平、马宗汉均到学堂任职。五月，徐锡麟率学生发动起义，失败后，安徽巡警学堂停办。同年九月，安庆巡警教练所建立，学员主要为全省未经正规训练的巡长和巡警，学制三个月。光绪三十四年（1908）末，又创办安徽高等巡警学堂，址设御碑亭，省巡警道员下绪昌兼任监督。安徽高等巡警学堂学制三年，每届生员额 50 人，课程安排有中国现行法制大要、大清律、宪法纲要、警察章程等。学生毕业后主要充任安徽省内各地中、高级警官。

安徽陆军测绘学堂创办于光绪三十二年（1906）三月，校址设在北门吊桥外东北。因为建校仓促，学堂不得不从安徽高等学堂和安徽武备学堂选调 40 名学生，临时改学测绘。安徽陆军测绘学堂开设的课程，包括仪器测量、距离测

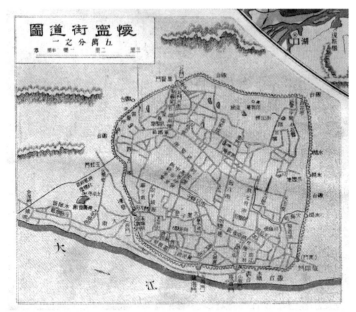

安徽陆军测绘学堂学员绘制的怀宁（安庆）街道图

量、算学、绘图学、地形学、战术学、操练等，共14门。次年九月，为时一年半的教学结束，经过考试，前30名优秀毕业生分为4组，由督练公所的官员带队，派往省辖各府州进行实地测绘工作，以期最后汇成安徽总图，这也是安徽近代测绘史的发端。高语罕《百花亭畔》中记述，在龙珠山测绘实习期间，收到"警察学堂赵提调的公函"，称"敝校学生毕业在即，官兵生数百人，即派往各区服务。惟以省城地图尚未测绘，岗位及派出所无由规定。素仰贵校学生对于测绘素所擅长，务请遴派高材生四名前来敝校赶绘城厢略图，以便指导"。安徽陆军测绘学堂推荐了包括高语罕在内的四位高材生，寄宿在城北巡警学堂内，完成了这次测绘。

再说实业教育。

光绪二十九年（1903）七月，安徽农工商实业学堂依附安徽高等学堂开设。其招生规模、课程设置、教学安排等，史料阙如，无法详细得知。据《安徽省志·大事记》载，光绪三十年（1904）九月，安徽农工商实业学堂委派5名学员，东渡日本继续深造工艺课程。安徽农工商实业学堂应该是安徽近代最早官办综合性实业教育机构。

光绪三十一年（1905）安徽高等学堂迁建龙门口。早前安徽农工商实业学堂旧址由刘梧冈租用，创办私立高等农业学堂。学堂分为教学与实践两块，鹭鸶桥房舍为教学场地，实践基地则设于江南八都湖。但中间纠纷繁杂始终无法了断，因此直到宣统二年（1910），私立高等学堂才正式开课。进入民国后，私立高等农业学堂有

鹭鸶桥，安徽农工商实业学堂旧址

续办，但移址至东门外演武厅。这也是安徽第一所农业专门学校。

1917年安徽省教育厅创办安庆女子蚕桑讲习所，安徽省立第一农业学校桑蚕科也并入该讲习所。校址初在鹭鸶桥原高等学堂东侧，后迁入北门外安徽陆军小学堂旧址。1919年冬，安庆蚕桑讲习所与安徽省立法政专门学校校址互换，故讲习所迁到大拐角头敬敷书院旧址。1921年，安庆蚕桑讲习所与安庆女子工艺传习所合并，改为安徽省立女子职业学校，设置蚕桑、蚕丝两个专业，校长为刘世杰。安庆女子工艺传习所1918年由安徽省实业厅创办，校址位于昭忠祠西。1928年春，安庆女子蚕桑讲习所与安徽省立第一工业学校合并为安徽省立第一中等职业学校。1931年再度分设，沿用旧名。抗战爆发后停办。

光绪三十四年（1908）末，护理（代理）安徽巡抚沈曾植筹谋创设安徽官立中等工业学堂。沈曾植光绪三十二年（1906）就任安徽提学使，次年筹办安徽高等师范学堂，后因安徽巡警学堂起义未果。光绪三十四年安徽政局多变，沈曾植先为布政使，后为提学使，再改布政使，又任护理安徽巡抚，且兼任牙厘总局督办、商务总局督办、裕皖官钱局督办、编纂皖政辑要局总纂、法政学堂监督兼总办、洋务总局督办等职。虽如此，他仍事无巨细，事必躬亲。对于安徽官立中等工业学堂，沈曾植谋划其性质为：一、官立；二、中等。具体分本科和预科两级，其中预科二年，本科三年。招生条件相对宽泛，本科学员要求高等小学毕业或同等学历。预科水平更低一些，年龄15岁以上，文理稍稍通

安徽官立中等工业学堂旧址，现仍存

顺就可以了。安徽官立中等工业学堂设于城北百花亭，其址前为安徽巡警学堂。据《皖政辑要》"巡警教练所"记："五月兵生卒业时，突遭意外之变。应请以学堂改办教练所，将各区巡警抽换教练。惟此前校地在百花亭，似太偏僻"，最终放弃。安徽官立中等工业学堂创办时经费短缺，因而不嫌其偏，正好借用空置房舍，省却不少费用。

宣统元年（1909）春，安徽官立中等工业学堂正式开学。结合安徽特定的工业状态，安徽官立中等工业学堂先只设有"染织"一科，"其毕业年限，普通学科如部定。事当创始，无取铺张，一教员率设数科之事。设正、副监督各一员，提调一员，收支兼庶务一员，掌理堂中一切事务"（《皖政辑要》）。招生形势不尽人意，只招有 37 名学员。虽如此，安徽巡抚、藩署、臬府，几乎所有官员，都对安徽官立中等工业学堂寄予厚望，期待能在最短时间内，迅速培养出一批为振兴安徽工业有所作为的人才。由此，安徽官立中等工业学堂既是安徽近代工业教育的起始，也是安徽近代工业的起始。

这年年底，安徽官立中等工业学堂性质变更，另外增设农业与商业两科，校名也改为综合性的"安徽官立中等实业学堂"。1911 年 11 月，安徽光复，旧有体制不存，安徽官立中等实业学堂也被迫停办。

1921 年末，在启动安徽大学筹备工作的同时，安徽省立工业专门学校的筹建也提上安徽省政府议事日程。这也是新任安徽省长许世英与新任教育厅长江彤侯，着手改革安徽教育的另一项重要内容。英国留学归来的刘贻燕被委以重任，担任负责全盘工作的筹备主任。

民国时期安徽省立工业
专门学校教学楼

关于安徽省立工业专门学校，1921年末，中华职业教育社章慰高曾来安庆做有专门考察。后他依据考察资料，撰写了《参观皖赣等省职业与教育报告书》（刊于《教育与职业》1922年1月号、2月号）。具体文字为："（六）工业专门学校筹备主任刘贻燕，英国工学士。校址定在安庆对江八都湖地方，购地八十亩，校舍尚未兴工。拟办电机、土木两科。经费第一年需十一万元，第二、三、四年各十五万元。明年暑假时招生，须中学校毕业者，不限于本省人，以宏造就。"

此前，1915年4月，安徽巡按使韩国钧择址清季安庆府署，创设安徽省立第一甲种工业学校，招收讲习科、预科、别科各一个班。相比安徽省立第一甲种工业学校，安徽省立工业专门学校更接近于大学教育。首任校长刘贻燕，继任校长王星拱、程遗滨，均为安徽高等教育重要的参与者。1924年安徽教育格局调整，安徽省立工业专门学校改办安徽省立第一高级中学，原在校学生也分别转入东南大学、武汉大学和北京大学。

刘贻燕筹办安徽省立工业专门学校，可以用4个字形容，即"大刀阔斧"。安徽省立工业专门学校设于江南大渡口镇，与安庆一江之隔，交通仅有水路可抵达。刘贻燕上任之后，立即变财政12万筹建经费计划为真金实银，并迅速组织人力，建起两栋西洋风格的教育楼。同时，依据1912年11月13日《教育部公布工业专门学校规程》，设置土木、电气、机械等三个专业，自备发电设备以及相关机械，完成省立工业专门学校初步框架，并为今后的教学打下良好基础。

　　关于省立工业专门学校的教育楼，10 年之后，即 1934 年 4 月，身为安徽建设厅厅长刘贻燕，"因前任安徽工业学校校长任内，经支款项延未报销，并变更建筑校舍材料，及津贴工价三千元"，被控"贪污舞弊"。国民政府政务官惩戒委员会对此十分重视，反复查核并认真核实刘贻燕本人的申辩，最终做出"不受惩戒"结论。

　　相比之下，民国安庆办学时间最长的工业学校，为安徽省立第一工业学校。学校始名安徽省立第一甲种工业学校，1915 年 4 月由巡按使韩国钧创办，校址在老安庆府衙门（现六中）。建校之初，只招讲习科、预科、别科等班，后只单收预科。预科毕业后分入土木工程和应用化学两科深造。1927 年正式定名为安徽省立第一工业学校，又增设电气工种和机械工种两科。1934 年再度改名为安徽省立高级工业职业学校，简称"高工"。1936 年学校停办，直到抗战胜利后的 1946 年，才并入安徽省立立煌工业职业学校，重新在原址复校。1953 年学校奉命停办，在校生分别转入芜湖、上海同类学校。从 1915 年创办，到 1953 年关闭，风风雨雨，前后共 38 年。

第八讲　安庆教案与安庆宗教源流

上

清同治三年（1864）7月19日，一位叫熊臣尧的外地商人来到安庆。经过四处打探，最终在枞阳门内小拐角头，购得临街铺面一处，做起布匹生意。第二年5月1日，天主教江南教区新任主教郎怀仁，以及法国驻上海海军司令帕吕上尉，乘唐克雷号军舰到达安庆，试图依据相关协定，在安庆开辟新教区。此时，他们的先行者，熊臣尧"中国神父"身份以及购置房产建立会口的目的，这才得以暴露。

在熊臣尧到安庆秘密传教的前一年秋天，即同治二年（1863），另一位受西方教育的中国人容闳，也战战兢兢走进安庆曾国藩督帅行署。容闳的本意，是想通过曾国藩实现筹谋多年的幼童留学计划（中国官派留学生），但最终结果却是曾国藩采纳了容闳的另一条建议，设立"制造机器之机器的母厂"，并委派容闳到美国去购置机器。

同是较早接触西方文化，同是百般周折来到安庆，熊臣尧和容闳目的相似，但本质不同。熊臣尧是努力帮助西方文化进行掠夺式侵占，而容闳则是直接融入西方文化以便更好地吸收。当然，同是西方文化，两者也有本质上的不同。

容闳的幼童留学计划，直到同治十年（1871）才得到皇太后"依议钦此"的批复。前后三批120名留美幼童中，有3名来自安徽，其中之一便是徽州婺源詹天佑。也是同治十年（1871），安庆天主教会标志性建筑——耶稣圣心堂，在城东黄家狮子动工兴建。

原名耶稣圣心堂的天主堂，位于锡麟街中段，是安庆为数不多的全国重点文物保护单位之一。要了解这座教堂的来龙去脉，就必须先了解同治八年（1869）9月30日发生于安庆，但震惊全国，并且记述于中国历史教材的"安庆教案"。150年后回过头看这场纷争，其本质就是西方宗教文化与东方儒家文化渗透与反渗透的冲突。

康熙四十五年（1706），罗马教廷率先颁布"中国教徒不得祭祖祭孔，违者赶出教会"的禁约。同年底，康熙皇帝发布上谕，明文规定不服从中国礼仪者，不准在中国传教。双方矛盾激化，直到道光二十二年（1842）《中英南京条约》签署，外国传教士才获准在各通商口岸建立教堂。22年后，中国神父熊臣尧从镇海门进入安庆城。

同治四年（1865）9月22日，法籍传教士雷通俊，带着"创立永久巩固的教会事业"任务来到安庆。雷通俊来安庆之后，直接要求安庆知府承认小拐角头房产的合法性，自然遭到拒绝。但雷通俊根本不予理会，私下与熊臣尧办了房产交接手续。雷通俊这种傲慢做法，激起老城百姓的愤怒。当天晚上，雷通俊在安庆的住所，里三层外三层围满前来要与他理论的民众，当然也包括纯粹寻衅滋事的地痞流氓。雷通俊吓得不轻，后在官府的帮助下，仓皇而逃。

本来是一个为买地与不卖地的风波，但后来被法方认定为"安庆事件"。同治五年（1866）3月，法

清同治十年（1871），耶稣圣心堂在黄家狮子动工兴建

国公使照会总理衙门，限定三个月内解决"安庆事件"，并威胁将以武力强占土地，清政府自然不买账。这年 9 月，两江总督李鸿章照会驻上海法领事，明确宣布熊臣尧未经官方许可售予教会房产为非法协议，无效，矛盾由此升级。经过一年的僵持，清政府最终做出让步，同治六年（1867）10 月，接任两江总督的曾国藩在南京约见雷通俊，答应归还教会房产，并在大南门外另划土地作为赔偿。当月末，天主教正式登陆安庆城。

同治八年（1869）初，英籍传教士密道生和卫养生沿江而上，走进高大城墙之后的安庆老城。他们先在司下坡租借两间民房居住，后又至北正街西右坊租赁 15 间民房后稍加改建，创设了内地会在安庆的传教场所——圣爱堂。

相比于法兰西民族的浪漫，英国人比较孤傲。尽管到中国传教，但其孤傲本性依然不改。安庆百姓本来就对外籍传教士心怀不满，因而两者之间的隔阂越发加深。再加之密道生和卫养生每天坐着轿子往来于官衙之间，民众的积怨也就越来越深。而这一切，安庆府官员心知肚明。

同治八年（1869）秋，安庆逢三年一次的府院考试。开考前两日，龙门口考棚一带陆续云集由各县区过来的万余名文武考生。为防止意外出现，凡考生住处，官府都贴有"诸色人等毋得滋生事端"的晓谕。安庆知府何家骢还专门到东西二坊教堂，拜托英法传教士在府院大考期间，"请勿出外讲书"，如有可能，最好暂时外出一段时间。但传教士们并没在意。

同治八年（1869）注定是安庆老城躁动不安的一年，尽管已是深秋，但天依然热得出奇。这种天气，又加大了安庆人内心的浮躁。

9 月 27 日，在城北北正街的圣爱堂，导火索是文武考生与密道生等传教士的争执。争执内容，与各自的信仰有关。当场并没有发生骚乱，"彼此口角而散"，史书如此记载。但接下来，形势发生逆转：先是街头出现"匪教猖獗，与考童生为难，订初二日拆圣爱堂"的揭贴；后，自以为是的两位英籍传教士，拿着揭贴气冲冲赶到卫山头安庐滁和道署衙门，要求官府惩办肇事元凶。道署衙门说，这事发生在安庆城，你们应该去找安庆府，请他们严肃处理。两位传教士想想也对，转过来又奔宣家花园安庆府而来。他们没有想到的是，安庆府这边是武童考场，那些待考的武童正结着一肚子怨气，见两位传教士又趾高气扬坐轿而来，火不打

民国时期外国传教士在安庆

一处来，立即围上来严加指责，激动之余差点把轿子掀翻。密道生与卫养生这才意识到危险，当即脸色发白，在官兵护卫下，匆匆躲进后院再不敢露面。

失去对手之后，武童们更加斗志激昂。而此时，急急赶过来助威的考生以及围观群众，浩浩荡荡聚有千余人。这千余人从系马桩穿到吕八街，又向西拐上姚家口，最后由大拐角头向北，直抵集贤门附近的圣爱堂。接下来形势开始变得失控：悬于教堂大门上方的"圣爱堂"木匾被掀，屋顶被肇事者捅了几个大洞，不少房门以及窗户也纷纷被砸烂，传教士用的祭衣、器具，包括传教记录、圣像等，也被毁一空。砸完圣爱堂，这些愤怒的人群仍不解气，又调过头涌向东右坊的法国教堂，法国教堂受到冲击，但损失较小。

"安庆教案"发生当晚，英国公使阿礼国正在沿海巡视。闻知事件，当即照会两江总督马新贻，提出了苛刻的"拿人赔物"（重办安庆府江翘楚、徐星关等）要求，严惩包括道台刘传祺在内的地方官员。经过多次交涉协商，最终英教会获赔经济损失 1739 银元，地方官员因"未能事先预知防范实有疏忽之咎"遭严加申饬。

同治八年（1869）"安庆教案"发生时，雷通俊已经去世，当时在安庆传教的法国传教士是韩石贞。法国教堂被砸时，韩石贞正在江边候船，准备去上海治病，闻讯后匆匆赶回教堂，早已是一片狼藉。法国公使罗淑亚在上海得知"安庆教案"，立即率维纳斯号、迪普莱克斯号、蝎子号、火焰号等六艘军舰组成的舰队，于12月底浩浩荡荡开进南京，威逼继任两江总督马新贻接受赔地惩凶的要求。12月24日，马新贻做出妥协，双方在南京签署《南京协定》，法方除获得4000元赔偿外，另获得清政府出资购买后转赠的安庆东门内黄家狮子（地名）民基650方土地。

同治十年（1871），耶稣圣心堂在黄家狮子开始修建，整体工程时断时续，直到光绪十九年（1893）才最后完工，工期长达22年。

建成后的天主堂，大门面对锡麟街，门楣上方为"天主堂"书额，两侧的八字形山墙上，刻有清政府保护外国传教士活动的圣旨。整组建筑分门厅、庭院、圣心堂、神父楼四个独立区域。主体建筑圣心堂坐北朝南，有三个拱券大门，正门上方嵌有竖刻"万有真原"石额，两旁镌字为"仁基远奠"和"圣吉洪开"。耶稣圣心堂为典型中西合璧的教会建筑，正面山墙明显带有中国传统古牌坊结构痕迹。类似建筑在长江沿线，相对罕见。这在一定程度上，也反映安庆老城在晚清已经显现逐步接受外来文化的特点。2013年5月，天主堂被国家文物局批准为第七批全国重点文物保护单位。

1929年2月21日，罗马教廷从管辖安徽全省教务的芜湖代牧区分出安徽省北部和西部，分别成立蚌埠代牧区和安庆代牧区。安庆代牧区由西班牙耶稣会神

全国重点文物保护单位：安庆天主堂

父负责，下辖安庆、合肥、六安、太湖、广德、贵池 6 个总铎区。1930 年，梅耿光升任安庆教区主教，同年 6 月 1 日举行祝圣大典。1938 年安庆沦陷，为避战乱，安庆教区的天主教友人数剧增。据 1940 年《安庆教务月刊》统计数字，当时仅安庆教区教友，人数就接近 2.7 万人。也就在这一年，安庆总铎区西门分堂在太平寺修建伯多禄堂。隔一年，安庆总铎区北门分堂，又在荣升里购买民房改建为若瑟堂。1946 年 4 月 11 日，安庆代牧区升格为安庆总教区。1951 年夏秋，西班牙籍传教士梅耿光等 9 人，先遭拘审，后被驱逐出境，中国神父谢书麟也在这期间病故，安庆天主教会由此开始走向衰落。

同治九年（1870），"安庆教案"风波平息后不久，另一名英籍传教士德广兴来到安庆。他在北正街集贤门附近，分别购得何姓、杨姓两处房产，建成新的传教场所——福音堂。新建成的福音堂入乡随俗，为中式砖木结构，四开间，面积近 130 平方米。除教堂左端建有高十米的钟亭外，很难看到教堂特征。福音堂门前空地很宽敞，每逢星期天，德广兴就带着牧师们在门口向过往行人宣读教义。更多时候，他们扛着一面大旗，在老城大街小巷进行流动布道。

福音堂在安庆发展速度缓慢。直到光绪二十九年（1903），才在福音堂附近另建西式洋房三幢。北伐时期，外籍传教士陆续回国，教会基本陷入停顿状态。1938 年安庆沦陷，日本军队以武力强占教会，并限神职人员三小时内搬出福音堂。中国牧师胡恩培拒不相让，遭毒打后，又被塞进麻袋，活活沉尸于长江。1946 年，加拿大籍牧师顾立凯与费立凯再度恢复福音堂，仅仅维持了三年，就交由安庆市人民政府接管。

天主教、基督教内地会以及中华圣公会（详见下节）立足安庆后，以三车齐驱方式迅速扩展势力，这三车，分别是修教堂、建医院、办学校。清末民初，教会学校在安庆始终影响很大。

光绪二年（1876），安徽省办理外事交涉的机构安庆洋务局在吕八街设立。八年后，应安庆洋务局要求，天主教专门开办一所教授英语的学校，教师由胡道源与甘雨沛担任，学校 20 余名学生，多为洋务局官员及其子弟。这是安庆最早的教会学校，也是安徽省外国语教学的源头。

天主教在安庆城区创办的学校，先后有尚文小学、伯禄小学、崇文小学、崇文中学。崇文中学 1930 年选址耶稣圣心堂南创办，初为法文补习学校，后改为圣心师范学校，专门培养安庆教区传教士。1936 年改为崇文中学，分男、女两部。其中女生部位于圣母院内，由西班牙传教士南格录负责校务。崇文中学首任校长徐景贤，江西铅山河口人，1923 年求学于国立北平师范大学，后进入国立清华研究院深造。徐景贤出任崇文中学校长时间虽然不长，但在整顿学校秩序、规范学校建制、购办科学仪器、采办图书资料、创办《安徽私立崇文中学校刊》上，做了许多积极有效的工作。安庆藏家收藏有 1937 年 4 月 1 日出版的《崇文中学校刊》，上面刊有很多以抗战为内容的文章，并用黑体大字印有"无空防即无国防"的口号。1937 年冬，崇文中学另迁分校至江西河口。安庆学校由白兆升维持，后为安庆第三中学。

基督教内地会在安庆创办的学校，据史料记载只有一所官话（华语）学校。这所学校原来办在扬州，1925 年随梅正光（英国人）和邓戈登迁址安庆，学校事物由梅正光负责。北伐及抗战时期两度停办，1949 年关闭。官话学校地址，在北正街福音堂附近。

中

我们用一个章节专门来介绍下中华圣公会和中华圣公会历史建筑群。中华圣公会目前在安庆共有 13 处建筑遗存，除圣救主座堂外，其他如圣诞堂、同仁医院主体大楼、戴世璜别墅、圣保罗中学校长楼、天恩堂牧师楼，均集中于老城东北百花亭一带，是目前安庆保存最为完好的西洋建筑群。目前安庆文物部门正积极将以圣救主座堂为主体的中华圣公会建筑群，整体打包申请第八批全国重点文物保护单位，以期为国家历史文化名城安庆再添上精彩一笔。

关于圣救主座堂，安庆市基督教会的解读是："教堂为哥特式建筑，雄伟壮观，整体外形鸟瞰呈十字架状，长 42.6m，建造时全用青砖扁砌，石灰勾缝，工艺精湛，具有很高的历史文化价值，是全国原圣公会十大哥特式教堂之一。"

从宗教角度而言，圣救主座堂是安庆市基督教标志性建筑，是基督教信众爱国爱教的体现和象征，是安庆市基督教整体形象之所在；从文化角度而言，圣救

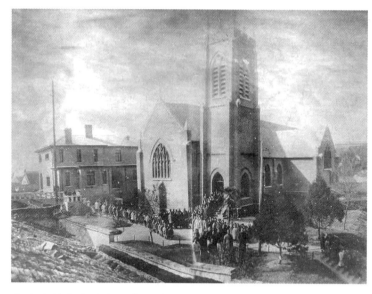

1912 年落成的圣救主座堂

主座堂是安庆城市历史的精彩记述，是安庆近代西洋建筑的经典。

详解圣救主座堂的前世今生，必须从光绪二十年（1894）说起。这一年，中国籍传教士黄朗斋受美国圣公会委派，由芜湖来安庆传教并负责筹办教堂。起初，圣公会教堂选址于双井街设立，后教会扩大，双井街简易教堂无法适应，于是光绪二十六年（1900），由安庆本土富绅信众路琪光捐资，美籍传教士林汝学筹办，又建教堂于城南小二郎巷。新教堂于光绪二十九年（1903）竣工。

宣统末年冯煦主修的《皖政纪要》中刊有关于圣公会的记述："美圣公会分堂一在南门内二郎巷，洋式洋楼。光绪二十六、七、九及三十等年，陆续价买孙、李、汪、沈各姓之屋，契已税。教士黄朗斋，中国人。分堂二在城内东北隅，洋式洋楼房。光绪三十一年价买严、邵、姚、代、刘、叶、吴、孙等姓基屋，契已税。教士李遍声，医士华礼门、戴士璜，均美人。有医院。"

目前保存下来的圣救主座堂，建造时间相对较晚。据李遍声《百倍的收获——安庆圣公会发展简介》介绍，当时安庆"唯一的教堂建筑就是建于 1901 年的小礼拜堂，它勉强能容纳 150 人，建造成本为 250 美元"。而他们"将要建造的教堂要容纳 600 人，建造成本大约 6000 美元"。中华圣公会皖赣教区首任主教韩仁敦则回忆：圣救主座堂 1912 年"还没有完全建成，但是能够在 11 月 10 日祝圣启用"。由此可知，现存圣救主座堂始建于 1908 年，1912 年投入使用。

安庆圣救主座堂建造时，沿用哥特式建筑基本框架，其外部雄伟壮观，内部高旷统一。在具体施工中，又揉进了东方建筑工艺，其中外墙以青砖扁砌，石灰勾缝，为典型江南地区的建筑风格。教堂外形鸟瞰呈十字架状，占地700平方米，大门面对小二郎巷。走进来，迎面是青石铺的场地，两旁为精心修剪的花圃。

作为新派西洋建筑，圣救主座堂对安庆政府官员和平民百姓的视觉冲击力都非常巨大，圣救主座堂落成后半年多时间，仍然有许多非基督教徒过来开阔眼界。他们对天蓝色的房顶，主墙体大片的彩色玻璃窗，圣台上的铜制讲坛，镀金的铜十字架，以及所有豪华考究的西式陈设，都表示出极大的惊讶。

后任民国《新疆日报》副总编辑的李帆群，少年受教于圣公会创办的教会学校，他回忆说，圣救主座堂"堂内两侧，各有数根石柱，托着木梁和铁皮屋顶，吊着十余盏镂花宫灯。堂周的三面墙上，各有用彩色玻璃装饰的拱形巨窗，使堂内的光线的气氛，显得暗淡庄严。堂内地面，红漆地板，两边放置条凳，中间走道上铺着地毯。踏上石阶，走上圣坛，一侧是一个光亮的铜制讲经坛，一侧是一个铜书案，上面摆着一本金边的中文大字圣经"。

有关圣救主座堂原始风貌的老照片相对较多，其中有两幅原矗立于圣救主堂南侧钟楼的照片特别有趣。一张照片为钟楼全貌，另一张照片只残存有钟楼基座部分。实际上2015年钟楼修复之前，圣救主座堂钟楼连基座也不复存在。钟楼最初建成时，高17英尺，正方形建筑，亭角饰以尖石，四周为能透声的百叶窗。亭内悬挂的大铜钟，每每敲响，铿然之声久久回荡在老城上空。20世纪60年代中期"文化大革命"爆发，铜钟作为"封资修"残存物件自然不能幸免，最终运往上海融化为一炉铜浆。

大二郎巷圣公会教堂建成后，教会建筑迅速向四边扩张。据同仁医院院长戴世璜回忆，光绪三十一年（1905）春，他来安庆时，住在一幢六角形三层塔楼上，塔楼的直径3米左右，底层为贮藏室，二楼为卧室和书房，三楼为一组大玻璃窗户，可观长江，也可观四周的街道。先进医院、崇实男子学堂等，也围绕圣公会教堂相继修建完工。

宣统元年（1909），中华圣公会名称采定（1912年4月正式成立）。1910年，皖赣教区单独成立，定安庆为教区中心，统管安徽、江西两省教务。正在修建的圣公会新教堂，也因此成为皖赣教区主教堂。1912 年，美籍传教士韩仁敦出任皖赣教区第一任主教，其后继者有美籍主教葛兴仁、华人主教陈见真。陈见真后当选中国基督教三自爱国运动委员会副主席（1954—1979）。

从这个角度看，圣救主座堂虽然坐落于安庆，但它并不仅仅属于安庆，也并不仅仅属于安徽，而是安徽与江西共有的历史文化建筑遗存。

百年之中，圣救主座堂命运一直坎坷：1927 年，圣救主座堂被北伐军占为军营，内外都遭到一定破坏；1942 年太平洋战争爆发，日军又对包括钟楼在内的圣救主座堂进行掠夺性破坏，教堂的设施被毁一空；1949 年，圣救主座堂由安庆市政府接管，后移交给房产公司，作为租赁房转租给新光化工厂等单位；"文革"期间，圣救主座堂被鞋厂等企业改建为两层民宅楼，共安排 38 家住户。

圣救主座堂的新生起于"文革"之后：1984 年，宗教政策落实后，圣救主座堂移交安庆市基督教三自爱国委员会；1995 年 7 月 28 日，圣救主座堂被安庆市人民政府认定为市级文物保护单位；2007 年 9 月，安庆市政府批准《圣救主座堂建设规划方案》，38 家住户全部迁出，圣救主座堂得以简易修缮；2007 年圣诞节，圣救主座堂举行复堂典礼。

目前尚未完工的圣救主座堂修复工程，始于 2012 年 5 月 28 日。这期间，修复工程在郑玉果牧师的监管下，始终以一种"磨"的状态在断断续续进行。这里

说的"磨"，是对修复材质的精挑细选，是对修复工艺的精益求精，是对修复质量的百般挑剔。"磨"出高品质。将来呈现于安庆市民面前的新圣救主座堂，将与百余年前初建一样，成为安庆城惊艳之作。媒体誉其为安庆古建修复史上"修旧如旧"典范。

相比较而言，中华圣公会在安庆创办的教会学校数量最多，规模最大，影响也最深远。据教会提供的资料，自 1902 年起，中华圣公会在安庆创办的学校分别有：朱家坡小学（1902 年创办，校址为朱家坡）、初等女子学堂（1903 年创办，校址为大二郎巷）、诗歌学堂（1903 创办，校址为小二郎巷）、座堂幼儿园（1909 创办，校址为大二郎巷）、座堂中学（1909 创办，前身为诗歌学堂，校址为小二郎巷，后并入圣保罗中学）、新民小学（1909 创办，校址为大二郎巷，后易名培德附小）、天恩小学（1918 创办，校址为永安街，后并入双莲寺小学）、圣保罗补习班（1929 创办，校址为锡麟街）、高级护士学校（1934 创办，校址为同仁医院）、难民学校（1938 创办，校址为锡麟街）、天恩幼儿园（1948 创办，校址为西围墙）等，以及位于百花亭的圣保罗中学。这之中，最出名的学校有两所，一是培媛女中，一是圣保罗中学。

作家苏雪林曾在培媛女中就读。在《我的学生时代》中，她这样回忆："校舍是颇为壮观的洋楼，此外则碧绿的操场，成行的大树，四时不断的繁花，具有十足的美国学校作风。"培媛女中创办时间应该从 1903 年算起，初名"初等

民国时期安庆城东北的中华圣公会建筑

女子学堂"，传教士华礼门夫人创办，选址小二郎巷圣救主堂附近，性质为帮助妇女识字、读经，类似扫盲学校的速成班。光绪三十四年（1908）移建城北百花亭西南后，改名为培媛女子中学。虽然是教会学校，但培媛女子中学仍归安徽省教育厅管理。据苏雪林回忆，"学期终了时，安庆最高军政长官柏文蔚亲自到校给奖"。

1928年，座堂中学与圣保罗中学合并，其校址也与培媛女中进行了互换。于是培媛女子中学迁回大二郎巷，兼并女子补习学校、女子补习班，组建培德女子中学，首任校长为洪德应，后程子赣、陈见真接任。培德女中只有初中三个班，每班40人，共有学生100名左右。课程设置有国文、代数、几何、英文、历史、地理、卫生常识等，教徒学生另有唱诗班活动。安庆沦陷后，培德女中一度被日军改建为东亚医院。后东亚医院外迁，刘媛珍在此恢复培德女子中学补习班。抗战胜利后，培德女中迁往芜湖。

现安庆基督教会活动场所之一的圣诞堂，最早为培媛女子中学的专用礼拜堂，建于1912年，初名成仁堂。成仁堂占地面积280平方米，砖木结构，青砖扁砌，单檐屋顶，翼角起翘，为中式大殿外观。整个建筑为十字形布局，抬梁式构架，大厅有10根圆木中柱，祭台设在教堂南端。培媛女子中学迁回大二郎巷后，成仁

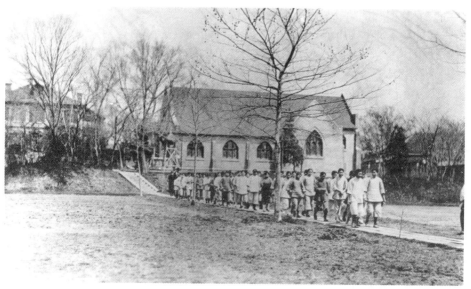

民国初年培媛女子中学的校园生活

堂关闭。1938 年 6 月安庆沦陷，大量难民教徒涌入同仁医院，不得已，教会只好出资重修成仁堂，并于圣诞节前对外开放，成仁堂也因此改名为圣诞堂。1945 年，圣诞堂取代天恩堂成为皖赣教区皖西片西牧区主教堂。

圣保罗中学前身为崇实英文男子学堂，创办于光绪二十九年（1903）。校址最初在大二郎巷，宣统元年（1910）迁往百花亭。大多老安庆人提及圣保罗中学，总是啧啧称叹校园南端那十数株茂荫蔽天的古樟树。其实当时更让安庆百姓惊叹的，是学校的运动场（现为塑胶跑道）和教学大楼（1949 年后坍塌）。教学大楼建在运动场北端的山冈上，西式建筑，三层，外墙为红砖砌筑，远远望去，非常气派。圣保罗中学的礼拜堂——三一堂，建筑也非常有特色。

圣保罗中学初期只招 100 名学生，学费非常昂贵，学期 50 元（信徒学生可免），而当时省立中学只收 5 元，其他私立中学也只收 10 元。圣保罗中学修业期限定为七年，各科课程，均按上海圣约翰大学和武昌文华大学预科编制，优秀学生毕业可直升这两所大学正科学习，不需要参加入学考试。

作为教会学校，圣保罗中学创办之初，前 4 任校长都是外籍牧师担任。1927 年国民革命，迫于形势，校长一职才改由华籍牧师蒋翼振出任。1928 年，已经停办的圣保罗中学，将校园租借给安徽大学第一院。1929 年秋，主教韩仁敦在原培媛女中筹建安庆私立圣保罗补习学校。两年后，圣保罗中学正式复校，设高中、初中共 6 个班。此时的圣保罗中学，成立有校委会，并向安徽教育厅备案。复校后的首任校长为华籍牧师吴道恩。抗战爆发，圣保罗中学再度停办。1947 年，圣保罗中学复校，吴道恩继任校长。但仅仅一年时间，1949 年 8 月，圣保罗中学便

圣保罗中学校全景，左为教学大楼

彻底结束在安庆的办学历史。

最后说说天恩堂。中华圣公会在安庆的三座教堂，天恩堂建造时间最晚。皖赣教区成立后，辖区内的各分会堂口，按地理位置划为皖南、江南、皖西三片。其中皖西片又分东、西两个牧区，由（美）沈克礼和（中）李通声任主任，均驻会圣救主座堂。1917年，天恩堂选址府东巷（现永安街）老铁佛庵西动工修建。天恩堂是一座小型教堂，总面积不足200平方米，中式砖木结构，坐北朝南。教堂外原建有钟亭，高10余米，内置铜钟（1933年因扩建办公用房拆除）。天恩堂建成后，皖西片西牧区主任李通声由大二郎巷迁至此。1918年，教会在天恩堂西南侧创办天恩小学，校长由李通声担任。1925年，李通声夫人又在天恩堂西创建绣花房，为数百名信徒妇女提供就业机会。1942年，日军侵占安庆教会建筑，天恩堂以及天恩小学、绣花房等，全部被日军拆毁。

下

安庆对外宣传用得相对较多的一个口号，叫"禅宗圣地"。为什么这样说？这就与佛教早期一个人物有关，他就是中国佛教禅宗三祖僧璨。

20世纪80年代初，杭州曾出土一块铭文砖，上镌文字为："大隋开皇十二年七月僧璨大师隐化于舒之皖公山岫，结塔供养。道信为记。"其中"舒之皖公山"就是安庆天柱山，道信则是僧璨的弟子，也就是禅宗四祖。

史载僧璨出家时，年逾不惑。见到二祖慧可，两人之间有简单对话："弟子身缠风恙，请和尚忏罪。""将罪来，与汝忏。""觅罪不可得。""与汝忏罪竟。宜依佛法僧住。"慧可为其剃发，云："是吾宝也。宜名僧璨。"后得授予衣钵为禅宗三祖。

禅宗发展史上，三祖僧璨是重要坐标。禅法传至中国，初祖达摩之时是遇而未信，二祖慧可之时是信而未修，经三祖僧璨努力，才达到有信有修的至高境界。据地方史籍记载，安庆城区也有三祖寺，初名菩提庵，因三祖僧璨曾在此居住，故改名。当时安庆城池还没有修筑，三祖寺所居之地，为盛唐山北麓。程小苏《安庆旧影》推测：当时僧璨"往来太湖县司空山，居无常处，积十余载。时人无能知音，璨之住此，或在此时。"历史上三祖寺有多次重建，最后一次是同治初年。三祖寺前窄街，因寺庙名三祖寺街。

在安庆，佛教寺庙首推东城外的迎江寺。地方志书上记载迎江寺始建于明万历四十七年（1619）。提出募建计划的是地方士绅阮自华，官府高度认同，从而形成一呼百应之势。迎江寺最初以振风塔为中心，建有头山门、大雄宝殿、宸翰楼及三宫殿等，后历朝均有不同程度扩建。现迎江寺建筑群主要包括：天王殿、大雄宝殿、毗卢殿、藏经楼、广嗣殿、大士阁以及振风塔、宜园等，占地面积两万余平方米。

迎江寺竣工后的第二年（1620），明光宗朱常洛御赐寺院为"护国永昌禅寺"。30年后重建（1650），改称"敕建迎江禅寺"。清乾隆帝又赐寺院"善狮子吼"匾额。光绪年间，慈禧太后再赐迎江寺"妙明圆镜"。传说慈禧年幼时曾随父亲惠征在安庆候补（徽宁池广太道），与迎江寺有一段佛缘，后偶尔记起，就题写了"妙明圆镜"匾额。迎江寺临水而立是特色，山门置锚是特色，御赐匾额之多，也是重要特色。

但让迎江寺之名由安徽传向中国甚至传向世界的，是民国年间多次被选用为流通纸币的票面图案。其中影响最大的，为中央银行1946年发行的壹角券，它由德约罗印钞公司印制，为全国统一货币。壹角券正面图案为蒋介石脱帽戎装像。背面图案正中，则为由江面远望，角度略略侧斜的迎江寺建筑群。因为侧斜，迎江寺的山门、山门前的一对铁锚，在画面上无法看到。

安徽地方银行得到中央政府允许，于1937年印行限地方流通的3种辅币。其中壹角券与贰角券的正面图案，也为江面远望的迎江寺建筑群。但与中央银行壹角券相比，取景角度更为正向，由此迎江寺山门在画面中清晰可

迎江寺，山门前置铁锚一对，为全国寺庙独有

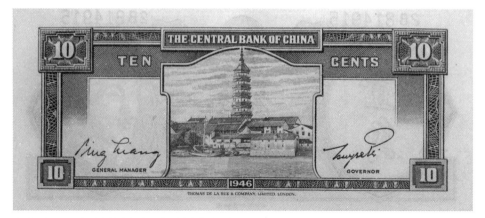

中央银行 1946 年发行的壹角券，背面图案为迎江寺

见，只是左右寻不到铁锚的影子。之前，1912 年 1 月 15 日，安徽军政府宣布安徽裕皖官钱局停办，拨款 25 万元组建安徽中华银行。银行成立之初，境内金融涩滞，军政府都督孙毓筠特饬印制一批银元、铜元票以应急需。其中银元票分壹圆券和伍圆券两种，铜元票为壹佰枚，由上海集成公司和民国第一图书局代印，票面正面图案均为迎江寺建筑群。但此"迎江寺"选取角度，是由寺庙东北向西南方向取景，因此呈现于画面的，是迎江寺看不到山门的背影。其素材取自同时期《怀宁县志》中的风景照片"塔影横江"。

程小苏作《安庆旧影》，其中介绍佛教寺庙，包括大士阁、清凉庵、白云庵、三祖寺、观音庵、水云庵、西竺庵、准提庵等，有 30 多座。这些寺庙除少数外，均环城而建，或东或西或北，各自有不同的清静。除城东迎江寺外，有规模有特色的寺庙，还有以下几座——

双莲寺。迎江寺建成之前，安庆城内最大的寺庙，当属双莲寺。宋时，此地名阜民坊，早前为宋殿中帅范文虎私宅。元至元十二年（1275）范文虎以安庆城降元，后任两浙大都督、中书右丞等职。他的两个女儿，金莲与银莲不耻为伍，在城西削发为尼。后范文虎舍宅建庙，将两个女儿接回城里，并取名为"双莲寺"。双莲寺早年建有九级高九仞的文峰塔，明正德年间被毁。嘉靖年间重修殿宇。清康熙再建大悲殿、大塔等。咸丰年间再毁，光绪年间重修，只复寺而未建塔。清末，另在双莲寺西北侧建有曾文正公祠。《怀宁县志》载，双莲寺"因宅之左有沼，曾产双莲，故以名寺。"

太平兴国禅寺。太平寺始建于东晋咸和年间（326—334），地址在城西正观门外的万松山。初立者僧童师。安庆建城之后，太平寺也随之扩建。其中勤师所建古鉴堂，为寺院的核心建筑。明代太平寺发展经历了两个关键时期：洪武末年的重增旧制，天顺年间的规模重修，从而使其形成禅林雏形。清乾隆二十五年（1760），安庆升为省治，太平寺再度重修，新建万寿阁、文殊院、华藏楼等景观。与此同时，寺之两翼也有拓展，其东曰"松峰东峙"，清顺治五年（1648）建白衣庵；西曰"竺径西通"，乾隆二十四年（1759）建西竺庵（道观）。至此，太平兴国禅寺形成寺据山麓的恢宏气势。寺外的大街，也被称之为太平境。

地藏禅林。1947年5月，陈独秀灵柩迁葬安庆，在三北公司码头下岸后，由各方接柩人士簇拥，向西抬至地藏庵停放，后才移葬于北门外叶家冲。地藏庵位于正观门外，与迎江寺东西相对。其西北背山，东南面城。寺前清水塘，为元末余阙自尽之处。早前塘中建有木亭，环水植有绿柳，"楼观崇丽，延眺称胜"，也是一处风景。地藏庵神奇之处，在于佛龛之下生有白沙泉，四时不涸，清冽甘醇。清咸丰年间战乱，地藏庵毁于太平军。同治年间重修，光绪初又毁于火药局火灾。后复建，为城西香火最盛的庙宇。1922年，中国佛教学会会长太虚法师来安庆，应慧命法师之邀，专门前往地藏庵为居士进行开示。

铁佛禅林。城东北百花亭铁佛庵，传殿中供奉佛像由生铁浇铸，因而得名。铁佛庵初建于明末，为状元刘若宰所建。明清两代，铁佛庵香火旺盛，当时城中佛事，非迎江寺，非太平寺，就是铁佛庵。香火鼎盛时，前后殿宇房舍十数间，门额"铁佛禅林"，鎏金炫目。清咸丰三年（1853），太平军入驻安庆，铁佛被一根绳子吊走，熔为守城用的炮丸。光绪初重修，后主持又募资扩充。1938年安庆沦陷，铁佛庵寺院渐废，到"文革"前，只有三两位带发僧人。"古佛由来皆铁汉；凡夫但见是金身"，现在流传下来的，也只有这幅老对联了。铁佛庵不远，仍留存有一座寺庙，名宝善庵，这也是安庆城区唯一残存的古寺。寺西小街，以"宝善庵"为街名。

早前安庆与佛教一样兴盛的另一大宗教，就是道教。而道教最集中的地方，则是城东北四方城一带。由郭家桥折向东北至关岳庙，街南街北庙宇寺院云集，如大士庵、昭忠祠、县城隍庙、三官堂、普济寺等，其中最有名的就是大关帝庙，也称关岳庙。关岳庙街也因大关帝庙而得名。

大关帝庙之所以称"大"，因老城除此之外，另有三处关帝庙。据《怀宁县志》记载，其一为古关帝庙，位于"东门外缺口保河街党儿巷对面"；另两座为小关帝庙，一在西门外横坝头，一在康济门内高井头。其中大关帝庙规模最大，声名最响。关帝是关圣帝君简称，俗称关公，即三国蜀将关羽（关云长）。传说关羽不仅为忠义气节化身，也是求雨祈晴、拯救生灵劫难之神。大关帝庙初建于宋，初名三义祠，置有刘、关、张桃园三结义塑像。明万历四十二年（1614）进行重修，正式定名关帝庙。关羽生辰为农历五月十三日，每年此日，老城求子求财求福求医求寿者，纷纷到此处来进香。天若下雨，则称为关公磨刀雨，吉气更足，免不了另外一番热闹。

大关帝庙南的县城隍庙（怀宁），始建于嘉庆二十四年（1819），光绪年间曾多次重修，庙门额为"敕封赞化显忠灵佑王"。城隍的职能是守卫城池，演化为阴间官员，则专司城中百姓善恶贫富，生老病死。县城隍庙虽地处偏僻之地，每年两次的城隍会，也同样以八抬黄绸大轿抬城隍菩萨巡游。每逢此时，鼓乐动天，鞭炮不断，烟火缭绕，同样热闹非凡。

安庆的府城隍庙，位于城南康济门内。府城隍庙有两绝，一是铁算盘，一是孽镜。铁算盘悬于庙堂之上，传为神灵为世人计算善恶报应的工具。孽镜嵌于庙宇大殿，两人并立其下，只能看见对方身影而看不到自己。"任凭你无法无天到此

安庆城区唯一千年寺庙——
宝善庵

孽镜还有胆否；须知我能宽能恕且把屠刀放下回转头来"，府城隍庙这副绝对，上联为水师提督彭玉麟所作，下联出自安徽布政使吴坤修之手。府城隍庙最早建于元代，早先就有抬菩萨巡游的习俗。每年五、七月的望日，"巡城为会，以乐神之，一城之人皆若狂"。逢此，地方小吃、特色手艺、民间杂耍，以及烧香者、敬佛者、逛庙者，将周边挤得水泄不通。

府城隍西黄泥冈，旧建有轩辕庙。轩辕庙所祀黄帝，姓公孙，名轩辕，号有熊，远古时期率先民制衣冠，造舟车，营蚕桑，创文字，建医学，定音律，演算数，平定战乱，统一华夏，奠定了中华民族的最初文明，被尊称为"人文初祖"。另有一座东岳庙，位于东门外朱家坡。东岳庙主祀东岳大帝，始建于清初，太平天国运动期间被毁，同治年间复修。东岳为泰山，自古便受到崇拜。后拟人化，取姓氏名讳，"东方泰山君神，姓图名常龙"，并订婚配子女。东岳庙建筑主要包括前进的仁圣殿，后进的碧霞宫（祀东岳之女），以及红云阁等，庙内建有祭祀戏台。行在长江之上看东岳庙，建筑群"丹垩彩漆，宫阙巍焕"，十分壮观。

大成殿与明伦堂一街之隔，两者都为孔庙建筑，但前者为府学，后者为县学。相隔之街为龙门口。孔庙是祭拜孔老夫子的神圣之地，称夫子庙。安庆府学孔庙，规模宏大，气势如云。位于其北的近圣街，就是因临近孔庙而得名。大成殿为孔庙主体建筑，中祀孔子，次为四配，又次为十二哲。殿中悬有御书匾额"万世师表""生民未有""与天地参""圣集大成"等。大成殿前为灵星门，挨着三座御碑亭，左右另建有戟门。最前为照壁，照壁往后，有一池水塘，不大，过塘有桥。据史书记载，这方塘称之为泮池，上面的桥为状元桥。泮池四周，环建有汉白玉石楯。夫子庙后进，依序建有崇圣祠和明伦堂等。

最后来说一说安庆的伊斯兰教。据《怀宁县志》，过去安庆有"清真寺二，一在镇海门内忠孝街，创自有明。清咸丰三年毁。同治间回教人重建；一在正观门沟儿山后街，清乾隆间建"。

在安庆，说清真寺，必须要说马义。马义何许人？骠骑将军马哈直之孙，初袭父马麟安庆卫左指挥之职，后又以军功累迁广西总兵。明成化五年（1469），马义致仕还乡，以"敦悦堂马氏"名义，捐资修建南关清真堂。明末，南关清真堂毁于战火。康熙年间重修，称礼拜堂，后"沿各省旧例"易名"清真寺"。太平天国战乱，清真寺再度被毁。现存清真寺，重修于同治九年（1870），竣工于光绪二十三年（1897），断断续续，前后近30年。其中无像宝殿有二人合抱殿柱36根，高15.4米，面积574平方米，可容千人礼拜。"文革"动乱，清真寺再受冲击，50余碑记、匾额、对联、铜鼎、书画、六方宫灯等珍贵文物，被洗劫一空。1981年，政府出资按原貌重修。

有关清真寺的描述，现在能见到的，最早的也应该是盖洛的《中国十八省府》中所描述的。"在城墙上很容易下到城里最主要的清真寺。这是一座高大的建筑，由笔直的木柱子支撑着屋顶。"盖洛从城墙上走了下来，他和李牧师走进了清真寺。他得到了两个信息，其一，"安庆的回民社区庞大，有一个自己的学校，而且总人数达四千，怪不得他们在城外又造了一个清真寺。"其二，"这儿有一块十分显眼的石碑，其碑文大意如下：明朝开国皇帝洪武亲笔所书的百字颂文……碑文由钟元庆以清秀的字体和崇敬的心情而刻成。原来那块石碑已在咸丰年间为兵勇们所毁，现在的这块石碑是在光绪十二年重刻的。"盖洛所说的"百字颂文"，全名"御制至圣百字赞"，是明洪武皇帝敕赐伊斯兰教清真寺的赞文，因赞文整整100字，又被称作"百字赞"。

南关清真寺无像宝殿，内有36根二人合抱殿柱

第九讲 民国安庆公共园林

上

在这一讲之前，我们先对"公园"一词进行解读。公园之"园"的本义，指种植蔬菜、花果、树木的地方，后延伸出"林"之意，就有了供人游玩休息的功能。再往后，加了个"公"字，便成了现在我们所说的"供群众游乐、休息以及进行文娱体育活动的公共园林"。

公园之"公"，是相对"私"而来的。清光绪之前，中国园林只有两种，或官家，或私家。作为平民百姓休闲娱乐的活动空间，"公园"是随近代西方文明进入中国的产物。据史料记载，中国公园之始是同治七年（1868）由英美租界工部局在上海建设的外滩公园，当时名为"公家花园"。光绪二十九年（1903），《浙江潮》刊发介绍日本的文章，文中首用"公园"一词。次年，《大公报》报道南京修建公园新闻，便以"公园"取代了原有的"公家花园"一词。公园大规模兴建始自光绪三十三年（1907），当时出洋考察归来的大臣端方和戴鸿慈，率先提出设立公园、博物馆等公共文化设施的构想。清政府批准之后，各省官员纷纷效仿。一夜之间，全国各地的公园，如雨后春笋般冒了出来。

作为安徽老省城，安庆公共园林起于何时？ 1915 年印行的《怀宁县志》中介绍"圩坂"，有这样一段文字："光绪二十七年（1901）广济大圩破溃，巡抚王之春因是圩与省城东北门征兵营、火药库、公园等处有关系，派兵并民夫加筑。"

由此可知，早在 20 世纪初安庆人就已经有"公园"的概念。

安庆公园大规模筹划或兴建是宣统元年（1909）的事。这一年，上海《申报》刊发有 3 条安庆建设公园的新闻。最早是 4 月 14 日《建筑公园之计划》，具体文字为"安省公园原拟在西门外鸭儿塘地方购地兴建，旋因经费难筹，拟改拨东门外公产较易措手。藩司沈方伯颇不以为然，仍以鸭儿塘背山面江，有天然形势，故极力提倡认筹巨款，以期速成此举。将来修造工竣，尚拟筑马路两条直达省城，俾供游览。"另外两条新闻，一条是 10 月 30 日《公电（安庆）》，文字十分简单："各报馆鉴：皖江公园于十一日开会，公举周学铭总理，决议招股兴办。"另一条新闻刊于 11 月 15 日，标题是《（安庆）开办皖江公园事务所》。

《申报》上说的城西"安省公园"，民国建立之后，安徽省建设厅始终在此谋划筹建鸭儿塘公园。公园实际上包括三个部分：大观亭、鸭儿塘、周公祠。

大观亭曾经是安庆城西最为壮观的风景，不仅是"省会绝妙江山"，又被称为"皖省第一名胜之区"。当年大观亭气势巍峨，声名赫然了得。民初《怀宁县志》以"大观远眺"为名，把它列为安庆老城十二景之一。"挈伴上高亭，凭栏大江畔"，登大观亭一揽江景的文人墨客，不计其数，也留下了许多脍炙人口的名篇。而清末民初，大凡来安徽的，必然要去省城安庆，大凡去安庆的，必然要去城西大观亭。清嘉庆年间游侠沈复去了，在名篇《浮生六记》中留下"面临南湖，背倚潜山，亭在山脊，眺远颇畅。亭有深廊，北窗洞开"的记载；民国十年（1921）作家郁达夫去了，"朝南看去，越过飞逸的长江，便可看见江南的烟树"，小说《迷羊》自此开始传世叙述；同一年，国学大师胡适也去了，慨然发出"东有迎江寺，西有大观亭，吾曹不努力，负此江山灵"的感叹。

早前安庆西门外，越过大新桥、小新桥到大王庙、新河口，再往西，过去就是皖河了。皖河向南流往长江，清末民初，大新桥就在皖河与长江的交汇处。北边还有大片水域，这便是老城居民耳熟能详的鸭儿塘。水多，水美，春天是一片清亮，夏日是一汪墨绿。往来舟楫，风帆点点，更映衬出这一带水乡的特色。如果立在大观亭上看风景，刘大櫆"水树千帆乱，云烟万岭低"的高远，姚鼐"清江三面舒州郭"的开阔，尽在不言之中。

周公祠全名周悫慎公祠，所祀者为官至两江总督、两广总督的周馥。周公祠建于1922年，同是至德人的安徽省长许世英，专门为周公祠作有题记。周馥虽生于江南，但在安庆由李鸿章发现，破格延为幕宾，后又荐为朝廷官员。其四子周学熙，民初两任财政总长，是北方近代工业的奠基人，被称为"中国水泥之父"。据《安庆旧影》记载，周公祠建在鸭儿塘傍，"于水中砌成曲折石径，径宽，两旁均有围栏，间之以亭，祠中厅室皆轩敞，平时已为游人所聚"。周公祠建成后几年，每年3月12日植树节，省政府官员都带工具到鸭儿塘西北山冈上进行植树活动。1922年的植树节，还同时在这一带举行了"全皖运动会"。省长许世英日间参观慰问，晚上有感而发，提笔做了一首诗："鸭儿塘旁城西路，春水方生草正柔，恰是海棠好时节，便教桃李满山陬。"

20世纪30年代《安徽建设》曾刊发一张照片，取名为"正在设计之中的安庆市城西公园"。照片采取拼图方式，将大观亭、鸭儿塘以及周公祠全部统为一体，非常秀美、壮观。其说明文字为："图为安庆城西风景之一部分，其左右附近，古迹甚多：如余忠宣公墓之大观亭，可以登高远眺，全城风景，一目了然。亭后，复有烈士墓，为吴烈士越及皖省诸先烈茔地，塚若祁连，形势雄丽。墓左，靠近狮子山，山下为鸭儿塘。水塘清澈，风景绝佳。本厅正饬令安庆市公务局，就该地开辟一公园，以与城东菱湖公园相辉映，将来建设成功，裨益城西居民及游人，定非浅鲜也！"

清宣统元年（1909）之前，安庆老城的园林，主要分官园和私园两种。官园是官府衙门修建的修身养性的休闲之地，私园则是富绅人家修建的宅第庭院。

安庆城区三边环水，除南依长江外，东西还有石门湖、破罡湖等水系。安庆老城厢内，类似荷花塘、白莲池等碧池绿

周公祠建在鸭儿塘傍，于水中砌成曲折石径，平时为游人所聚

水，也在 20 方之上。水多生秀色，加上文人汇聚，士绅云集，老安庆便多了许多以"园"为特色的景观。此外，安庆作为安徽老省城，相当长一段时间，省、府、县三级同治，或大或小的官府衙门都在后院修建有园林，如卫山头道署内的惺园，龙门口府学内的孔园，天宁寺东旧抚署内的安园（内又卧有抱翁园），等等。这些园林虽不大，或植以花木，或缀以奇石，或建以亭阁，或掘以清池，也有小的雅致与清静。其中司下坡顶藩署内的成园，20 世纪 30 年代由安徽省建设厅牵头改建，冠名"安庆公园"对公众开放。

介绍安庆公园，必须先介绍安庆另一古建筑——谯楼。1935 年，上海文化服务社出版的《中国游记选》，就将谯楼（古楼）列为全国著名的地方风景名胜。据史料，至少在元至正十一年（1351），安庆城就有谯楼的记录，距今已有 660 余年历史。谯楼面阔五间，通进深 10 米有余，分上下两层：上层望楼为重檐歇山顶式，雕梁画栋，十分壮观；下层基座为砖石城门结构，周边以青砖砌成护墙。大门之外，左右各置白石雄雌狮雕，雄狮盘球嬉戏，雌狮搂抱幼狮。两尊狮雕后腿蹲地，前足斜伸，挺胸收腹，造型轩昂生动，有目空一切的霸气。

谯楼之后的成园，建于光绪三十二年（1906）。此时沈曾植护理（代理）安徽巡抚，在他的主持下，在谯楼后建有供休闲养性的成园。成园景点有二，一是礼岳楼，一是天柱阁。据程小苏《安庆旧影》记载，成园落成后，沈曾植与众官员曾在园内摄影纪念，可惜这张合影照片现在无法找到。

目前我们看到最早的天柱阁照片，是黄炎培 1914 年来安庆视察教育时拍摄的。天柱阁为四层建筑，底层和二楼，

天柱阁，顶层为亭阁设计，中西建筑风格精妙融合

与礼岳楼相接为一体，三层起单独以六角形挑出，四层为亭阁设计，外有回廊。天柱阁由二层向上，可以登高望远。天柱阁为典型中西合璧建筑，既包含有西方建筑风格，又突出了中国园林建筑特点，两者糅合得非常巧妙。类似建筑，在安庆历史上极为少见。

1921 年，安徽省立图书馆迁址于谯楼内，后经扩建，到 20 世纪 30 年代初，已具"环境幽雅，房屋宽敞"特点。从谯楼至图书馆，早前为省藩署旧址，其间绿树成荫，环境幽静，与图书馆十分匹配。日日由此穿过，风动枝摇，鸟语花香，于是，安徽省立图书馆馆长陈东原便生出念头：能否将现有的园林与古迹，改建为服务于民众的公共园林？

改建公共园林的建议，得到安徽教育厅厅长程天放全力支持，并由他向安徽省政府提出议案，最终获得安徽省政府高层的广泛认同。后在安徽省政府委员会第 166 次、第 200 次会议上，筹建安庆公园的方案获得通过，并议决由安徽建设厅与怀宁县共同筹办。1932 年 10 月 22 日，《申报》对此刊发新闻："（安庆）省府二十一日常会议决，拨二千元振济大通火灾，并改建旧藩署为安庆公园、由建厅限期完成。"

改建安庆公园的工程始终断断续续：修筑围墙，铺碎石道，配置花木，又建了两座六角风景亭，等等。后来，又筹集资金，建立了一座在全国都相对时尚的喷水池。1936 年，陈东原出国留学前夕，占地 50 亩的安庆公园正式竣工。由于地处闹市，院内亭台楼阁掩映，繁花茂木相间，因此安庆公园建成后，吸引了不少本地居民和外地游人。

20 世纪 30 年代中期，安庆城区新建安庆公园

自然，安徽省立图书馆读者量也上升了不少。可惜的是 1938 年 6 月安庆沦陷，安庆公园为日军强占，园内建筑遭到毁灭性破坏，后逐渐荒废，再也没有发挥"公园"的功能。

1930 年《安徽建设》第 19、20 期合刊，载有金犹澍撰写《安庆市 1929 年度建设方案》。在"公用设备"一节"公园设备"中，提及"本市公共休憩之所，极为缺乏，除菱湖及第一游乐园外，几无足供市民息游之地"。据此文字可知，1930 年的安庆城，已经建有公园性质的第一游乐园。同期《安徽建设》也刊发有 3 幅第一游乐园不同角度的照片。

第一游乐园建设时间，估计为 1929 年。1928 年《市政月刊》第 4、5 期合刊，谈到安庆公园建设，虽提及城西（大观亭）、城东（迎江寺）、城北（菱湖），城中（天柱阁）以及城南（江岸），却没有提及第一游乐园。而此时，第一游乐园地址御碑亭仍为菜市场所在地。此前一期《市政月刊》，刊有修建"安庆市菜市场计划"。正因为菜市场外迁至"旧财厅废址"，才腾出空间建设城中花园——第一游乐园。第一游乐园设施非常简单，内建木架搭建的船厅，四周围以花墙，中间植以花木。它的东边，与新迁至市政街的安徽省立第一通俗教育馆的园林相通。两者连成一体，形成城市中心珍贵的绿地。此后，为配合市政街改造，游乐园外侧建有围墙与大门。

严格意义讲，安庆第一游乐园是民国安徽训政时期标志性公共设施。史学家所说的"训政时期"，从 1928 年国民政府定都南京为始，至 1947 年颁行《中华民国宪法》结束。其中 1928 年至 1937 年全国抗战爆发这一段，又被称为"黄金十年"。可惜窘于经费，之后几年，第一游乐园并没有得到很好维护。1932 年 10 月 17 日出版的《建设周刊》刊有余立基《整理安庆市计划大纲》，其中提到"本市公共娱乐场，有菱湖公园及游乐园两处，但皆房屋不整，花木零落，应当设法充实内容"，并计划"城西适当地点，建筑城西公园，使城西民众均得享受此公园乐趣"。也就在这一年末，规划多年的旧藩署改建安庆公园工程，由建设厅工务局与怀宁县署联手动工建设。

实际早在 1920 年许世英掌皖时期，还提出建设大龙山公园的设想，并且有初步的前期动作。据 1922 年 5 月 5 日《申报》介绍："安庆北门集贤关外大龙山，为皖省名胜之一。因距省城有二十里之遥，游人甚少。兹省道局建筑怀集汽车路，由省城直达集贤关，业已动工。惟由关口至西路湾镇，尚有数里未列入建筑路线之内。现在驻扎该处第五混成旅第一团团长华璇章，亦已督率兵士施工，建筑接连怀集路线。龙山密迹，风景绝佳。许省长拟在山脚勘一隙地，依山傍水开辟公园。昨已令饬省道局副局长朱清华相度地点，刻期建筑。将来路工告成，安庆市面可望逐渐扩充。"可惜因条件受限，大龙山公园始终是一纸规划，甚至连一纸规划都谈不上，随着许世英的离任，它也只能是安庆城建的一个旧梦。

中

菱湖位于老城东北，立于城墙之上，抬眼远望，水天一色，夏冬风景各不相同。《怀宁县志》上介绍菱湖，用了这样的文字："长风港发源茅岭，经南庄岭之南，潴为菱湖。湖以多菱而名。菱盛开时，花光水气，清晖娱人，自昔引为胜境。"

菱湖建于何时，地方志书上没有记载，但明末清初怀宁秀才汪之顺有《送鲁启我归菱湖》诗，"烟树迷茫黯落曛，诗人思归正纷纷。城头霁色消残雪，江上寒烟湿暮云。且喜布衣成聚首，不将酒杯怅离群，扁舟晓向菱湖发，折得梅花欲赠君。"可见 400 年前，老城东北不仅有观赏水面，而且已经有"菱湖"之名。

菱湖真正形成气候，或者说形成"园"的气候，是光绪末年的事。有两个方面的原因，一是"人气"，二是"花气"。

光绪二十三年（1897），新任安徽巡抚邓华熙在安庆推行新政，其中之一，就是创办以西学造就"既通西学、又切时务"人才的求是学堂。此时的安庆城，旧学阵营十分强大。为缓冲保守势力对新学的压力，邓华熙令布政使于荫霖在安庆北城外扩建"以圣贤义理之学植其本"的敬敷书院。而敬敷书院新址，就选在菱湖之西，也就是现在的安庆师范大学老校区。这样一个大书院搬过来，自然也搬来了一大批文人雅士。菱湖的"人气"，由此直线上升。

菱湖公园所植之"菱",引自杭州西湖。白花莲白得清丽,红花莲红得粉艳,都是当地优良品种。不清楚西湖"菱"与本地"菱"有什么区别,但现在安庆菜市场上,藕仍有"家""野"之分。相对于野藕,家藕更白更粗,更脆更甜。既然呼之为家藕,肯定带有养殖的成分。事实上,将杭州西湖"菱"引到安庆,也是一种官府行为。据资料记载,1915 年,菱湖家藕种植面积多达 1100 多亩,是沿湖村民主要经济收入。

回顾菱湖公园历史,有一个重要人物必须要提及,这就是舒鸿贻。程小苏作《安庆旧影》,其中"菱湖"一节,说"公园之建,创自舒邠儒氏。小东门初名菱湖门,门之辟亦舒氏之创议"。这里的"舒氏",指的就是舒鸿贻。舒鸿贻是光绪二十一年(1895)乙未科进士,清末官至东三省制造银元总局总办,民国后又任奉天都督府秘书长、北京政府内务部民治司司长等。1917 年,五十知天命的舒鸿贻,果断卸职,携家小返回老家安庆。

舒鸿贻在安庆生活了 30 余年,1947 年病殁,享年 81 岁。生活在安庆的舒鸿贻,身上仍能看到典型的旧文人复杂影子:他渴望参与政治,先后担任安徽省烟酒印花税局局长、安庆道尹、安徽禁烟督办等职;他又希望成为实业大家,或合资或独资,创办有安庆电灯厂、农工银行、菱湖小学、义丰织布厂等实业;作为儒雅之士,他还渴望有一方能修身养性的清幽之处。建于 1918 年前后的宜园,便是他的得意之作。

舒鸿贻创建宜园之前,菱湖只是不加修饰的自然风景。西半部为山地,东

民国时期建于菱湖北端的义丰织布厂和菱湖小学

半部为湖面。菱湖之西南，是安徽女子桑蚕学校。舒鸿贻看好安庆城北的发展，将义丰织布厂和菱湖小学建于此，并依托这两个实业，兴建供老城百姓休闲娱乐的园林。这样的眼光，这样的魄力，即便放到今天，也是绝对值得称道的大手笔。

舒鸿贻在宜园内修建的景点，主要有两处，一是集华轩，一是纯阳阁。集华轩建于菱湖公园北侧，是菱湖公园的主建筑。大厅之上，悬有"集华轩"匾额。集华轩临湖而立，楼前一湖碧水，夏秋之月夜，游人常于此泛舟。安徽大学李范之教授认为，菱湖月夜泛舟，"不似秦淮歌舞池，纷纷箫管沸楼台"。另一处纯阳阁，则体现了舒鸿贻道教思想的一面。舒鸿贻对道教十分热衷，甚至专门为自己取了个"宾吕"的别号。现存菱湖纯阳阁照片，拍摄时间在1925年前后。照片上的纯阳阁，四方八角双层，飞檐翘角，回廊萦绕，既有传统典雅风韵，又有现代张扬个性。纯阳阁矗于湖面之上，前后左右均为荷塘相环，远望之下，确如莲花坐台。登阁远眺，荷浪翻滚，水天一色，别有感受。

与宜园同期兴建的可园、七姑祠、三高茶社等，虽多为私家性质，但仍为菱湖形成"公园"规模，打下了厚实基础，也为安庆添了多处休闲场所。因地处城北郊，无论从枞阳门还是从集贤门出城，都要绕一个大圈子，极不便利。于是舒鸿贻等省城社会名流，又发出破城开辟"菱湖门"的呼吁。菱湖门的开通，极大地方便了市民出行。从菱湖门出城，过建设桥，顺建设路（现宜城路）北走不过数百米，远远就能看见菱湖那一湖连天的碧荷了。

民国菱湖公园建设，另一个有突出贡献者，是舒鸿贻的女婿，毕业于日本东京高等师范博物系的胡子穆。舒鸿贻幼年丧母，中年丧子。至花甲之年，舒鸿贻在安庆投资的实业，又相继溃败。其打击可想而知。也就是在这前后，心灰意冷的他，把宜园正式托付给了女婿胡子穆。

胡子穆与菱湖公园的关系，早些年就已经开始。1923年胡子穆回安庆任教，就参与了胡七姑贞孝祠的筹划工作。七姑是胡竹芗的小女儿胡娴静，因在六世两房的姊妹中排行第七，故称七姑。光绪三十一年（1905），胡竹芗去世，七姑"哀伤过度，越百二十日，呕血而殒"。此事在安庆引起不小轰动，安徽巡抚诚勋也奏疏皇太后，叩请恩准胡娴静为烈女贞节。慈禧深为感动，亲题"胡氏节孝坊"

五个大字。胡氏节孝坊建于菱湖之北，四柱三门，汉白玉石料，十分壮观。辛亥革命后，胡氏家族因担心慈禧题字招惹麻烦，暗暗将牌坊拆除。1925年，怀宁县长胡鞠生再度呈请褒扬，胡子穆等侄辈出资，又建七姑祠于菱湖西北。建筑为五开间，抬梁式歇山顶，砖木结构。

胡子穆接管宜园后，依借山形水势，对七姑祠进行了扩建，将它从"祠"的单一性质，转为"园"的规模。此外，在七姑祠之东又开辟了白兰苑，栽培有百余株白玉兰花。安庆冬夏温差较大，白玉兰在安庆越冬有困难，胡子穆不惜血本，专门修建了温室，并高薪从外地聘请技工花匠。

菱湖"公园"性质的建设，应该在1930年前后。这一年，安徽建设厅在园内建起湖心亭，供游人领略怀宁十二景之一的"菱湖夜月"。经过几年续建，到1935年前后，菱湖作为"公园"的规模基本完善。程小苏《安庆旧影》记："自出城大道之左右，树皆成荫，至此左近山，右则荷田万顷，河汉纵横。临湖建大草场，场面南，东西北三面建楼房，下有深廊，为游人凭栏而坐任意休憩之地。"临草场而建的楼房，在1934年曾作为安徽第一民众（通俗）教育馆菱湖分馆。"东边为图书馆流通处，东首前进，楼上下皆大敞厅，有餐座，楼上敞厅东边，建平台，凭栏远眺，长江如带，天柱大龙，皆在襟抱。平台后有奕社、诗社，书画社。通俗教育馆后，西首有篮球、网球场。其东即大厅后，百数十亩，杂植花木，中有塘，临塘建树，垒石成山，春秋佳日，皆露天茶座也。"文化和教育的普及，由此也带动了菱湖的人气。

此阶段的菱湖公园，历史文化景观主要有三处，一是姜高琦墓，二是史阁（部）碑亭，三是故建设厅长纪念塔。

1921年6月2日，安庆学生代表前往省议会请愿，要求增加教育经费，后与持枪兵士发生冲突。姜高琦身中七刀，虽经抢救，仍因伤势过重而亡。之后5个月时间里，安庆社会各界多次借追悼活动抗议政府暴行。11月15日，姜高琦殡葬之日，新任安徽省长许世英顺应民意，亲自抚柩祭奠，安葬烈士遗体于菱湖东北。另一名遇难学生周肇基以及他的妻子黄家馥，也同葬于此。流传至今的姜高琦墓照片有两张。其中一张拍摄于1922至1924年之间，画面是原始的姜高琦墓。拍摄者J. K. 施赖奥克，1917年来安庆，后任圣保罗中学校长。墓地东西各一，四周围有矮墙，墓前方立有四柱三门汉白玉石坊。墓地前为稻田，后为湖面，远处隐隐可见大龙山山影。另一张姜高琦墓老照片，出自安徽邮务管理局局长刘建侯之手，照片的拍摄时间应在1926年前后。1925年，在安徽社会各界进步人士的呼吁下，政府对姜周二烈士墓进行了重修。重建的姜高琦墓，只是一官虚冢，位于墓区之东；周肇基及夫人黄家馥，合葬于墓区之西。墓后建有两层六角血衣亭。墓地东侧，另建有欧式建筑风格的纪念堂。

史阁（部）碑亭位于菱湖东北角，建于20世纪30年代初，单层八角，砖木结构。"史阁（部）"者，为明末大臣史可法。史可法分巡安庆期间，为防范张献忠部对安庆府的进攻，调动全城人力、物力、财力，花了三个多月时间，对老城池进行了战略性修固。工程竣工后，史可法十分满意，认为安庆城池有天堑之险，金汤之固，因此勒石"宜城天堑"以纪念。石刻原嵌于城西四方城外城墙，民国初年，地方史学者认为"宜城天堑"出自史可法之手，十分看重，后移至菱湖，修建史阁（部）碑亭以陈列。不仅仅如此，在史阁（部）碑亭四周，还种植百余株梅花，与扬州梅花岭史可法衣冠冢形成呼应。

故建设厅长纪念塔建于菱湖公园腹地。程小苏《安庆旧影》记述，当时进公园大门，越过菱湖桥，左为可园（后移建他处），右为游船停泊处，再往前，就是"故建设厅长纪念塔"了。故建设厅长纪念塔或建于1932年末，或建于1933年初，纪念对象"故建设厅长"程振均，早年毕业于安徽高等学堂，后赴英留学。后两次来安庆为官，先为安徽道局局长，后任安徽省建设厅厅长。任职期间，程振均为筹措筑路经费四处奔波，后因积劳成疾，于

清代篆刻家、书法家，"邓派"创始人邓石如

1932 年 8 月不幸辞世，年仅 44 岁。故建设厅长纪念塔是安徽各界对他政绩的肯定。

此阶段菱湖公园的另一大亮点，则是草场右侧书法巨匠邓石如碑亭，"左沿走廊而进，壁间皆完白山人等真、草、隶、篆帖。"邓石如碑刻最早刻于清嘉庆十年（1805），嵌于大观亭四壁，后毁于太平天国战乱。同治四年（1865），由其弟子方小东在山东济南重刻，后分别为胡竹芗和陈昔凡（陈独秀嗣父）私藏。民国时期，这些碑刻曾展示于菱湖公园。1960 年，邓石如碑刻由胡子穆后人捐出，"文革"中一度遗失，1983 年再度被发现。1996 年，邓石如碑刻重建邓石如碑馆加以珍藏。

20 世纪 30 年代前期，安庆局势相对平稳，城市建设也在有序规划之中。此时的菱湖，虽然没有达到完善之境，但公园氛围已经形成，为民国安庆市民首选休闲之地。

1922 年秋祭日（农历九月初九），后任共青团怀宁县委书记的俞昌准，与友

20 世纪 50 年代初，黄梅戏演员在菱湖公园内的合影

人至菱湖"泛舟往游",玩得十分尽兴,回来后,他有感而发,"方在初秋,寒暑适中,山有雾而皆清,水共天而一色。湖之四周,虽其大不过数里,而可爱者甚繁。斯湖虽以菱名,而植藕盛,荷花虽没,而叶犹新。泛舟其中,不啻游于绿丛深处。湖中有楼,高可数丈,登楼东西远望,大观亭、烈士墓如在目前。其南则长江绕之,北则龙山焉,而振风之塔,横影江上者,目皆可得而睹之。此则菱湖之大观也。"1928 年 12 月 16 日,俞昌准被害于安庆北门外刑场,年仅21 岁。

民国报人张友鸾,少年时在安庆第一中学读书,闲暇时,也从集贤门出城转到菱湖看水景。当时郁达夫在安徽法政专门学校任教,张友鸾经常过去拜访,有时候,他们也会一起转到菱湖来。后来张友鸾写了篇《菱湖公园游记》,发在上海《申报》"自由谈"上,菱湖公园的名声,因此为全国所知。张友鸾后历任北平《世界日报》、上海《立报》、南京《民生报》《新民报》总编辑。

1933 年,刘镇华出任安徽省主席。他第一次走进菱湖公园,便看中了这片风景,后来也斥资在园中修建一幢小别墅。1938 年 6 月安庆沦陷,菱湖公园美景不再。1945 年 8 月抗战胜利,当年"风动碧荷看打桨"的菱湖,已是残墙断垣,满目荒芜。

1952 年,菱湖公园重新修建,但此时的菱湖,规格从"省园"降至"市园",无论力度还是规模,都远不如以往。1954 年,安庆大水,菱湖公园又遭重创,前期精心栽培的名贵花木,均被毁。后经十数年苦心经营,到"文革"前,菱湖公园才具有一定规模。

下

2007 年 11 月,安庆市政府议定,将原规划中暂定名的"市民公园"正式命名为"皖江公园",其中"市民广场",也随之易名为"皖江广场"。新命名的皖江公园占地 34.68 公顷,先期投资超过 2 亿元。安庆皖江公园属大规模、开放性休闲广场,为菱湖风景区的核心区域。

园林部门向政府递交的相关报告中,提议将"市民公园"更名"皖江公园"

最重要的理由，就是"可从传承历史的角度和经营安徽第一园的高度来包装推广之"。为什么这样讲？因为在安庆，在安徽，建于清末的皖江公园，都被看作是安徽第一园。

安庆园林部门对此的解释是："安庆历史上存在过皖江公园，它是安徽省最早的公园。据《怀宁县志·圩坂》（1915）及《安庆旧影》记载，其原位于菱湖公园东南侧，在光绪二十七年（1901）以前就已经初具规模。20世纪30年代，徐悲鸿、孙多慈等当时的社会名流常在皖江公园中流连忘返。其间为配合全国绿化运动曾改名为森林公园，但不久又改回了原名，可惜景点、设施在沦陷时期遭受了完全的破坏。"

既然敢称安徽第一园，自然有它的理由。追溯安徽省园林历史，列在第一位的，确确实实非皖江公园莫属。

清宣统元年（1909）秋冬，《申报》两度刊发皖江公园建设进展的新闻。其一是10月30日，以要文"公电（安庆）"形式，刊于第三版显著位置，文字十分简单："各报馆鉴：皖江公园于十一日开会，公举周学铭总理，决议招股兴办。"半个月后，11月15日，《申报》又在第12版以"（安庆）开办皖江公园事务所"为题进行跟踪报道："皖江公园事务所现已筹议成立，遵章投票选举周学铭为总理，前江苏候补知府赵继椿、六十一标统带胡永奎为协理，刻由余绅诚格将开办情形，详报皖抚核示祗遵"。

虽然文字不多，但里面提到的4位人物，身份却是赫然了得。其中周学铭为周馥次子，光绪十八年（1892）与他的哥哥周学海殿试同榜考中进士，后官至江西候补道、江西按察使。光绪三十年（1904），周馥出任两江总督，周学铭循例回避，改任湖南候补道。赵继椿的祖父赵文楷嘉庆元年（1796）考中状元，其父赵畇是道光二十一年（1841）辛丑科进士，赵继椿自己则为光绪二十年（1894）甲午科举人，他也是赵朴初四代翰林家族中的重要成员，民国后，赵继椿当选安徽省议会副议长。胡永奎虽是"六十一标统带"，却掌控有安徽一半的军事力量。最后提到的"余绅诚格"，望江人，历广西按察使、湖北布政使、陕西巡抚、湖南巡抚等官职，也只有他，才能就皖江公园事务与皖抚朱家宝进行省部级官员间实质性的沟通。

朱家宝是皖江公园创设最为重要的决策者。光绪三十三年（1907）末，朱家宝由吉林移任安徽巡抚。新官上任三把火，他的第一把火，就是听从皖江公园事务所建议，对皖江公园进行大规模整建。

在这之前，皖江公园虽有"园"之名，但无"园"之实，充其量也就是一片生有杂木的园子而已。如何将皖江公园整修成名副其实的园林，朱家宝与新成立的皖江公园事务所，做了四方面的规划：一、疏水。皖江公园为正方形，没有院墙，也没有栅栏。园与非园的区别，在于水。据程小苏《安庆旧影》介绍，当时的疏水工程，"四周浚濠，中横溪涧"，应该是个"日"字形。而这个水，又外通于菱湖（现在的大湖），如果划一条船，可以悠悠地摇进来。二、绿化。绿化工程又分两块：植树、栽花。树主要是沿溪濠两岸栽植的，有柳树，也有其他。园内花草更多的是成片的栽种，"花畦苗圃，错杂其间"，属于象征性的点缀。三、筑路。皖江公园占地 200 余亩，在这之前是湖滩地，北面的湖水和南边江水涨上来，都可能汪洋一片。既然辟为开放性公园，就要引游人进来，而游人进来，首先就要有路。路如血管，通了，血液才会流动。筑路自然不能绕过水，因此溪涧之间还要建些风景桥，或石质、或木质，风格各异，特色不同，才有美化的功能。四、建设。皖江公园之东是演武厅（新军练兵场），紧挨演武厅的这一片，在朱家宝的设计蓝图上是农事试验场。农事试验场之西，也就是进公园不远处，修建了三座平房和一座"L"形大楼，作为皖江公园和农事试验场办公用的场所。公园的东面和北面还零散建有以木竹为结构的亭榭，以供游人休息。

有必要对农事试验场多说两句。农事试验场是清末农业改革举措之一，光绪二十九年（1903）商部下发《通饬各省振兴农务》，就包括："凡土质之化分，种子之剖验，肥料之制造，气候之占测，皆设立试验场，逐一考求，纵人观览，务使乡民心领其意，咸知旧法之不如新法，乐于变更。"农事试验场的工作大体包括引进日本早稻品种、栽培花木植物、驯养观赏动物，等等。其中栽培花木植物和驯养观赏动物，与公园的基本功能有一定相通之处。

光绪三十三年（1907），安徽陆军测绘学堂组织学生进行了 70 天实地测量实习，测绘对象是安庆城区，也包括城东郊还未成型的皖江公园。1915 年出版的《怀宁县志》，内附有详细的"城厢图"，就是陆军测绘学堂学生的实习成果。在"城厢图·附一"上可以看到，皖江公园位于菱湖之南。它的东面是演武厅，过护城河，五里庙之西又有农业学校（安徽省立甲种农业学校，1912年由私立高等农业学堂改办，并迁至东门外）。往南走，靠近长江的丘陵便是棋盘山。另一份1938年出版的安庆地图上，皖江公园位置大体一致，不过当年设在公园内的农事试验场，已经迁到农业学校去了，东边的演武厅也不复存在。据说明文字，这份地图是"据民国二年所定之地形原图图式"复制。两图有一些细小差别。前一份地图上的皖江公园，端方四正，而后一份地图上，明显看到有一些变形。

看"城厢图·附一"，园内有一条小道，通达之处就是程小苏《安庆旧影》中所说的"大楼"，呈"L"形。有趣的是，在1938年地图上，这座"L"形大楼的位置正好与前者相反，一个向南，一个向北。从"L"建筑图形看，应该是东西合璧，且以西式为主的洋房。

关于"L"形大楼，目前我们能看到的只有一些文字资料，且多与朱家宝有关："L"形大楼大门（或是大堂）悬有安徽巡抚朱家宝撰写的一副对联，上曰"万家饥渴注心头何当学圃学农与我民从根本做起"，下曰"八皖江山共眼界就此为台为沼遇佳日与士庶同游"。从内容上看，前句说的是农事试验场，后者说的才是皖江公园。朱家宝生于云南宁州（今华宁县），晚号髯农，进士出身，官位从知县起，然后知府、道员、按察使等。任安徽巡抚之前，他还曾赴日本进行过考察。

朱家宝擅长书法，书从黄庭坚，笔力精沉猖拔，体势左放右敛，行气贯如顶针，雄伟有力。在安徽为官五年，他仁而下士，深得各方赞誉。皖江公园建成后，地方名流曾立碑以示尊敬，碑联由安徽全省师范学堂斋务长邓艺荪（美学大师邓以蛰之父，后任安徽教育司司长）撰写："澄澈一江流裘带雍容把酒话湘乡而后；参差万木云烟村隐现凭栏诵召伯之诗"。联的前句把朱家宝与曾国藩相提，后句则把朱家宝与周召公并论。两联之间，嵌有朱家宝官服画像。

1911年末，安徽光复，皖江公园也迎来它新的变化。

1912年，在安庆同安岭，发生了一件惊天血案：《安徽船》《血报》《青年军报》等三大报主编韩衍，被暗杀于街头。韩衍是安徽近代史上一个重要人物，除创办进步报刊外，他还先后与管鹏、吴旸谷等，策划发动巡防营与新军起义，组织皖省维持统一机关处，创立青年军等。《青年军报》就是以青年军为阅读对象的报纸。"要租他的不可，要借他的不可，要占他的更不可。于是，发下一个大愿来：愿得生生世世，与我民立主人，共此东南西北。"他为安徽都督府喉舌报纸《安徽船》所做的发刊词，现在读来，也依然有血气。韩衍被杀，安徽政界一片惊呼。后在各方努力下，将壮士遗体葬于皖江公园"L"形大楼之阴。当时的安徽财政厅长史大化，为韩衍墓撰联曰："革命未成君便死；江湖日暮我何之。"

民国之后，皖江公园建设纳入安徽建设厅城市规划，这期间，陆陆续续建有多处景点，并修有临时茶社。安徽省立通俗教育馆还在园内设立了图书流通处，将当时流行的一些图书报刊放在这里，供游人阅读。由于交通方便，每逢春秋，园内游人如织。"城东辟小东门以通菱湖路，后又于石家塘辟门以通华中路，路旁梧桐，绿已成荫，春夏之交，游人益盛，都市尘嚣，人多目为屠杀场，有此硕大之林园，以转换空气，未始非民众卫生之一道也。"程小苏在《安庆旧影》中这样感叹。

到20世纪30年代，清末巡抚朱家宝在园内栽植的林木，已经"大树撑天，浓阴隐蔽"。这是皖江公园最大的变化，也是皖江公园最大的看点。历届安徽高官如许世英、马联甲、王揖唐、方振武等，游历至此，总引之为安徽的骄傲。1931年7月，安徽在全省范围内开展"城市绿化"活动，安徽省建设厅厅长陈鸾书由

革命未成君便死；江湖日暮我何之——皖江公园韩衍墓

此建议，将树木繁茂的皖江公园列为安徽城市绿化样板点，以此推动城市植树活动。得到安徽省主席陈调元首肯后，相关部门将"皖江公园"易名为"森林公园"。

1933年，刘镇华出任安徽省政府主席，他对森林公园更是钟爱有加。闲暇之余，或是厌烦了政界的繁杂，常去森林公园小走半日。后来他在原农事试验场内，专门修建了一座观赏亭，取名"豳风"。其深层之意，隐有弃官为民、归隐农事之心。时任安徽省政府秘书长的王印川，曾为豳风亭作了一副对联，"濠上心情鱼作答，梁间风味燕平章。"1936年10月，推荐刘镇华出任安徽省政府主席的杨永泰（南昌行营秘书长）在武汉被刺身亡。刘镇华听到消息，半是怀念半是惊恐，最后竟然精神失常。1937年5月，刘镇华被免去安徽省政府主席一职，由刘尚清接任。

就在刘镇华任安徽省政府主席期间，森林公园又改回"皖江公园"的名字。但叫惯了"森林公园"的安庆百姓，反而不习惯了，所以"森林公园"在民间一直延续下来。程小苏《安庆旧影》书中用的也是"森林公园"一名。

安徽省城安庆的园林建设，到20世纪30年代中期，发展到一个相对高峰。当时安庆城共有四个公园，其中城内的是安庆公园，城北和城西分别为菱湖公园和鸭儿塘公园，城东的是森林公园。

1938年6月12日，安庆沦陷，皖江公园也因此而荒废。抗战胜利之后，安徽省政府一直未能正式回迁安庆，作为安徽省最大的人工园林，皖江公园也就没能再度复兴。

民国皖江公园老照片，能看到的数量较多，其中最早的是1912年韩衍墓修建后不久的两张照片：一张是只有墓地的近景，一张是带有纪念亭的全景。还有一张公园色彩浓烈的，是老影人杨昭宗在20世纪40年代末拍摄的。其余十余幅照片，均为李家震老先生提供。李家震祖父李经世，是李蕴章的长子，也是任家坡太史第的主人。

胸口挂着三部照相机的少年李家震，在1937年的春天，随家人到东郊皖江公园游玩。他跟在家人后面，凡是他认为可拍的景点，都会把相机举起来。这之中，有通往皖江公园的大路，有围绕公园四周而掘的溪濠，有已经绿荫如盖的大树，也有杂木构建的简易亭台。80年后，我们通过当年少年李家震的镜头，看到了20世纪30年代中期不为我们所知的皖江公园。

少年李家震镜头中的安庆菱湖公园（大门）

第十讲　西风东渐:民国省城建设

上

大清邮政创办之前,政府为传递文书、接待使客、转运物资而设立的通信与交通组织,统称为邮驿。安徽邮驿以安庆集贤门外的怀宁同安驿为枢纽,分水驿、陆驿二路,最终与京城皇华驿相连接。清前期安徽邮驿直接隶属京师兵马部车驾司管辖,邮传部成立后,各省驿站才划归劝业道管辖。

大清邮政创办于光绪二十二年(1896)3月,同期安徽相应成立芜湖邮政总局,安庆开设商业性的大清邮政局,地址在倒扒狮街中段的卧石巷与小墨子巷中间。大清邮政局当时附设在皖岸盐厘署内,由盐厘税务司管理。皖岸盐厘署是清末负责收征盐税的机构,大清邮政局作为新办机构,归属上一时无法理顺,便交由盐厘税务司代为管理。这种现状一直维持到光绪二十五年(1899),安庆邮局才正式独立挂牌。宣统元年(1909),全国邮界重新划分,管理界务的巡察司事设于安庆,统管芜湖、大通副邮界。1911年,芜湖、大通副邮界合并为安庆副邮界,隶属于南京邮政总局,下管芜湖、大通等邮务分局。当时安徽省共有总局、分局23个,代办所140处。

民国成立后,安庆副邮界改名为邮务局,代理邮务长为英国人罗士。两年后,全国邮界以行省重新划分,全国共分为21个邮区,各区邮务由本省邮务管理局总管。1914年1月1日,安徽邮务管理局挂牌,地址仍在安庆大清邮政局旧址,首

晚清设在安庆倒扒狮街
的大清邮政局

任邮务长为英国人汉乐。

相当长一段时间内，安庆老城的官邮与民信业务竞争十分激烈。民信局依靠传统营运网优势，甚至不把官办邮政放在眼中。

安庆民信局的成立，最早可追溯到清同治年间，到 19 世纪末，已有 20 余年历史。老城民信局经营的业务，主要为收寄信件、包裹，办理汇兑和现金运送，后期还发展到经办报纸运输。民信局的收费，普通信资部分，称之为"信力"；类似挂号性质的保险费，称作"号金"；如果另外付给投递人报酬，又称"酒力"。收费方法分三种：寄件人一次性付清；寄件人付一半，收件人付一半；收件人一次付清。老顾客的信资，可先记账，之后或按月或按季度或按年结算。

民国之后，安庆老城又先后开设老福兴、王吉祥、黄尚志等多家民信局，都发展到一定规模。商务印书馆出版的《中国旅行指南》1914 年增订版上介绍了安庆城内的民信局，为"亿大、乾昌、福兴（均韦家巷）。协兴昌、全泰盛（均倒扒狮子），太古晋、福兴润（均三牌楼）。"1917 年增订版改为"福兴润（御碑亭），太古晋（三牌楼），协兴昌、全泰盛（均倒扒狮子），全泰洽、亿大、乾昌、福兴（均韦家巷）。"1924 年增订版保持不变。

在民信局强大势力的围攻下，安庆邮政局的生存状态可以用"顽强"二字来形容。在 1914 年《中国旅行指南》上，安庆官办邮局"在四牌楼"只一家。1917

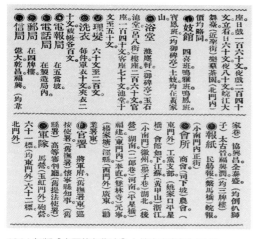

1914 年版《中国旅行指南》上的安庆官邮与民邮

民国初年，活跃于安庆街头的邮递员

年有一些变化，邮政分布为"总局（四牌楼），分局二（西门外大街，东门外大街）"，并有 11 处邮政代办所。1924 年又有发展，"总局（四牌楼），分局三（西门外大街，东门外大街，北门内正街）"。官办邮局发展，导致了民信局的衰落。1928 年，全国交通会议议定将于 1930 年取消民信局，老城民信局因此受到冲击。但由于各地民信局联手反对，直到 1934 年底老城的民信局才停止营业。

位于倒扒狮街的老邮局，地处繁华商业区中心，上有屈臣氏大药房、大盛绸布店，下有王太和京广货店、久大恒布号等实力雄厚的商家。经营业务范围主要为普通和挂号信函、包裹、代派报纸、运送货物等。1919 年还专门开辟邮政储金业务，并设立相应机构，对外称为邮政储金局。安庆也是全国最早开办邮政储金业务的 11 个城市之一。1928 年安徽邮务管理局大楼建成后，倒扒狮街老邮局迁进新址，原址由市政街上的"味莼园"斯老板盘下，装修一新后，改为以徽菜为特色的味莼园菜馆。

西门外大街和东门外大街的两

个邮政支局，包括后又在北门内正街设立的分局，程小苏《安庆旧影》虽有提，但具体方位没有详细说明，因而无法得知。出老城八卦门的西门外大街，早年也是传统商业大街，据1949年的统计数字，当时从事百货、五洋、花纱等46类行业的大小店铺，仅有1898户，而这个数字与民国初期从业户数根本无法相比。商家云集之地，邮政业务量自然不小。在现玉琳路西段设邮政支局，一是为商家提供便利，另一方面也是为与民信局竞争市场。出枞阳门的东门外，过去是轮船码头集中之地，流动人口特别多，在这一带设立邮政支局，也是顺应市场需要。到1948年，安庆邮政支局变为3个，其中东门外大街的邮政支局仍然保留，改名为沿江路支局，另外还有吴越街支局和设在老安徽大学内的菱湖支局。

位于大墨子巷的安徽邮务管理局大楼，1926年动工，1928年3月竣工，前后历时两年。安徽邮务管理局大楼，为典型西欧风格的双层建筑，坐北朝南，高12米，建筑面积为2076平方米，大门外有铁栅栏相隔。安徽邮务管理局大楼的建成，为老城增添了一道独特景观，成为安庆标志性建筑，闻名全国。现安徽邮务管理局大楼为3层，其中顶层是1985年在原楼上加盖的，外面的铁栅栏也被拆除。1993年，安徽邮务管理局大楼被安庆市政府公布为市级重点文物保护单位。

老城电信业发展，从电报开始起步。光绪十年（1884），安庆老城就设立了电报局，相比于安庆邮局，整整早了12年。而在这之前三年，老城就已经开始筹建民营电报局。电报通信最初使用的是莫尔斯单工机，人工收发电报，如果熟练，每分钟能传递20余字，但不能同时收发。当时的电报线路，是由南洋通商大臣左宗棠主持建设的，由镇江沿长江通往汉口。经安徽境内时，采石、芜湖、大通、殷家汇相继成立电报局，安庆是一条支线，由江南殷家汇主线接出。最初的电报局设在老城风景点之一的

安徽邮政（务）管理局大楼位于大墨子巷

黄甲山下，其具体位置在老五垱坡街之北。黄甲山因建有纪念北宋诗人黄庭坚的山谷祠而得名，山上另有观赏江景的名胜——范黄亭。安庆电报局选址于此，可能更看重的是它的僻静。光绪三十年（1904），上海电报总局改为电政局，隶属邮传部，并统管全国各地的电报局，安庆电报局也归其管辖。翌年，商办电报收归为官办，安庆电报局扩大，并于 1913 年从黄甲山迁址到相对处于闹市区的双莲寺。

1915 年，老城设立安徽电政监督处。第二年，升安庆电报局为一等电报局，兼办全省的电政监管。1927 年，安徽电政管理局成立，挂牌在双莲寺安庆电报局内，首任局长由电报局长叶马林兼任。翌年，交通部在安庆设立 5 瓦短波无线电台，但只能与上海相互联络。直到 1936 年，以安庆为中心的全省无线电报通信网，才最终形成。只可惜两年后日军侵占安庆，这个无线电报通信网就遭到彻底毁坏。

安庆老城的电话业务起于光绪三十四年（1908）。当时清廷调集湖北、江南、安徽等新军，于秋季在太湖县秋操演练，并拟请光绪帝现场观看。安徽巡抚冯煦为保证通讯需要，决定引进最先进的通信设备，新设时尚的电话厂。安徽电话业，由此开启漫漫百年的发展路程。

安徽电话的始祖是磁石式手摇电话机。磁石式电话装有电池，向送话器供给电源，另装有手摇发电机供振铃电流。1913 年，安庆电话局更换 50 门磁石交换机。但这之后十余年，老城的电话业始终处在勉强维持的状态。1924 年，安庆电话局与电灯厂同时招商租办，但因自身技术力量单薄，仍然无法改变身处困境的局面。6 年后安徽省建设厅收回安庆电话局，交由省电话工程处进行技术调整，并新增 100 门磁石交换机，市内电话通话质量才有所改善，但可用号数十分有限。据 1931 年统计数字表明，当时老城共有新式电话机 31 部，旧式电话机 99 部。

安庆开通长途电话业务是 1929 年初的事，当年安徽省建设厅率先建成安庆至高河全程 60 公里的线路。也就是这条线路，为安徽长途电话事业发展，掀开了重要的一页。不过当时的长途电话绝对是时尚的高消费品，老城平民百姓只有眼巴巴看的份儿。据史料载，1933 年老城的长途电话收费标准为：每 5 分钟一次，按次计费，到潜山 0.40 元／次，到太湖 0.50 元／次，到宿松 0.70 元／次，以路程远近计价。这里的"元"是银元,而当时一块银元,到哪家饭店都可以吃上三菜一汤。

1931年,安庆电话局更名为安徽省会电话局,首任局长邓卓哲,仍在原址办公。两年后,安徽长途电话管理处设立,挂牌在双莲寺安徽电政管理局内,并在西门外电报收发处成立长途电话营业处。

安庆沦陷后,安徽邮务管理局、安徽电政管理局、安徽省会电话局等部门全部遣散。直到1949年8月,安徽邮政管理局才在安庆重新成立,但仅仅一个月后,又迁址合肥。

最后我们特别来说一说彭名保和他设计制造的中国第一部电话机。据《中国电信简史》介绍:"这部取名为'传声器'的电话机,通话距离最远可达300华里。"

1898年12月21日,《申报》全文刊发"照登皖抚邓中丞奏",这是安徽巡抚邓华熙专门为彭名保新制传声器拟写的奏折,主题为"候补知州新制传声器,请敕总署考验并予专利片"。文中对传声器高度评价:"如营盘台垒墙壁相连,一二里者即可用暗线安置,随时问答,最为便捷。"又说"凡通商大埠、省会繁区及防营炮台、铁路等处,借以互达话言,均适用而灵便,不挨占电报之权利,而可辅电报以推行"。

彭名保设计制造电话与他就读于北洋电报学堂有密切联系。北洋电报学堂始为天津电报学堂,光绪四年(1878)由李鸿章在天津机器局创设。光绪六年(1880)10月,改天津电报学堂为北洋电报学堂。学堂外教阵容强大,包括法籍教师、英籍教师以及丹麦大北电信公司技师等,设课程20余门,如数学、制图、英文、电磁学、电测试、材料学、基础电信、仪器规章、电报实习、国际电报公约等。这些课程的学习,无疑触动了彭名保的理科潜能。

彭名保设计制作出中国第一部电话的时间是光绪十五年(1889)。当时安徽巡抚是沈秉成。最初彭名保赴抚署汇报发明传声器,称可与外国德律风相媲美,沈秉成并不以为然。不是不相信彭名保的能力,而是根本不知道德律风为何物。听彭名保说可以现场演示,巡抚大人有了点兴趣,便点头应允过去一看。就是这一看,让安徽巡抚沈秉成目瞪口呆!当他与他的随行官员在不同的房间,通过捂在耳朵上的听筒,突然听到对方说话的声音时,个个都讶异得说不出话来。

中国"争气电话"发明者彭名保

再试，声音清晰依然。细一问，包括大小吸铁、炭精、花板、听筒、音盒等，有五六十种零件。而这些，都是彭名保自己一个人鼓捣出来的。再问，通话距离最远还可达300华里。300华里，一匹快马还要跑上半天，这还了得！于是沈巡抚对彭名保刮目相看，马不停蹄向朝廷奏报。都说只有外国洋人才造得出来的这机器，在安徽安庆，在黄甲山电报局，彭名保也把它造出来了！这可是为咱大清帝国争了一口硬气！于是"传声器"往上报的时候，就说成了"争气电话"。

安徽安庆，因为曾国藩创建的内军械所，成为中国近代军事工业的源头。安徽安庆，因为有彭名保，又成为中国第一部电话的发明地。

可惜的是，邓华熙在安徽巡抚任内，传声器制造并没有取得实质性的进展。后王之春、聂辑椝继任安徽巡抚，仍把制造传声器列为安徽经济振兴的重点，但也无果。光绪三十三年（1907），冯煦出任安徽巡抚，传声器制造再度出现曙光。冯煦任职后不久，便将刚刚停铸铜元的安庆造币厂，改为安徽制造局，下设9个分厂，电话厂就是其中之一。但之后安庆发生两次起义，先是徐锡麟起义，后是熊成基起义，安徽制造局和安庆电话厂，均不了了之。

中

1921年秋，作家郁达夫在安徽法政专门学校任教时，借小说《茫茫夜》对安庆的夜景进行过一番描述："学校附近郊外的路上黑得可怕。幸亏这一条路是沿着城墙沟渠的，所以黑暗中的城墙的轮廓和黑沉沉的城池的影子，还当作他的行路目标。他同瞎子似的在不平的路上跌了几跤。"

郁达夫任教的安徽法政专门学校，位于菱湖之南，也就是现在的安庆师范大

民国时期，建在安庆江岸的安庆电灯厂

学老校区。作家笔下这条"黑得可怕"的路，就是现在的菱湖南路。对于作家笔下描述的这番景象，现代安庆人可以说无法想象。进入 21 世纪，现代安庆开始实施亮化工程，它包括城市路灯照明系统、城市楼体亮化、绿地夜景亮化、街巷增灯、城市灯箱及门牌匾改造、路灯监控工程等多项工程。

　　民国安庆自然也有让城市亮化的构想，虽然进展缓慢，但一直在谋划与努力。阻碍这种构想推进的重要因素，就是电力供应限制。

　　安庆最早电力照明的构想，始于光绪三十三年（1907）。这一年，清廷大臣陈璧来安徽考察铜币铸造，并于当年底下令"皖省停铸铜元"，一度辉煌的度支部安庆造币分厂，由此寿终正寝。后安徽巡抚冯煦奏请批准，改造币分厂为安徽制造局，下设 9 个分厂中，就有安庆电灯厂。安庆电灯厂成立之后，以两台 50 千瓦单相交流发电机（蒸汽机带动）为基础，开始试办电力照明的公用事业。但到理顺关系，完成线路铺设，正式发电照明，已是翌年的春季了。

　　安徽电力史料记载，安庆电灯厂筹建时间，在安徽省排名第二。长江下游城市芜湖试办电灯厂，在光绪三十一年（1905），较之安庆早了两年。但安庆使用电力照明，时间至少应往前推 10 年。因为安庆电灯厂的动力源——两台 50 千瓦单相交流发电机，沿用的是原安徽银元局的设备。而位于鹭鸶桥东的安徽银元局，于光绪二十三年（1897）由巡抚邓华熙奏准筹办。两台 50 千瓦单相交流发电机，也是这一年去上海置办的。虽然当时电力主要供应于铸币生产，但有一部分肯定为厂区照明所用。从这个角度，电灯作为新型照明工具，安庆是安徽真正的源头。

不过作家郁达夫谈及安庆老城的电力照明，明显有一些"不屑"。1922年深冬，郁达夫乘船离开安庆。客轮缓缓驶离江岸时，正是夜深一点，郁达夫立在船舷上，"在黑暗的夜色里，只见A地的一排灯火，和许多人家的黑影，在一步一步的退向后边去，"他呆呆地看了一会，"见A省城只剩了几点灯影了，又看了一忽，那几点灯影也看不出来了。"文字之中，有一些淡淡的悲凉。

实际这时候郁达夫眼中的江岸灯火，已经有长达14年的亮灯历史。早在光绪三十四年（1908）安庆电灯厂正式发电，当年11月18日，安庆康济门（小南门）到镇海门（大南门）外一带的江岸，便率先装置上了公用路灯。亮灯当晚，老城居民几乎倾城而出，争看不用灯油的神奇之火。"江头昨夜生明月"，许多头上还留有长辫的文人墨客，手捻短须，吟出发自内心的感叹，这也是安庆城历史上第一次"亮化工程"。

选择11月18日晚实施"亮化工程"，也是安徽巡抚朱家宝内心里的小九九。因为早前筹划，这年11月中旬在安庆下辖六邑之一的太湖县举行秋操，光绪皇帝可能亲临检阅。但让朱家宝万万没有想的是，太湖秋操前几日光绪皇帝突然驾崩，没能在安庆目睹"江头昨夜生明月"胜景。而第二日深夜，熊成基又在安庆城发动马炮营起义，打响震惊朝野的新军革命第一枪。对于朱家宝，安庆"江头明月"真是不吉利的征兆。

大南门外江面两岸，早前是安庆城主要航运码头，客轮或东下或西上，基本都停靠在这一带江面。那时候安庆城没有防洪堤，客轮远远驶来，便能望见岸上灯火与水中倒影连成一片。清末民初的安徽省城，也由此多添了一道时尚风景。此时的公共路灯只能用"简陋"两个字形容：路灯灯杆为木制简易三脚架，路灯灯罩则是用白铁皮为原料锤制而成。由于电力有限，路灯灯泡多在25支光左右，只能说勉强有些光亮而已。

安庆电灯厂创办初始，沿用的是原度支部安庆造币分厂的技术力量，包括领班、机务、电工在内，总共只有十多名工作人员，工作的也只有两台50千瓦单相交流发电机，发电能力相当有限。宣统元年（1909）底，安徽制造局解体，安徽巡抚朱家宝又经奏请，正式改安徽制造局下设的电灯厂为安徽省会电灯厂（安庆电灯厂），并增装50千瓦蒸汽发电机1台，总发电能力达到300千瓦。

初期的安徽省会电灯厂，每日只是在晚间发电 4 至 6 个小时，主要供官府衙门以及部分商家照明使用。电费一律按灯头计算，每月的费用在大洋 1 元左右。当时全安庆城的灯头，包括大南门外的路灯，满打满算还不足 3000 盏。因为设备陈旧，管理不力，电力供应十分有限。城区繁华地段的商家，尤其是餐饮业、娼妓业、旅馆业等，在安徽省会电灯厂创办多年后仍沿用传统的汽油灯照明营业。而安徽省会电灯厂方面，因为生产规模太小，入不敷出，也一直处在半亏损状态。

1920 年秋，包括舒鸿贻、蔡静堂在内，7 名老城经济实力雄厚的商家，联名向安徽省政府上书，称"安庆系长江重要口岸兼省政府所在地，缺乏电灯照明，未免有失观瞻"。安徽省政府正为电力供应不足与电灯厂亏本之事两难，有此倡议，自然求之不得。当即做出批示，将安庆电灯厂交由民间资本商自办。

安庆电灯厂因此开始第二次转折，由舒鸿贻任经理，蔡静堂任副经理，聘工程师吴敬斋负责技术筹备。新安庆电灯厂在大南门外招商码头仓库选址扩建，并向上海德商西门子洋行购置 640 千瓦汽轮发电机一台。经过 3 年时间的厂房基建与设备安装，1924 年新安庆电灯厂正式并网发电。老城电力照明状况，由此得到很大的改善。

新安庆电灯厂经理舒鸿贻，安徽怀宁人，曾出任奉天都督府秘书长、北京政府司法部长等职。回安庆后，又先后任安徽烟酒印花税局局长、安徽禁烟督办。副经理蔡敬堂，是老城四大糖杂货号之一"荣泰和"的老板，前后任安庆商会理事长、会长之职。接办安庆电灯厂时，蔡敬堂生意已经扩大到粮行、食盐，并为美孚洋行洋油（煤油）安庆城区总代理，资本积累突破 40 万大洋。1933 年蔡敬堂去世，出殡队伍由康济门进城，经过三步两桥、庆云街、市政街、国货街等主要街巷后，才由八卦门出城。"荣泰和"面子大，说的就是这一点。

新安庆电灯厂的建设也并非一帆风顺。1924 年，新安庆电灯厂并网发电不久，电灯厂的工人就因要求增加工资举行罢工，安庆老城一度重新陷入黑暗。已经习惯电灯照明的商家及居民，包括政府部门，无法忍受停电的煎熬，几方面压力夹击，最终逼迫厂方做出让步。

1929 年，安庆电灯厂再度改由安徽省政府建设厅管辖。1937 年秋，又交由建设委员会管理。安庆一位收藏家藏有一枚徽章，上镌"建设委员会安庆电厂"字样，应属于这一时期。安庆沦陷后，安庆电灯厂为日本人侵占，易名"华中株式会社安庆营业所"，后又易名"华中水电公司安庆营业所"。

抗战胜利，1945 年 9 月 27 日，安庆电厂由安徽省临时政府建设厅委派陈大树过来接收，改名为安庆电厂。据地方史志资料，1947 年安庆电厂购置 480 千瓦柴油发电机组 1 台，发电总容量达到 1520 千瓦。1949 年 4 月，安庆市军管会接收电厂；5 月，安庆电厂与安庆水厂合并，新取名为安庆水电厂；10 月，安庆水电厂划归裕民公司。1952 年 6 月，安庆水电厂改属安徽省工业厅。1957 年正式命名为安庆电厂。

有一张拍摄于 1950 年 4 月 7 日安庆电厂职工欢送工务长马芳礼离厂的老照片。工务长相当于总工程师，是电厂的核心技术骨干，对于他的调离，电厂上下多多少少有些不舍。马芳礼是安庆人，21 岁毕业于清华大学机械系。后赴美国学习，先是在芝加哥电力公司，后去萨兰电力设计顾问公司。1946 年回国，任资源委员会东北电力局工务处工程师，后任安庆电厂工程师兼工务长。

梳理安庆电灯厂历史，必然引出另外一个有趣话题，即安庆电灯厂创设之前，安庆人夜晚用什么照明？

其实电灯出现之前，安庆人基本上都是日出而作，日落而息。大户人家夜晚室内照明，或使用油灯，或使用蜡烛，相应器具为灯座或烛台。外出照明用的则

1950 年 4 月 7 日，安庆电厂职工欢送工务长马芳礼离厂

多是灯笼，内燃一根蜡烛。蜡烛多为土烛，俗称"盖烛红"（盖烛红为制作蜡烛的颜料）。制作土烛的原料，是柏子皮榨出来的皮油。鼎盛时期，老城有包括"方复春""朱万和""东来升"等制作销售土烛的烛坊30余家。后来煤油入侵，这些老烛坊先后被无情地挤出市场。

清末安庆老城百姓，习惯植物油照明，对于舶来品煤油，不知其为何物。外商的促销方式很特别，一是组织鼓乐队敲洋鼓吹洋号，沿老城三牌楼、四牌楼等主要街巷来回巡游；一是制作简易煤油灯，装上一灯煤油，沿街派送，让老城居民免费试用。起初发放的是简易玻璃瓶油灯，中间插根白铁管，灯芯用纸捻。满装一瓶洋油，可以用上三五个夜晚。老城百姓开始觉得新鲜，后来发现相比于植物油，洋油确实不错，一是灯亮，二是烟少，三是省油。等老城居民能接受洋油了，商行也不白送了，但买洋油时，可以得到更高级的灯具赠品。这种灯具由三部分组成，灯座以白铁为原料制成，上面压印有洋行名称；灯座上方配以龙头，可以调节灯头的大小；龙头上方安放玻璃灯罩，既增加亮度又能防风。新式灯具使用效果自然更好，再与植物油一对比，价格也便宜许多。短短两三个月内，老城传统照明方式，就让洋油冲击到崩盘的绝境。

洋油为老城带来最直接的变化，就是城区主要商业街巷入夜后陡然亮了许多。之前商家晚间营业，多在店堂中间悬吊菱角形香油灯照明，小本经营的业主则只在柜台上点两支土烛。洋油入侵老城后，亮度约为200至600支烛光的汽油灯，成为商家最流行的照明工具。汽油灯一般分挂式和提式两种，戏园子演出，酒楼办宴席，娼寮妓院接客，商店夜市，等等，都以汽油灯为主要照明工具。当时西门外广济桥、月字街一带粮行云集，有"王义发""吴裕泰"等近30家，秋谷登场，粮船如织，各粮行门前杉木杆上都挂起汽油灯，下悬斛斗实物模型，远远就十分招眼。老城居民家婚丧嫁娶等红白喜事，也多用汽油灯照明。当时汽油灯价格昂贵，属高档奢侈的消费品，老城居民包括一些小业主，当然购置不起，即使财力允许，顶多也只配一盏两盏。因此在老烛坊衰亡的同时，另一个新行业——汽油灯租赁行则在城区悄然兴起。汽油灯租赁行也有特定形态：天刚擦黑，汽灯行的伙计就挑着汽灯担子，走街串巷上门服务，这也为老城另添了一番风情。顺便一提，这些汽灯行白天多以租赁自行车为主，收费

20世纪40年代末，安庆高压线杆调查照片

方式按时计算。自行车当时属时尚交通工具，老城新潮青年为之倾倒，生意自然火爆异常。

在光绪三十四年（1908）电灯成为老城街灯之前，安庆繁华街巷也有照明，但多以油灯为主。街灯购置、管理以及相关费用，由商家组成的慈善机构负责。不论风霜雨雪，每晚照例都有专人外出巡查，发现街灯不亮或熄火，及时进行修理。民国之后，路灯维修费用初以灯捐形式向商家和居民征收，基本为房租的5%。直到1935年，安徽省政府才专门增加路灯检修经费。

民国时期安庆"亮化工程"发展缓慢，相当长一段时间内，城区只有庆云街、市政街等几条主要街道安装有电力照明的路灯，其他地段仍以玻璃罩的汽油灯为主。统计数据表明，到1949年中华人民共和国成立之前，整个安庆城的路灯数量总共才有407盏。老城一到夜里"黑灯瞎火"，也为社会治安带来种种不安因素。

下

清末民初，安庆是一座典型的半封闭城市。虽然尊为安徽省会，但向外的主通道，主要为长江水路。陆路通道则以同安驿为主，这是一条通达北京的官道，全长2624华里。安庆城境内，南从集贤门起，北至集贤关止，头尾17华里。出枞阳门到枞阳支路有两条，一是经五里庙、马家窝到枞阳，一是经余桥、老峰头到枞阳。西路是出正观门，走大新桥到新河口，然后由山口镇转到石牌、潜山等地。这种局面，一直维持到20世纪20年代初，安庆才开始有公路的出现。

由安庆柏子桥到集贤关这一段安合公路，民国时期安庆人习惯称之为"坏极路"。不仅用"坏"来形容，而且用"极"来表示程度，看来真是糟到了不能忍受的地步，路面状况不好可以想象。其实"坏极路"是取"怀集公路"的谐音，指老城（怀宁）到集贤关的这段公路。虽然百姓对这条路抱怨不已，但就是这长仅9公里的公路，在安徽公路建设史上却是石破天惊的一笔，因为它是安徽省修筑的第一条官办公路。

1921年10月底，许世英在"皖人治皖"的呼声中赴皖到任。次年4月，怀集公路正式破土动工，这中间，只有短短半年时间。怀集公路的督修事务由安徽省道局负责，这一任道局局长是应许世英之约而来的程振钧。怀集公路修筑工程启动款2万大洋，以及后来追加的1.68万大洋，均由华洋义赈会资助，具体实施方式为"以工代赈"。严格地说，这是一条"赈灾"公路。两年之前，安庆周边连续遭遇洪水，无家可归的灾民不计其数，招募灾民修筑怀集公路，可谓两全其美。除灾民外，部分兵工也参加了怀集公路的修筑工程。

怀集公路基本沿用同安驿古道旧线，从集贤门出城，过柏子桥，经南庄岭、五里墩，走十里铺、酒壶岭（九华岭），最终到集贤关止。1922年底，怀集公路的路基勉强修筑完工，全长号称10公里，路宽为4—4.5米，最大纵坡10%，全线共修建桥梁及涵洞8道。虽然公路线型弯曲，起伏不平，但毕竟在安徽省历史上有了第一条官办公路。由于经费严重不足，怀集公路泥结石子路面并未全部铺到位，大晴天还可以将就，到雨雪天气，就根本无法通行了。再加上从建成当年起，到1928年止，整条公路没有专门维护人员，"怀集"变为"坏极"，也就在情理之中了。

华洋义赈会全称中国华洋义赈救灾总会，这是20世纪初中外合办的义赈慈善团体。但1922年捐资修建怀集公路时，华洋义赈会还在筹建之中。这之前的1920年，我国北方出现大面积干旱，有317个县区灾情严重，受灾人口高达2000万，其中50万人因此丧生。在这种大背景下，以北方

20世纪20年代初，许世英在"皖人治皖"呼声中出任安徽省省长

14 个救灾团体为成员的"华北救灾协会",与国外驻华使节发起组织的"国际对华救灾总会",双双联手,共同组建"北京国际统一救灾总会"。3 年后,正式成立"中国华洋义赈救灾总会"。其中安徽分会设于安庆,首任会长为中华圣公会皖赣教区主教韩仁敦。

1928 年,安徽省建设厅规划修建安(庆)合(肥)公路,以及安(庆)潜(山)太(湖)公路,并为此专门成立了修筑省道事务所。当时修筑公路主要面临两大难题,一是经费短缺,二是环境恶劣。时任建设厅厅长的李范一,曾勉励早期公路建设者:"俗话说'前人栽树,后人歇凉',惟其是要为后人歇荫而栽树,我们大家同志特别努力,特别辛苦些。将来即是为开发安徽道路而牺牲了,那才是我们大家同志的光荣!"虽然话语慷慨激昂,但细细品味,其中多少还是有些无奈。从当年年底开工,到次年 3 月,修筑工程勉强将泥结石子路面的怀集路延长到高河。这一年 9 月,安庆至高河公路正式通车。

1932 年,安徽省建设厅在程振钧(后为刘贻燕)主持下,重点修建安(庆)合(肥)公路,以及高河至潜(山)太(湖)公路支线。但 5 月的几场大雨,将公路冲断,其中桐城至合肥段,无法正常通车。1933 年元旦,安庆到合肥全线贯通。与此同时,安(庆)潜(山)太(湖)段,也正式通车到太湖县城。安庆向北的大门,彻底打开。

公路是为汽车运行开辟的通道,汽车是中国陆路交通工具变革的起始。安徽最早于 1911 年引进汽车,但真正进行商业营运,却是在九年之后。1920 年,泗县县长鲁佩章赴任,带来一辆"强特来"小汽车,由其随从跑班运客。后当地高献明等 4 家士绅,也购车加入泗县至五河的客运业务。汽车什么时间进入安庆老城没有确切资料,不得而知。安徽官办汽车运输事业,始于 1929 年 9 月 15 日。

汽车进入老城之前,安庆的陆路运输多以独轮车为主。安庆周边一带的独轮车有"鸡公车"和"狗头车"(土车)之分。前者车架宽大一些,木质结构,分左右两货位,中间为木轮框架,车后端是两根木车把,可坐人亦可载货。后者略小些,中间无框架,只能载货。独轮车载重量多在 200 公斤左右,有的也能多达300 公斤。因为只有一个车轮,所以对道路要求一般。过去老城青石板街巷有许多深深的车辙，就是独轮车沧桑岁月留下的痕迹。

1929年9月15日，在枞阳门的安庆汽车总站举行了盛大的通车典礼。通车路线是从现在的安庆城到高河镇。有趣的是，安徽官方公路首通路线居然是新老怀宁县城之间。此次通车是安庆老城现代公路运营的起始，也是安徽省政府可圈可点的功绩之一。建设厅厅长李范一主持了通车典礼，国民党安徽省党务执监委员会执行委员邵华为通车剪彩。有千余位人员参加了通车典礼，而前来围观的老城居民更是不计其数。用"锣鼓喧天、彩旗飞舞"形容现场气氛一点也不过分。

最先投入安高段客运的汽车，是4辆四缸福特牌简易客车。在保存下来的通车典礼老照片中，有一张特别经典。照片上，四辆车头悬挂有小彩旗的福特汽车正整装待发。立在车旁穿制服者，是老城第一代汽车司机。1929年的安庆，汽车司机绝对是新潮时尚的职业，从照片上可以看到，司机们脸上都流露出骄傲的神情。在这之前，安徽省建设厅招考25名学员，成立了一个"驾驶速成班"，聘黄德元等6名黄埔军校六期毕业生作为教员，专门调来一辆教练车，对这些学员进行短期强化培训。

安庆至高河区间依次有安庆总站、集贤关、和尚桥、斋仁铺、高河埠等站。全程70华里，票价1元。后通车路线延长到余井，全长为140华里，票价也提升到2元。

1930年初，安（庆）潜（山）太（湖）公路通车到余井，又过半年，安庆至

安合公路开通时投入使用的四部客车

潜山正式开通客运路线。这时候，投入运营的汽车也已经增加到了 18 辆。安庆到合肥全线贯通，则是 1933 年元旦的事。当时沿途共停靠 13 个车站，投入运营的汽车为 23 辆。到抗战前夕，增至 61 辆。

1929 年的安庆汽车总站设在枞阳门外，具体位置为安庆宾馆南的汽车站，这里原是运输公司起重大队和机修车间的场地。中华人民共和国成立初期，这里一度为汽车东站。另有一处汽车北站，具体地点在宜城路与集贤路交界的老变压器厂一带。现位于宜城路与华中路交叉口的安庆汽车站，是 1951 年筹建的，为皖北汽车运输公司合肥营业所在安庆设立的客运站。人民路与吴越街丁字形交叉口的人民剧院，抗战后至 1949 年底也一度成为安庆汽车站候车室。

接下来，我们专门介绍一下安徽航空运输史。

在安徽，说到民航业发展，首先要提及的就是安庆。安庆航空运输史，最早可以追溯到 20 世纪 30 年代初，准确些说是 1931 年春天。当时上海欧亚航空公司，在安庆设立了一个简易的航运站。因为安徽和安庆都简称"皖"，所以这个航站也叫作"皖站"。不过皖站没有建立陆地机场，而是在西门外沙漠洲（又称杉木洲）前的江面降落和起飞。也就是说，这是一个水上机场。皖站主要工作是运送邮件，也有少量乘客。皖站建于 1931 年春，1932 年冬停运，存在了 1 年半。

起落于安庆西门外皖站的客机，是架开厂洛式 C2H 型空中游艇式两栖客机，飞机的名字就叫"安庆"。1930 年，中国航空公司将飞运公司的 5 架洛式机纳入，

民国时期设在枞阳门外的安庆汽车总站

中国航空公司以安庆命名的"安庆号"飞机

分别命名 1 号"上海号"、2 号"安庆号"、3 号"蚌埠号"、4 号"九江号"及 5 号"武昌号",稍后又补充 1 架,命名 6 号"重庆号"。

　　实际在这之前,1930 年前后,安庆陆地机场既已在安庆东郊李家洼(原安庆农科旧址)择址新建,这才是安庆历史上真正意义的飞机场。机场修有土面公路,宽 6 米左右。1930 年《安徽建设》杂志刊有多幅照片,有两幅是"积极建筑中之安庆飞机场",有两幅是飞机场的"平基"工程。《安庆市志》称此时的机场"属军用",其实应该为军邮两用。关于这一点,1929 年《航空月刊》第 19 期《沪蜀邮航筹设分站》有特别说明:"(汉口)交部派技正朱斌侯,科员章熙来汉,筹备沪蜀邮航,于首都、安庆、芜湖、九江、汉口、沙市、宜昌、万县、重庆等处,设站起卸邮件,汉站航空即假民国航空飞机场,现闻已购德机四架,先驶京汉线。"此外,目前看到的安庆老照片中,就有一张是停放邮政飞机的机场。最具史料价值的是,这架飞机的机身上标有"安庆"字样。但不知什么原因,一直都没有发现使用李家洼机场的具体资料。

　　1934 年 6 月,中国航空公司在沪蜀航线上的安庆设站,站址在安庆西门外大观亭。江边浮码头设厂棚一座,材料由上海站供给。气象设备有测风向风速仪 1 具,气压、气温表各 1 个,无线电设备有 5W 短波无线电机一台,油料直接由汽油公司供给,有卫生设备,交通由人行道抵达。中国航空公司安庆事务所有事务员 1 人。对往来机场的乘客及货物,用汽车接送。读 1936 年 6 月 1 日《皖报》,

上面就刊发有安庆中国航空公司广告。据广告内容，航空公司地址为太平寺51号，飞机场（水面）位于西门外大巷口新街江面。电话为两位数：47。安庆开通的只有沪汉线，每日各一班，上行安庆9点45分发，中途停九江；下行11点15分发，中途停南京。

在之前，安庆一直有飞行梦。先是1919年前后在南市城郊八都湖附近建八都湖机场，后又于1922年前后在杨家套附近建白沙洲机场。1927年3月蒋介石来安庆，飞机就停于白沙洲机场，后转车大渡口，再渡江来的安庆。1928年安徽拟有详细的航空事业计划大纲，其中有四大干线，分别是由安庆至南京、九江、蚌埠、桐庐。

说到安庆航空，最早要追溯到光绪三十四年（1908）的太湖秋操。对于中国历史，太湖秋操的更大亮点，是湖北第八镇、江南第九镇新成立的气球侦察队也奉命参加了操练。那种场面是可以想象的，当指挥官令旗举起，巨大的气球由地面冉冉升至空中。高高的吊篮里，传令兵按照将佐的指示，或左或右，或上或下，令旗挥舞有序。随各色令旗变动，南北二军的步、马、炮、工程、辎重各兵种，也不断变换进攻、撤退、设伏等战术队形。而此前，仅靠地面令旗调度，无论如何也不可能自如地指挥大规模兵力。正因为如此，新军特别注重军事气球在实战中的运用。

气球侦察队所用气球，为山田式气球，"球长数丈，径亦丈余，长椭圆形，下系巨缆，以大绞轮由十余兵士摇轴旋转升降，在数里高空，仍视球体庞大。球下悬篮，人立篮中，只专为瞭望远方与指挥之用。以电话与地面联络，并可使用旗语，不畏风摇"。率先在新军成立气球侦察队的，是湖北第八镇。时间是1908年的年初，工兵营管带王永泉兼气球侦察队队长，另外专门聘有日本籍教练。之后江苏陆军第9镇、直隶陆军第4镇，也相继成立气球侦察队。从这个角度看，太湖秋操中的气球侦察队，也是中国空军第一次亮相。

1938年春夏，日军侵占安庆，李家洼机场成为日军轰炸的目标。安庆沦陷后，日军选址东郊驼龙湾重建机场。到此时，日军机场又反过来成为中国空军的袭击目标。1945年10月8日，驼龙湾机场为国民党第十战区司令长官部第三俘虏管理处点检日军第六军131师团受降处。后驼龙湾机场收为军用。1953年改为民航机场，1954年大水后停用。1958年简单修复后再度启用，1964年重新改建。1979年彻底停用，后启用天柱山机场。

第十一讲　盛景：清末民初安庆报刊业

上

中国近代报刊业的发展起于 19 世纪 50 年代，当时一些受过西方教育且具有资本主义倾向的知识分子，都有创办报纸杂志的强烈欲望。史学家认为，清咸丰八年（1858）在香港创办的《中外新报》，是中国人创办的第一份近代报纸，后任中华民国军政府外交总长的伍廷芳，就参与过编辑工作。

作为安徽老省城，安庆报刊业的发端通常都以《安徽俗话报》为源头，它是安庆、安徽乃至中国近代史上一份赫赫有名的重要报刊，其主编陈独秀不仅是新文化运动的旗手，还是中国共产党创始人之一。《安徽俗话报》筹划于光绪二十九年（1903）春的藏书楼演说会，但最初议办的是《爱国新报》，后因官府打压而流产。光绪三十年农历二月十五日（1904 年 3 月 31 日），《安徽俗话报》正式出刊。

《安徽俗话报》创办之初，编辑部设于安庆，由上海大陆中华印刷局承印，发行交由汪孟邹主持的芜湖科学图书社。开始每期只印刷 1000 份，主要在安庆、芜湖两地销售，后来在全国影响逐渐扩大，最高增至每期 3000 份。当年夏秋，因房秩五赴日本留学，吴守一因桐城中学堂迁回桐城而离开，陈独秀为出报方便，索性将《安徽俗话报》"全部迁至芜湖"。

光绪三十一年（1905），《安徽俗话报》"因登载外交消息"，引起英国驻芜湖领事馆不满，胁迫芜湖当局勒令报纸停办。而此时，陈独秀也已决定到安徽公学任教。因此这年 9 月,《安徽俗话报》自动停刊。从筹办到停刊,《安徽俗话报》前后历时一年半,共出刊 23 期,"做的是表面普及常识,暗中鼓吹革命的工作"(蔡元培),影响了安徽早期一代革命志士。

1915 年 9 月 15 日,《青年杂志》(1916 年 9 月易名《新青年》)在上海创刊,而此时距《安徽俗话报》停刊,恰恰 10 年整。参与《安徽俗话报》编辑、撰稿以及受《安徽俗话报》影响,并在安庆生活过的文化精英,又随陈独秀成为《新青年》的主要作者群,包括高一涵、高语罕、刘文典、易白沙等。

严格意义讲,安庆近代报刊业发展之始,是一份叫《阁钞汇编》的日刊。清末军机处每日将谕旨、奏折等文件抄发到各衙门,但因交通闭塞,往往是十天半月之后才到地方官衙。京城一些民营报房,便汇集上述文件私印出售,谓之《京报》,并在各省专门设站传送,其速度远远快于朝廷文件的抄发。《阁钞汇编》类似于安徽的《京报》,也是半官方性质,内容主要包括宫门钞、上谕以及奏折三部分。目前能看到的《阁钞汇编》实物,印行于光绪二十八年(1902)5 月,其创刊时间应该更早一些。《阁钞汇编》由安徽正谊书局出版,何熙年发行,报馆设在大拐角头的藏书楼。《阁钞汇编》初为期刊形式,册装,大 32 开。光绪三十年(1904)9 月 1 日,《阁钞汇编》改为日刊发行。

安徽地方政府官办的第一份报纸,则是光绪三十一年(1905)春问世的《安徽官报》。光绪末年,清廷迫于革命大势,明诏"推行新政""预备立宪",创办官报即是其"新政"之一。《安徽官报》由安徽抚署主办,形式类似于《阁钞汇编》,5 日刊,内容主要有上谕、大臣奏折、策论以及官场动态等,设上谕、宫门抄、奏议、政治、外交、杂俎等栏目。《安徽官报》为免费赠阅刊物,以官方名义发往安徽各地官衙,阅读范围也仅限于官场。1911 年末安徽独立,前后办了 6 年的《安徽官报》随之终刊。

真正在安庆编辑出版,并有一定影响的报纸,是光绪三十四年(1908)10 月创刊的《安徽通俗公报》。为什么要创办这样一份报纸?总编辑韩衍的意思十分清楚:"当前革命的困难是什么?是民众的意识的觉醒。怎么办?最好的做法,就是办一张给他们看的报纸。《安徽通俗公报》就是这样一份报纸,它用通俗的语体文,猛烈抨击时弊,鼓吹革命,从而唤起民众。"《安徽通俗公报》问世后,一直以通俗的语体文，致力于反清革命宣传。

《安徽通俗公报》报馆设在孝肃路萍萃楼客栈。主要资助者，一是省咨议局议员王龙廷，一是皖北教育会会员吴性元、杨元麟。报社编辑有陈白虚、孙传瑗、高语罕等，朱蕴山负责报纸发行工作，宋玉琳则协调省外革命党人的联络。《安徽通俗公报》是安徽首家民间报纸，经济上一直入不敷出，报社编辑虽能保证供应一日三餐，但也就是咸菜加白饭，根本闻不到肉腥。苦中倒也有乐，每每稿件编成，且有几篇得意的力作，编辑们就去搜韩衍的口袋，然后到萧家桥买几个铜板的花生，打一两百钱高粱烧酒，以此表示庆贺。喝得高了，几个人就在小客栈里扯着嗓子乱吼。宣统元年（1909），《安徽通俗公报》因揭露方玉山对外出卖矿权，并声援铜官山民众驱逐英矿师麦奎，几度遭流氓地痞骚扰，总编辑韩衍最后还惨遭歹徒袭击，身上被连刺五刀。11月，《安徽通俗公报》被迫停刊。

另外一份以"安徽"冠名的《安徽白话报》，虽然报馆设在上海马立师路，但主要在安庆发行销售，也包括安徽其他府州县。《安徽白话报》创刊时间是光绪三十四年（1908）10月5日，为32开64页的铅印旬刊，发起人有李铎、李燮枢、范鸿仙、陈仲衡等。《安徽白话报》只出刊6期，就因刊载《英矿师麦奎仍欲将铜官矿石运沪》等新闻，惹恼了英国驻芜湖领事。领事馆致函安徽巡抚朱家宝，力诉"阅《安徽白话报》，载有《安徽人哭安徽人》一切，诋毁项英人，耸听排

1908年10月，《安徽白话报》创刊

外，应由官府严加禁止歇闭，并转饬将该主笔提案惩办"。朱家宝自然不敢怠慢，双重压力之下，《安徽白话报》不得不做出停刊决定。次年 9 月复出，宗旨不变，风格不变，但改名为《新安徽白话报》。《安徽白话报》栏目设置都有特色，如"演说""本省要闻""十日大事记""时评""杂俎""文化界""零零碎碎"等。其中新二期上刊登的新闻，"（怀宁）六月十九日，城守协刘利贞大人所部都司张秀昆大人，在城隍庙所拿跌钱为戏的五个人，照赌犯惩处，把五人各笞一千板，又枷号五人示众一月，受刑最重者江干，被打一千七百余板，时天气酷热，两股肉烂骨露，死而复活者数次，见者莫不寒心，不意淤血上攻，于本月初八死了。"这是目前所见最早反映安庆老城市井生活的新闻。

光绪末年在安庆创办的报刊，大大小小有十数种，其中影响相对比较大的，主要是《安徽通俗报》《安徽学务杂志》《安徽实业报》等。《安徽学务杂志》创刊于光绪三十四年（1908）1 月，安徽学务公所主办。这是一份适应经济发展与学术进步的新型报刊，内容侧重两个层面：传递政府法令和报道学界动态。宣统元年（1909）问世的《安徽实业报》，则注重经济新闻和经济研究，发表的《农业起源》《矿业起源》《商业起源》等文章具有很高的学术价值。《安徽实业报》也是安徽实业类报纸杂志之源。

辛亥革命风起云涌，安庆作为安徽政治中心，报刊业也进入百舸争流的特别时期。

1911 年 10 月 10 日武昌起义，10 月 30 日安庆新军响应，11 月 8 日安徽宣布独立。当天，《安庆日报》正式创刊发行。《安庆日报》为对开 8 版的铅印日报，总经理李公采，总编辑夏印龙，报纸以宣传同盟会纲领为宗旨。到 1912 年，又先后有《安徽船》《民岩报》《霹雳白话报》《血报》《共和急进报》《民极报》《青年军报》《气报》等多家报刊问世。这之中，《安徽船》与《民岩报》影响力最大。报馆位于杨家塘西马号后怀宁驿口的

1912 年 11 月出版的《霹雳白话报》

《安徽船》，是民国安徽第一份省级官报，它也是安徽都督府的重要喉舌。1912年2月28日，《安徽船》创刊首日，主笔韩衍就借发刊词道出无限感慨："要租他的不可，要借他的不可，要占他的更不可。于是，发下一个大愿来：愿得生生世世，与我民立主人，共此东南西北。"作为全国有影响的民主激进报刊，对开8版日报的《安徽船》，从创刊到终刊，一直面对"月黑风高"的复杂局势。

特别说一下韩衍。韩衍是安徽近代史上一个重要人物，除创办进步报刊外，他还先后与管鹏、吴旸谷等，策划发动巡防营与新军起义，组织皖省维持统一机关处，创立青年军等。编辑出版《安徽船》的同时，韩衍还先后创办读者对象为青年军的《青年军报》，宗旨为"以言破坏则以血洗乾坤，以言建设则以血造山河，公理所在，以身殉之，则以血饯是非。"在这3家报纸上，韩衍都以锋芒毕露的犀利文字，发表了大量评议时政的言论。最终结局正如他所预料，1912年4月17日晚上7点左右，一代英杰被暗杀于同安岭街头。后《安徽船》日报由助理主笔易白沙出任总编，1913年与另一家激进报刊《民极报》合并为《均报》。

1912年6月1日创刊的《民岩报》，是民国初年安徽最具影响力的报纸之一。戈公振《中国报学史》中列举安徽三家知名报纸，《民岩报》排在首位。《民岩报》最初为自由党同仁报刊，创办者程小苏、韦格六。其意取自《尚书》"王不敢后，用顾畏于民岩"。报社地址分别位于系马桩、天台里，后又迁到府前街。《民岩报》为对开8版报纸，设本市、本省、国内以及国际新闻，并辟有副刊。另随主报赠送以伶界、花界新闻为内容的《皖江画报》。因为适合市民口味，因此"一经刊布，风行一时"。受《皖江画报》影响，1913年6月5日，老城另外有一份《唤花魂》创办。这份4开4版的日报，社址在大关庙街西端，以报道演艺界和妓女界新闻为主。倪嗣冲入皖后，自由党遭打压，《民岩报》改由吴霭航主笔。吴霭航为清末京师大学堂高材生，先后任《芜报》主笔和《燕京日报》总编。接手《民岩报》后，仍以"皖民喉舌"而自居。1919年中秋，倪嗣冲部安武军集体奸污蚕桑学校师生，《民岩报》愤然以《谁无姐妹　寅夜入门任污辱》为题发表文章，并加"看官厅如何办理"编者按，引起全城上下一片愤慨。结果报社被查封，吴霭航也被当局拘留。类似事件，报社屡有发生。最严重的是1935年，当时的安徽省主席刘镇华亲自下令停刊，并拘捕另一位资深编辑记者朱希渔，3个月后才释放。从

1912 年创办，到 1938 年停刊，《民岩报》前后出版 26 年，是民国时期老城办报时间最早，办报时间也相对较长的民营报纸。

民营报纸中，办报时间最长的当属《皖铎报》。这份对开 8 版的日报，创刊于 1914 年，创办人晋恒履，曾为安徽省议会会长。报馆地址原在杨家拐，后迁至孝肃路纯阳道院。《皖铎报》自诩"无政治色彩"，但新闻报道客观公正，在老城有一定影响力。1922 年，主笔张耀轩接任社长，改《皖铎报》为《新皖铎报》，编辑风格也有所改变。其中国内消息占 2 版，本省消息 1 版，本市消息 1 版，第 8 版为副刊"小合罗"，其余 3 版为广告。《新皖铎报》的"社论""时评"等锋芒不及《民岩报》尖锐，但新闻报道迅速翔实。1923 年 3 月 31 日下午，菱湖火药库、军械所等处转运到炮营堆放的千余箱火药突然爆炸，由于炮营大厅的大门被锁，困在大厅内的百余名工人逃脱不及，导致 50 余人死亡、40 余人重伤的惨剧。事发现场尸体狼藉，哀号震天，枞阳门外完全闭市。《新皖铎报》等报社记者事发当时就赶到现场，采写了大量一手新闻，《新皖铎报》也因此一度日发行 4000 份。

另一家在安庆较具影响的民营报纸，是 1923 年 4 月备案的《安徽商报》。《安徽商报》前身为《商报》，创办于 1919 年，为对开日报，社长程鸣鸾，发行人苏绍贤。程鸣鸾是当时安徽省城总商会会长，在工商界、教育界极具影响力。从这个角度看，《商报》实际就是安徽省城总商会会刊。程鸣鸾归隐后，《商报》改名《安徽商报》，仍为苏绍贤发行，吴传绮主笔。报馆地址在大洪家巷内。《安徽商报》以地方士绅的经济实力做后盾，编发稿件偏重商业信息、行情广告等，主要以工商界人士为读者对象，最高时日发行量达到 3000 份。

《安徽商报》与《民岩报》《新皖铎报》并称为安庆三大民营报纸。

下

民国安庆报刊业发展的第一次小高峰，在 1920 年前后。其成因，主要是五四运动对安庆报刊界的冲击与影响。据史料载，当时安庆创刊或备案的报刊，多达十数家。主要有：安徽教育会主办、黄梦飞任主编的《安徽通俗教育报》，蔡晓舟、王步文主办的《黎明周报》，朱蕴山、光明甫发起的《平议报》，管鹏创办、黄梦飞主笔的《民治报》，以及《导报》《新建设》《政治报》《社刊报》等。1927 年春，北伐军进入安徽，安庆报刊界热情再度爆发，当时创刊或备案的报刊有《寸铁》《安徽工人导报》《中山日报》《民众日报》《国民日报》《公正半月刊》等。但这些报刊在安庆都只昙花一现，甚至连"一现"都谈不上，匆匆露个脸，又匆匆消失了。

20 世纪 20 年代末至 30 年代初，真正能在安庆立住脚的只有两类报纸，一类以"皖"为旗号，一类以"晚"为旗号。早年撰述《皖省首府——老安庆》一书，其中一节，用的小标题就是《"皖""晚"并雄　争夺读者群》，这里说的争夺，是非常残酷的生死大战。

先说《皖报》。《皖报》前身为《安徽民国日报》，1928 年创刊，是国民党安徽省党部机关报。社长由国民党安徽省党部宣传部长熊文煦出任，总编辑先后有翟字涛、涂克超、易君左、汤启仁等。是当时安徽最大也最权威的一份官报。《安徽民国日报》为对开 10 版的大型日报，版式安排分别为：政府通告（1 版）；国际国内时事要闻（2、3 版）；本省与本市新闻（5、6 版）；"晨光"党务、专论（8、9 版）；文艺副刊（10 版）；广告（4、7 版）。《安徽民国日报》发行之初有一定读者群，最高时日销售量在5000 份以上。但后来编辑方针变化，内容越来越空，官腔越来越重，在形成包围之势的众多晚报面前，显得苍白无力，发行量因此骤减。1932 年，《安徽民国日

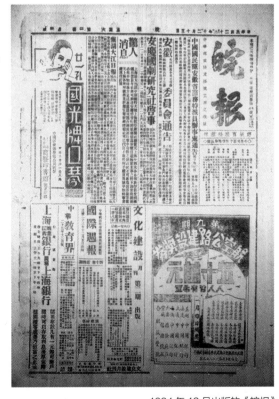

1934 年 12 月出版的《皖报》

报》大换血，更名为《皖报》，由张德流出任社长，后范春阳继任。总编辑先后为易君左、汤启仁。以新面孔出现的《皖报》，编辑思想转向平民化，尤其是文艺副刊，以及"社会周刊""教育周刊""农林周刊"等，办得十分活跃，重新唤回了不少老读者。

《安徽民国日报》由盛而衰，最重要的原因，就是以平民百姓为读者对象、以"晚"为名的报纸纷纷崛起，如《安庆晚报》《长江晚报》等。他们的出现，改变了安徽省城旧有的报刊市场格局。

《安庆晚报》为4开4版日报，1927年创刊。创办人初为李鹏，报馆设在太平境湖广会馆。1930年，《安庆晚报》由国民党安徽省党部官员唐少澜接办。1930年，江浙一带因灾荒米价飞涨，老城粮商见利忘义，借机大量贩粮出境，导致安庆周边粮价日日上翘。为平抑市价，安庆各界代表联合成立临时维持会，但由于组织失控，导致4月23、24日连续两天爆发"米潮"，全城百余家米店被哄抢一空，市政筹备处长金猷澍及邻居家也被砸抢。《安庆晚报》抓住这个机会，派出多名记者，对"米潮"进行连续深入报道。1932年春，"左联"成员叶以群来安徽，建立了中国左翼文化界总同盟安徽分会，《安庆晚报》也积极配合，提供版面设立了"雀鸣"文艺副刊，发表了不少文学青年的文艺作品。1936年北京爆发"一二·九"运动，安庆各学校群起呼应，开展了一系列声援活动，并于12月23日下午举行了5千余人的大游行。游行队伍从安徽大学出发，由集贤门入城，经北正街，走四方城，穿倒扒狮街、四牌楼，转至府前街、孝肃路，插吴越街，到大南门街方解散。《安庆晚报》派记者进行了全程跟踪采访。1938年安庆沦陷，《安庆晚报》被迫停刊。

《长江晚报》办报时间不长，前后只维持了7个月。1929年3月1日，《长江晚报》创刊。曾为安徽官纸印刷局局长的许习庸为社长，总编辑为刘文若，经理徐觉生，发行人刘雨樵，这4人都是中共地下党员。《长江晚报》办报目的，就是利用新闻媒体进行反蒋宣传。1929年秋，方振武就任安徽省政府主席。上任第三天，便约《长江晚报》社长许习庸彻夜长谈，申明了与蒋介石敌对的政治主张，并透露了即将实施的军事行动。刘文若闻后十分激动，当即搜集材料，以黑幕小说形式，撰写《当国人物的过去和现在》在报上连载，《长江晚报》因此销量大增。据许习庸后来回忆，"报纸大受读者欢迎，纷纷以先读为快。每日太阳刚偏西，即有无数行人停立桥头巷口，或码头车站，以及戏园茶社等处，争向报童购买《长江晚报》。不到一个月时间，报纸由原来的日销千份，激增到一万多份。"这个"一万多份"的数字虽然值得商榷，但报纸当时在安庆的影响可想而知。10月1日，方振武兵变失败被拘禁，《长江晚报》也遭到查封，许习庸、徐觉生被捕，刘文若被枪杀于集贤关。安徽新闻史上，这是因办报而遭当局枪杀的第一例。

1930年创刊、1938年停刊的《民众晚报》，报馆设在任家坡，社长汪梅簃。这是一份4开4版的日报，每天能销售千余份。同时期，另有《国民晚报》出版，创办人陈震、张元尘。1933年元月，老城又有《皖江晚报》创刊，办报人黄永如，社址在姚家口，为4开4版日报。类似晚报性质，但不以晚报为名的报纸也有不少。如报馆地址设在任家坡的《民众导报》，1928年创刊，创办人郝文波是老城民国时期传奇人物，曾率军打进日伪占领的安庆城。郝文波同时还兼任《大同报》广告部主任。1933年春，《民众导报》因受朱雁秋案牵连，被迫停刊。另一份受朱雁秋案牵连停刊的报纸是《快报》，主办者胡啸宇同时为《大同报》主编。《快报》社址在水师营，1932年备案，出报时间前后不到一年。其他报纸还有《安庆小报》（社址在张家拐，办报人胡孟生，1931年9月停刊）、《安庆午报》（1936年停刊）、《安徽时报》（1936年停刊）等。上述报纸都属于民营报纸，办刊经费及编辑、采访力量都相对薄弱，加上市场竞争环境恶劣，因此能坚持长期出版的，实际上并不多。

必须重点介绍一下《大同报》，这是安徽新闻史上，另一件办报人因出版报刊而遭当局枪杀的案例。

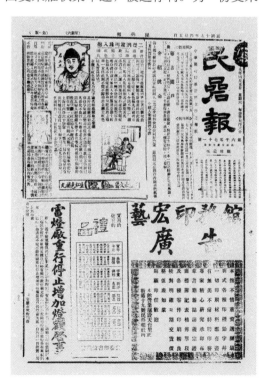

1930年4月出版的《民岩报》

《大同报》创刊于 1931 年，创办人为朱雁秋。朱雁秋是安庆青帮的领袖，通字辈，早年加入同盟会，曾在熊成基统率的炮营任职。1929 年方振武任安徽省主席时，朱雁秋任盐河厘金局局长。"九一八"事变后，朱雁秋组织"抗日后援会"，并创办《大同报》进行抗日宣传。《大同报》对开一大张，日报，副刊"乐园"的编辑为毕廷远。当时"左联"成员班志洲、王聪等，在上面发表了不少激进文章。后刘镇华任安徽省主席，公泄私愤，以破坏税收为由头，将朱雁秋秘密逮捕，并于次日晨杀害于小东门外。

1932 年春，叶以群来安庆协助成立"文总"安徽分会和"左联"安徽分盟。这一阶段，安庆左翼文化活动十分活跃，《安庆晚报》副刊"雀鸣"、《大同报》副刊"乐园"以及《皖报》副刊，先后发表了大量青年文学爱好者的文章。"文总"安徽分会创办的《北极》，以及"左联安徽分盟"创办的《百灵》，先后问世，更为老城文坛增添了许多色彩。其中《北极》为半月刊，主要刊发文艺理论文章，后因经费等原因，仅仅出版 3 期。《百灵》为文学刊物，刊发过菡菲（王聪）、志洲（班志洲）的小说《张家楼》《烟草公司》等。虽然《百灵》前后只出版了 4 期，但安庆北新、大德堂、开明书局都有销售，因此在安庆以及安徽都有十分重大的影响。当时老城的许多文学团体，如山岚社、夜角社、荧荧社、浪花剧社等，就是在其影响下先后成立的。

20 世纪 30 年代安庆出版的省级报刊还有：《国事快闻》（1932 年 6 月创刊，1938 年停刊，发行人汪忠，总编辑陈汉君）、《安徽琐闻汇刊》（1932 年 6 月备案，办报人徐伯华）、《安徽商业日报》（1932 年 11 月备案，出版人方巨鹏）、《农村导报》（1933 年 2 月备案，创办人苏邵嘉）、《安徽时事新闻日刊》。

安庆沦陷前创刊的最后一份报纸，是 1938 年 3 月问世的《长江日报》。《长江日报》社长费力夫，编辑蔡叔和。《长江日报》的报头，由"救亡七君子"之一的章乃器题写。费力夫毕业于北京国民大学，曾在《皖报》担任副刊编辑，组织过长江诗社和长江话剧团，加上《长江日报》，费力夫被报界同仁戏称为"三长江"。《长江日报》是专门为宣传抗日创办的报刊，4 开 4 版，报馆地址设在集贤门内东丁家巷，由三牌楼东方印书馆铅印发行。《长江日报》以报道"台儿庄大捷"等抗战新闻为主，报纸副刊则发表号召民众抗日的文章，包括《安徽妇女救亡工作团筹备会告全省妇女书》《联合抗战十字歌》等。当时安庆报刊界除《皖报》以简刊形式继续维持外，其余全部停刊。《长江日报》因此格外受到市民欢迎。安庆沦陷后，《长江日报》转到石牌，仍以 8 开油印和石印方式，继续出版到 1939 年春。

1938 年 6 月 12 日安庆沦陷。从此时到 1939 年 1 月《安庆新报》创刊前，安庆报刊界一片沉寂。《安庆新报》为汪伪政权喉舌报纸，4 开 4 版，日印行 1500 份左右，社址在育才街（现龙门口）。1945 年 2 月，《安庆新报》易名《安庆日报》，8 月 23 日改为 8 开小报，31 日终刊。

抗战胜利，老城收复，安庆的报刊业再现生机。但规模、声势以及力度，已远远不如抗战之前。

率先复刊的民营报纸《新皖铎报》，报馆设在孝肃路，并开有印刷厂。张耀轩仍为主笔，但社长改为他的女婿杨孝农担任。由于报馆自备收报机、译电员，能在第一时间接收国内外最新快讯，因此报道国内外新闻以时效性见长。《新皖铎报》刊发的本市及本省新闻，眼光敏锐，能及时报道民间疾苦。副刊"铎声"注重趣味性，雅俗共赏。《新皖铎报》日销售量在 2000 份左右，是这一时期老城报刊界的龙头老大。1948 年，因纸张短缺，曾两度休刊。1949 年 4 月 23 日，安庆解放，《新皖铎报》由军管会接管。

同期恢复的《皖报》，非 30 年代的《皖报》，而是范春阳利用《安庆新报》旧有设备创办的新报纸。原国民党安徽省党部的机关报由立煌迁至合肥，社长同是范春阳。安庆《皖报》对开 4 版，社址在龙门口，后迁往庆云街。总编辑先为杨思震，后为汪从哲、黄定文等。国内新闻多以"中央社"电讯，地方新闻则注重猎奇性。1947 年，安徽大学讲师聂协群，因另有新欢，采取残忍手段杀死发妻，然后分尸装入柳条箱，假借乘客轮外出，"失手"将柳条箱落入长江。结果柳条箱被码头工人捞起，一起重大凶杀案由此揭开真相。这起被称之为"箱尸案"的刑事案件，由于它的花边性和轰动性，成为当时《皖报》最重要的市井新闻，一时间街谈巷议，争相阅读。

安庆历史上有两家《民报》，其一是创刊于 1933 年 8 月的《民报》，4 开 4 版，日报，1936 年停刊，前后出版了 3 年；其二是 1946 年 11 月创刊的《民报》，馆址在奚家花园。社长刘镇球、钱镇东，一为怀宁县参议员，一为怀宁县参议长，因此被戏称为怀宁县县报。1947 年安庆爆发"五九"米潮，报馆被砸。7 月，报纸由安徽大学怀宁同学会接办，但仅维持了三两个月，便因经济原因，又转让给小沧浪浴室老板刘尚德接办。在此期间，《民报》另有晚刊发行。1949 年 4 月，安庆解放，《民报》停刊。

后来迁往南京的《新生日报》，创刊于 1946 年 2 月 27 日，4 开 4 版，社址在财政街（现双井街北段），报纸发行人之一的张庆城，曾任国民党怀宁县党部书记长。《新生日报》的印刷厂规模较大，排版技术也比较好。1948 年，该报连续载文攻击怀宁县议会，惹急了《民报》前任社长钱镇东，钱镇东便指使社会上的一些流氓无赖砸了报馆。

1949 年 4 月 22 日夜晚，原《皖西日报》的采编人员，随军从集贤门进入安庆老城。第二日，他们便接收了《皖报》《新皖铎报》《民报》等 3 家报纸。24 日，《安庆新闻》创刊，安庆报刊界进入下一个新单元。

老徽章（从左至右）：新皖铎报、抗建日报、民报、皖报

第十二讲　戏剧之乡大安庆

上

2017 年中国人民银行计划发行 10 款金银币，其中 8 款是前期选题的延续，只有两款是特别推出的品种，一款是世界遗产——曲阜孔庙、孔林、孔府金银纪念币，另一款就是中国戏曲艺术（黄梅戏）金银纪念币。安庆被誉为中国近代戏剧之源，中国现代金银币戏曲系列以"黄梅戏金银纪念币"开篇，则是从国家名片的角度，再次予以了肯定。

戏曲选题不是第一次在中国现代金银币上露脸，前期发行的 4 组"中国京剧艺术"和 3 组"京剧脸谱"，从题材性质上分类，两者与黄梅戏金银纪念币一样，都属于"中国戏曲艺术"系列。而"中国京剧艺术"以及在此基础上延伸出的"京剧脸谱"，追根溯源，又都绕不开国家历史文化名城安庆。

在安庆，真正能称得上戏剧鼻祖的，却是一个业余票友，这就是晚明居住于天台里的士绅阮自华。因而我们又说，天台里是安庆戏剧的发祥地。安庆戏剧是近代中国戏剧之源头，由此往下演绎，天台里又算得上是近代中国戏剧的发祥地。

天台里意取"天台迷路"的传说。《太平御览·幽冥录》中记载，远古剡县有两个人，一个叫刘晨，一个叫阮肇，两人到天台山取谷皮，结果在山中迷了路。转了十多天后，峰回路转，摘得仙桃，食数只而不饥。后又遇两位美女，艳丽可人，

天台里阮自华故居，中国近代戏剧发祥地

并强留二人住下，半年后才让他们回乡。山中一日，世上百年，结果回来遇见的已经是二人的七世孙了。明万历年间，阮自华自福建辞官返归故里，居住于康济门北近双莲寺的一条窄巷，与先期告老还乡的刘尚志为邻。两人自得其乐，以"天台迷路"戏称。渐渐传开之后，这条小巷也就易名为天台里。

阮自华是典型的文人墨客，他喜欢诗词，曾留有《雾灵诗集》行世。他喜欢书法，尤其善草书，墨宝多为识者收藏。但他更最爱的，还是流行于江苏昆山一带的昆山腔。昆山腔以演唱传奇剧本为主，伴奏乐器有笛、箫、笙、鼓、板、锣等。经魏良辅、梁辰鱼加工丰富后，曲调舒徐宛转，舞台动作优美，一时间醉倒了无数雅士，阮自华更是不能自拔。

回安庆后，阮自华在天台里老宅组建"阮氏家班"，虽是声伎自娱，但同时也为安庆的戏剧长河引进一道清新鲜活的水源。随夜幕垂降，天台里阮家大屋高墙后面，鼓乐齐鸣，曲声飞扬，软软的江南戏声，吸引来来往往无数路人。久而久之，阮自华喜爱的昆山腔，也成为安庆的流行时尚，老城平民百姓，兴高之时，也能有模有样的哼上几句。其中妙绝者，甚至与阮氏家班的名伶有一拼。"云间倾六朝之绝，而皖上与之颉颃"，当年安庆老城昆山腔流行的盛况，由此可见一斑。

阮自华父亲阮鹗，是赫赫有名的抗倭名将。阮鹗生有二子，长子阮自仑，次子阮自华。阮自仑之孙，则是明末政坛风云人物阮大铖。关于阮大铖，历史学家褒贬不一，但他辉煌的戏剧成就，永远是安庆戏剧的骄傲。政治家的阮大铖和戏剧家的阮大铖是一个双面角色，这位号称"百子山樵"的才子，得意时在官场上玩弄权术，失意就沉醉于剧本创作宣泄郁闷。相比之下，失意时间更多，因此剧本创作取得的成绩，远远高于他仕途上的谋略。阮大铖流传于世的《石巢传奇四种》，分别为《燕子笺》《春灯谜》《双金榜》《牟尼合》。有传《燕子笺》就是明崇祯初阮大铖被贬为民后，隐居在天台里创作出来的。"细雨窗纱，深巷清晨卖杏花"，这应该是阮大铖挑灯填词作曲一夜之后的感觉。

明末清初时，阮大铖在南京新建阮氏昆剧家班，演出剧目以《石巢传奇四种》为主，其中又以《燕子笺》为先。演员多是从怀宁石牌、三桥、洪镇一带挑选出来的俊美少年。演出不多久，声名就从京城响至整个江南。"怀邑优人好幸远，唱戏唱到紫禁城""金陵歌舞诸部甲天下，而怀宁歌者为冠"等，说的就是这段历史。这是戏剧家阮大铖一生中最辉煌时期，也是安庆戏剧历史上的第一次巅峰。清乾隆年间成书的《儒林外史》，写南京文化生活，以相当篇幅专门描写"安庆季苇萧等众票友在南京莫愁湖举行湖亭大会，安庆女媳鲍廷玺召集南京 130 余戏班参加戏曲大比武"的内容。

阮大铖降清后暴死，阮氏昆剧家班树倒猢狲散，大部分怀宁籍演员，生计无下落，被迫返回家乡。正因为如此，他们精湛的戏曲表演艺术，也随之带回到老城安庆。而此时，张献忠农民起义军南下，军中乐人以及山陕商帮带来的西秦腔，或多或少也对安庆特色的昆曲产生影响。从南京回来的这批艺人，

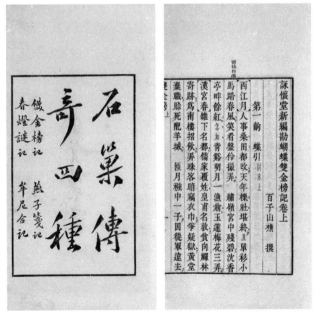

阮大铖《石巢传奇四种》包括《燕子笺》《春灯谜》《双金榜》《牟尼合》

以一种包容的心态，将昆山腔的委婉柔美与秦腔的高亢刚烈，巧妙地糅合到一起，创造性地发展成为具有地方特色的"安庆梆子"，并以此为基础，衍变成二簧调，为中国京剧的产生书写下关键的一笔。

1990 年，安庆举行了徽班进京 200 周年纪念活动。时任文化部常务副部长高占祥，组织京剧著名表演艺术家，专门前来安庆拜谒"京剧鼻祖"程长庚。徽班进京是京剧发展最重要的起始阶段，是中国国粹之一京剧的源头。徽班进京起始地，地理层面是江苏扬州，文化层面则是安徽安庆。

敢于率领徽班北上闯荡京城的，是安庆另一位承上启下的天才艺人高朗亭。清乾隆三十九年（1774），阮大铖辞世百余年后，高朗亭出生于安庆老城。很小的时候，还不会说话，他就能随戏班出身的父母吱吱呀呀哼上几句戏文。长至十来岁，便有模有样地跟三庆班走苏州闯扬州，开始只是串台跑跑龙套，间或也临时登场救急。随着个头越长越高，台上演艺功夫也日益见长，尤其是妆扮花旦，颦笑传情，眉眼溢波，充满女性的娇媚，遂索性以"月宫"为艺名，唱成了戏班里一块招牌。清乾隆五十五年（1790），年仅 16 岁的高朗亭，随三庆班进京为乾隆皇帝祝寿，略带安庆腔的徽调，感染了 80 岁高龄的乾隆帝，也感染了挑剔的八旗子弟。时人对高朗亭的评价是：唱腔甜润，身段柔美，表演惟妙惟肖，使人"忘其为假妇人"。三庆班因此成为京城最受欢迎的戏班之一。

安庆艺人虽"善南北曲，兼工小调"，但并不满足于此。在接下来的演出中，他们海纳百川，广泛吸取南北戏剧营养，在丰富徽调唱腔同时，也为京剧孕育发展奠定厚实基础，从而赢得"二黄之耆宿"的美称。其他 3 家以安庆籍艺人为主的春台班、四喜班、和春班，也

形成各自表演特色，从而与三庆班并称为"四大徽班"。

京剧发展史上一个代表性的人物程长庚，少年时随父进京登台，正处在艺术事业巅峰时期的高朗亭并不觉得这后生有何可畏之处。也许正是这一点，更激起少年程长庚刻苦磨砺的决心。三年之后，程长庚再度亮相京城，以一出《文昭关》引起全场轰动，其"高亢沉雄、大所磅礴"的唱腔，再一次倾倒京城观众，也当之无愧地成为三庆班的新一代掌门人。

程长庚的卓越之处，在于他重视自身能力的发展，能做到唱、做、念、打"四功"和手、眼、身、法、步"五法"并重。举手投足强调形似之外，更追求人物内心变化的神似。虽然程长庚主工老生，但生、旦、净、末诸角，一样应付自如。他精通的剧目，从《战樊城》到《长亭会》，再到《捉放曹》，等等。每天一出，可轮番三个月不重复。

"某无此技，何敢主持三庆部？"这是程长庚挂嘴边的一句口头禅。敢如此狂言，不仅仅是才艺的展示，更是实力的雄厚。

程长庚更大的功绩，是自道光二十五年（1845）任班主后，率三庆班对徽调大胆进行的一系列变革——在继承徽班兼容并蓄的传统基础上，将徽调、汉调和昆腔多种声腔冶为一炉。在由量变向质变转换过程之中，创造性地把传统徽剧逐步完善为近代中国最具传统文化意义的代表性剧种。"融合京秦，归纳

工笔写生戏画像：同光十三绝，晚清画师沈蓉圃绘制于清光绪年间，其中有三位是安庆人：程长庚（前排左三）、杨月楼（后排右一）、郝兰田（后排左一）

徽汉，遂成为京二黄调。百数十年来，遂以声倾天下，至今不辍。"（皖优谱）民国上海中华书局出版的戏曲专著《皖优谱》，同是安庆籍作者的程演生，流露出对"大老板"的无限敬重与骄傲。由此程长庚在京都梨园公会"精忠会"会首位置上，一坐就是三十余年。另外，程长庚建立的历史上最早的京剧科班"四箴堂科班"，培养出了陈德霖、钱金福等大批著名演员，为京剧的传播推广，做出了杰出贡献。

光绪五年底（1880年1月24日），程长庚辞世，其得意弟子、"同光十三绝"之一的安庆艺人杨月楼继任三庆班主。而善演水浒和猴戏，有"生石秀""活武二"之称的四喜班当家武生安庆籍艺人杨隆寿，四个女儿都嫁给梨园名门，其中长女嫁给了梅竹芬，他们的儿子，即杨隆寿的外孙就是梅兰芳。梅兰芳在20世纪中期，成为技压群芳的一代京剧大师。

还是回来说安庆。安庆国家级重点文物保护单位世太史第重修于清同治二年（1863），之前是都御史杨汝谷私宅。再往前，明末清初，更是老城赫赫一方的阮家大屋。辞官归隐的阮自华，从晚明状元刘若宰之父刘尚志手上买下老宅后，按自己喜好对老宅进行彻头彻尾改造，并特别为自己组建了"阮氏家班"，修建了更宽敞的演出场地。清清明月悬天，隐隐锣鼓撩人，天台里阮家大屋深处的软软江南戏韵，醉倒了无数安庆男女戏痴！

一个"醉"字确确实实恰如其分。程小苏在《安庆旧影》中提到老城戏剧，也不由感慨万千，"太平军东下，舟次江北岸，安庆之剧院，弦歌始辍，人如鸟兽散"，其痴其醉，尽在不言中。

清同治末与光绪初，老城戏剧演出基本以京剧为主，演出场所则多为设在官邸富宅内的小剧场。如位于姚家口的李家大屋，房主李昭寿是超级票友，因为喜欢，就将老宅子改建为剧场，并组建家班，聘请巩姓名伶为戏班班主，对外进行营业性演出。巩姓名伶演艺高超，一时间吸引无数看客。县下坡另一大户人家受到启发，也在深宅搭建临时舞台，以大堂屋为观众厅，专门请一些儿童坤伶演髦儿戏，也深受四周戏迷欢迎。从姚家口向南到近圣街，早前话剧团宿舍楼处，当年是一片荒地，后来也有好事者以枋木垒成露天舞台，同样以儿童坤伶演髦儿戏为主，观众席地而坐，前后也热闹了许久。

光绪末年老城最有影响的戏剧演出场馆，主要集中于钱牌楼一带，多为茶园形式。安庆方言统称戏剧演出场馆为"戏园子"，这个"园"，指的就是茶园。茶园类似现在的茶馆、茶楼、茶吧等。在茶园里请几位角来清唱，本是招揽生意的一种手法，但戏剧演出后来喧宾夺主，"茶"反而降格成为配角。茶园向戏园子演变的过程，也是老城戏剧逐步发展的过程。钱牌楼茶园名气最响的有两家，其中天仙茶园专设有舞台区，观众席也细化为池子、散座（楼下）和官座（楼上包厢），并且单独设有普通女宾席（后楼），已经完全具备现代剧场格局。天乐茶园规模稍小些，但整体布局也非常到位。两家戏园子都以演出昆曲和秦腔为主，常请外地一些名角登台演出，上座率比较高。

民国年间，京剧、扬剧、黄梅戏三分安庆戏剧天下，演出场所也有一定变化。其中天后宫爱仁大戏院，由福建会馆改建，剧场为平房建筑，设有半月形舞台，可容 400 位左右观众，照明设置为老城刚刚时兴的电灯。另一家新舞台，1920 年前后建于现司下坡西北角，砖木结构，南北向，台唇平行。满座时，观众厅能坐下 700 余人。新舞台的"新"，体现在观众席的五人长椅上：其一，男女可以合坐，体现了社会文明的进步；其二，椅背后加宽板，可摆放茶杯和瓜果零食。新舞台的演出，主要以京剧为主，刘荣升、赛兰春、刘喜蓉等，曾在此演出过《盗仙草》《钓金龟》等剧目。由于新舞台是临时性建筑，勉强维持到 1933 年，安徽省长刘镇华担心出事，一纸通令予以拆除。同期以"大舞台"为名的剧场有四五家，如北门大舞台、警世大舞台、醒世大舞台、群醒大舞台、商办大舞台，等等。

另一家演出场所——安庆府城隍庙戏园（庙台），地处康济门内，是利用城隍庙两庑十殿改建而成。城隍庙坐西朝东，庙台的舞台建在庙门后，观众多从大南门街进场。入场后，先从舞台下穿过，拜一拜舞台正对面城隍菩萨神龛，然后再转过身看戏。庙台的演出，多以京剧为主。

下

2002 年 10 月，国家邮政局发行邮票《董永与七仙女》，这本来是一个民间传说题材，作为传说发源地的安庆，终举办了邮票首发式。其理由，一是黄梅戏唱红了《天仙配》，二是严凤英演活了七仙女。

曾有观点主张黄梅戏为湖北或江西地方戏，因为黄梅戏源于这一带流行的采茶调、花鼓戏等，黄梅戏研究专家并不否认这一点。但河因时而变，山因势而变，黄梅戏则因人而变。同样是采茶调、花鼓戏，在湖北、江西只能是民间自娱自乐的歌舞，而一传入安庆，就发展成为中国影响力最大的地方剧种，其根源有二：第一，安庆聚集了更多戏曲天才。"梨园佳子弟，无石不成班。"《皖优谱》记载的 172 位优伶，泛指皖籍的 44 人，标明安庆本地的艺人，则有 91 人之多。一批不能北上的当地艺人，从渐渐流入安庆境内的采茶调中获得灵感，并以此为主体，融汇徽调唱腔、剧目、锣鼓伴奏等精华，形成小丑、小旦、小生俱全的黄梅戏雏形。第二，黄梅戏产生之初，在安庆周边六邑受方言影响，各地声腔差异很大。在民间，称望江黄梅戏为"龙腔"，太湖黄梅戏叫"弥腔"，长江对岸东至、青阳一带的黄梅戏声腔，统称"江南路子"。公认正统的声腔在潜山、怀宁一带，叫"怀腔"，进入安庆城区后，运用安庆官话演唱，又称之为"府调"。相比之下，"府调"所用安庆官话，音调柔和，节奏鲜明，加上生僻词语不多，通俗易懂，将其定为黄梅戏声腔道白语言，更能为南北观众所接受。

黄梅戏唱腔道白语言的确定，是黄梅戏发展史上最为重要的拐点，由此也完成黄梅戏由量到质的关键一跃。

黄梅戏唱进老省城安庆，时间在 1926 年前后。带戏班子进城公开演出的是金老三与艺人丁老六（永泉），而其中关键的牵线人物，则是吴越街中兴茶馆厨工葛大祥。葛大祥是典型的黄梅戏票友，周围又聚有一大批与他一样痴迷黄梅戏的戏迷。丁老六曾在城区茶馆当过跑堂，因为黄梅戏与厨师葛大祥结下莫逆之交。1926 年春，金老三拉丁老六组建班社，很快在集贤关附近唱出了名声。葛大祥闻讯，立即邀他们进城与戏迷分享。开始他们只在韦家巷、大新桥等地唱堂会，后葛大祥出面，租借中兴旅馆二楼，于当年年底，公开张贴戏报，进行了黄梅戏进城的首场演出。此说法源于陆洪非《黄梅戏入城记》（最早刊登于《振风》杂志），而陆洪非采信的资料，则出自老艺人丁老六的口述。

事实上黄梅戏在安庆的发展，时间应该更早一些，起码应向前推三至四年。地方文献爱好者孙志方手头藏有多本民初的黄梅戏唱本，其中黄宝文书局刻印

民国初年安庆黄梅戏唱本雕版

的《新选罗帕记》内封上就有当时留下的"乙丑年"三字。乙丑年是1925年，而黄宝文书局位于安庆城西正街，其经营特色就是批发零售由书局刻印的黄梅戏唱本。这至少说明，1925年前后，黄梅戏唱本在安庆城区已经有较大的销售市场。

黄宝文书局创办于清末民初，雇有专门的刻工。他们多从乡间回收旧谱版（刻印宗谱），刨光打平后，再进行黄梅戏唱本梓板的雕刻。据金杏邨《宜城图书文具业沧桑》记载，黄宝文书局刻印的黄梅戏唱本，"除了传统剧目外，也能反映社会上新发生的一些重大事件，如'姜高琦血案'、'朱老五'被枪决，以及南京妓院的失火等，都在事件发生不久，就编成了唱本。"其中所说"姜高琦血案"，其发生背景是安徽历史上著名的"六二学潮"，时间在1921年，如果说不久后就被编成唱本，那最迟也是1922年。类似"六二学潮"这样的事件，要改编成黄梅戏唱本，编者必须具备两方面素质，一是关心政治，甚至是事件的当事人；二是有一定的文学功底。这也从另一个侧面证实，早在1922年前后，省城的文化人就接受了黄梅戏，并积极地介入其中。

晚于黄宝文书局的坤记书局，当时还只是在街头摆摊零售的书贩。但至抗战期间，它逐渐替代黄宝文书局，不仅成为安庆城区最大的批销商，并注册登记刻印了大量"版权所有，翻印必究"的黄梅戏唱本。中国黄梅戏博物馆收藏的数十块黄梅戏唱本梓板，多出自坤记书局。此外，孙志方还收藏有两本黄梅戏唱本《何氏劝

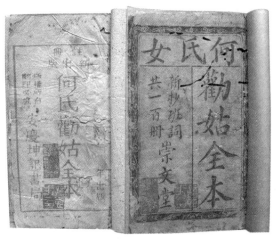

安庆崇文堂与坤记书局印制的《何氏劝姑》唱本

姑》，其中之一为坤记书局刻本，另一本则为崇文堂刻印。关于崇文堂，所知信息极少，从唱本印刷风格上看，应该与黄宝文同期或者早于黄宝文。如此种种，更说明在 20 世纪 20 年代初，尽管黄梅戏没有挂牌公演，但在城区已经深入人心，稳稳地立住了脚跟。

丁老六公开张贴戏报演出黄梅戏不久，怀宁县公安局就以"有伤风化"罪名，将丁老六关押入狱。此事在安庆掀起轩然大波。为营救黄梅戏演员，有报社记者出谋划策，说戏班子演出的不是"怀腔"也不是"府调"，而是能登大雅之堂的"皖剧"。后法庭公开审理，丁老六以此力争，最终无罪释放（补交娱乐捐）。这是目前能看到的"皖剧"的最早记述，而黄梅戏也自此开始，正式在安庆多家剧场公开演出。

据丁老六回忆，当时提议黄梅戏为皖剧的报社记者姓方，也是一位黄梅戏发烧友。丁老六从牢里出来后，戏班子还专门演了一台《何氏劝姑》表示答谢。至于方记者供职于哪家报纸，丁老六回忆中没有提及。1927 年前后，省城安庆报刊业处于巅峰状态，有影响的报纸主要有《民国日报》《民岩报》《皖铎报》《安徽商报》《安庆晚报》等。由于当时竞争激烈，因此对记者素质的要求非常高。方记者能提出"皖剧"构想，也确有过人之处。关于"皖剧"的创意，起于当时轰轰烈烈的"楚剧"影响。1926 年北伐军北上，带来了许多新思想新理念，流行于鄂东的花鼓戏也因此易名为楚剧，成为湖北的时尚剧种。北伐军进入安徽后，也将这种观点带了进来，省城文化界人士群情激昂，纷纷动议将流行于地方的怀腔定名为皖剧。黄梅戏由半地下到公开亮相，与此有很大关系。

20 世纪 30 年代，皖剧称谓在安庆十分流行。1931 年 1 月 30 日，钱牌楼华林剧场在报纸登出"皖戏（剧）"广告，剧目为《上竹山》《游苏州》《劝姑讨嫁》等。与此同时，新舞台、爱仁大戏院、国民大戏院等，也分别有多个职业班社挂牌演出。由于确立了安庆官话为道白语言，黄梅戏唱腔逐渐趋向柔和统一，并相继涌现出查文艳、潘孝慈、蔡天赐等一批优秀演员，黄梅戏实际已经取代京剧、扬剧，成为安庆老城最受欢迎的新剧种。1933 年前后，

制作于抗战前夕的"安徽皖剧团演员证章"

查振卿、丁永泉、潘孝慈等演员，相继乘船东下，将黄梅戏唱到了上海滩。安庆地方戏曲继徽班进京后，再一次向外扩张。

　　1937 年 7 月 7 日卢沟桥事变爆发，消息传到安徽，省城安庆一片激愤。之后一个月内，安徽各界相继成立"安庆文化团体救国联合会""安徽省各界抗敌后援会""安庆暑期青年学生抗敌后援会"等。在这种大背景下，活跃在安庆舞台上的黄梅戏戏班，由安徽文化界或新闻界抗敌后援会牵头，组建"安徽皖剧团"，以黄梅戏的形式宣传抗日。藏家彭保友收藏有一枚"安徽皖剧团演员证章"，就是制作于这一时期。

　　黄梅戏巅峰时期，有两位演员全国家喻户晓，这就是《天仙配》中董永与七仙女的扮演者王少舫和严凤英。王少舫原先是京剧老生，后转为黄梅戏小生，扮演的第一个角色是《秦雪梅》中的商林。而新生剧种黄梅戏，正是在与京剧的联袂表演中，从唱腔、剧本到布景，都汲取了许多精华，为今后长足发展打下了坚实基础。

　　另一位天才演员严凤英，出生在安庆老城韦家巷联升客栈，落地后第一声的清脆啼哭，就注定她是一代黄梅戏天才演员。严凤英原名鸿六，12 岁学唱黄梅戏，1945 年随张光友戏班到安庆演出。在太平寺黄金大舞台以一出《小辞店》唱红，遂以剧中人物刘凤英的"凤英"为艺名，开始了她灿烂却短暂的艺术生涯。抗战胜利后，安庆老城百端待举，戏班子日子不好过，剧场日子也不好过。红角儿严凤英是戏班和剧场的顶梁柱，往往是这个剧场的戏唱完，来不及卸妆，便匆匆出门坐黄包车赶往下一个剧场。据严凤英后来回忆，当时一晚上要跑三个剧场，除黄金大舞台外，另外两家分别是钱牌楼的胜利剧院和府前街的社会剧场。

20 世纪 50 年代初的黄梅戏，在安庆形成双雄争霸格局，一边是王少舫所在的"民众"，一边是严凤英领衔的"胜利"。"民众"早期为昌明大戏院，位于孝肃路双莲寺小学东侧。1949 年 7 月，易名为新新剧场。丁永泉组建黄梅戏新班社，杀鸡祭台后，在此进行首场演出，剧目是《珍珠塔》。1950 年改名民众剧场。"胜利"早前为钱牌楼联胜大戏院，1949 年 12 月，安庆市戏剧工作者协会成立，联胜大戏院易名为剧协剧场，后又改名安庆剧场。

1952 年 7 月 22 日至 9 月 5 日，当时的安徽省文化事业管理局（由皖北、皖南行署文教局合并而成），在合肥举办暑期艺人训练班。这些艺人包括京剧、黄梅戏、徽剧、庐剧、泗州戏、越剧、维扬戏（扬剧）、花鼓戏、淮北梆子、常锡对（锡剧）等地方戏曲演员共 265 人，另外还有 82 位参与戏曲改革的工作干部。训练班目的有三，一是"改人"，二是"改制"，三是"改戏"。训练班共 4 个大队和 1 个曲艺队。黄梅戏与泗州戏、越剧（芜湖、皖南有几个演出团体）等 3 个剧种编为第三大队，郑立松任副队长。从安庆赶往合肥参加学习的黄梅戏演员，有王少舫、严凤英、潘璟琍、丁紫臣等。训练班分昼夜两种状态，白天是热烈的学习讨论，晚上是紧张的汇报演出。培训期间，华东行政委员会文化部也派专业干部过来指导，也正是在这期间，黄梅戏和泗州戏打动了他们。训练班结束后不久，华东区文化部邀请黄梅戏、泗州戏戏班组团赴沪作展示演出。

1952 年，安庆组建安徽省黄梅调赴沪演出临时剧团，严凤英、王少舫等演员的精湛表演，获得前所未有的好评。其中折子戏《路遇》取材于老剧本《天仙配》，由于唱腔、台词过于通俗化，结构也自由松散，新派文化工作者

1952 年，安庆组建安徽省黄梅调赴沪演出临时剧团

班友书、郑立松等对老剧本进行了艺术提升。贺绿汀等专家对此高度评价，称赞黄梅调"载歌载舞"，音乐舞蹈健康，表演淳朴优美，富于泥土气息。上海唱片社也专门约请演员，录制黄梅戏唱腔。赴沪演出临时剧团由沪返皖，在合肥做了专场汇报演出，安徽省委观看后高度重视，当即决定抽调有成就、有影响、有才华的演员，建立安徽省黄梅戏剧团。严凤英、王少舫也由此开始了他们最初的组合。

1955 年，严凤英、王少舫主演黄梅戏电影《天仙配》，以一曲"上无片瓦我不怪你，下无寸土自己情愿的"，倾倒全国亿万观众。20 世纪 80 年代中期，新秀马兰在中央电视台春节晚会深情演唱"夫妻双双把家还"，黄梅戏"梅"开二度，一夜间传遍大江南北，重新跃上地方剧种前列。之后韩再芬以一出《徽州女人》，再次在全国引起轰动。

从明末清初到现在，400 年间戏剧安庆三次盛衰，但最终都走向夕阳暮色。南京"怀宁歌者为冠"的灿烂，随阮大铖政治末路而结束；北京"声倾天下"的辉煌，因程长庚辞世而打下最终暗淡的伏笔；合肥"泥土芬芳"的兴盛，在严凤英愤然结束生命时，就投下了抹不去的阴影。其实远不止这些，地方戏剧脱离培育它的泥土，演员素质提升后的更高追求，必然会造成曲高和寡，最终形成悄然无言的结局。但安庆毕竟有"戏剧之乡"的美誉，虽然戏剧风光不再，但也只是阶段性低谷，它的文化底蕴还在，它的戏剧根基还在。也许百余年，也许五十年，甚至更短，在执着的安庆艺人不断追求、不断创新、不断向自己的挑战中，会重塑戏剧安庆的又一次辉煌。

1955 年，严凤英、王少舫提纲主演黄梅戏电影《天仙配》

第十三讲　皖省首府　文化安庆

上

民国安庆最时尚的文化，就是起于20世纪20年代的电影。说民国安庆电影，又必须说到从安庆走出去的默剧时代的悲剧女影星——王汉伦。

光绪二十九年（1903），王汉伦出生于枞阳门外的城东彭家桑园，原名彭琴士。她的父亲彭名保，出身于苏州名门世家，此时为安庆日新蚕桑公司经理。为小女儿取名为彭琴士，目的有二：既希望她能有琴棋之长，又希望她能有雅士之风。童年的王汉伦是一个文静孱弱的小女孩，"可以几天一个人坐在屋里不开口讲话"。王汉伦的寡言，有很大一部分来自于对家庭的敬畏。在彭家桑园，她

默剧时代的悲剧女影星——王汉伦（右）

是这个大家庭中最不起眼的小不点，她的二姐彭淑士，整整长她 20 岁。她又是彭名保侧室的女儿，母亲的谦慎和礼让，多多少少也感染了她。就是在这样的环境里，王汉伦度过了她的童年时光。1916 年，少女王汉伦乘客轮顺水而下，来到繁华的大都市上海。1919 年，16 岁的王汉伦还没有从上海圣玛丽女校毕业，就由兄嫂做主，从十里洋场上海远嫁到了东北。但这段婚姻维持时间极短，因为夫妻感情不和，王汉伦冷静地做出人生最重要的选择，只身一人离开了这个家庭。

王汉伦改行做演员，是一个偶然。那天她去好友孙小姐家，遇到明星公司任矜苹来访。任矜苹对王汉伦十分赞赏，说她具有富贵人家的少奶奶气质。当时导演张石川正在为筹拍《孤儿救祖记》寻觅演员，任矜苹就动员她去试镜。王汉伦被说动了心，就随任矜苹去了。结果一试便中，当场就签下了合同。

1923 年的王汉伦，刚满 20 岁，年轻貌美自不必说，气质也典雅高贵。她自小出生在名门大家，受的是西方教育，又有短暂的婚姻史，可以说是集贵族少妇风韵于一身。这样的条件，即便在上海，也很难找到几个。

王汉伦的选择遭到了兄嫂的强烈反对，他们认为，彭姓在苏州是数一数二的大户人家，过去在他们家，"戏子"是连高板凳都不允许坐的，如今王汉伦却选择做"戏子"，自然丢尽了祖宗的脸！他们甚至威胁要把她送回苏州老家按家规接受惩罚。王汉伦倔强脾气上来，当即宣布脱离兄妹关系，彭琴士的名字，也因此改为了王汉伦。

从安庆老城走出去的青年女子王汉伦，天生就是位超级电影明星。影片《孤儿救祖记》中，她扮演女主角儿媳蔚如，虽初上银幕，但她细心揣摸角色的内心世界，以质朴自然的表演，得到了观众的高度认可。《孤儿救祖记》也是中国第一部内容完整的故事片。1924 年，王汉伦又加入长城画片公司，与张织云合演了《弃妇》。

这之后，王汉伦一发而不可收，先后加入"明星""天一""中华""新人"等影片公司，主演了《苦儿弱女》（1924）、《玉梨魂》（1924）、《弃妇》（1924）、《摘星之女》（1925）、《春闺梦里人》（1925）、《电影女明星》（1926）、《一个小工人》（1926）、《好寡妇》（1927）、《空门贤媳》（1927）、《女伶复仇记》（1929）等影片。

其中在悲剧《玉梨魂》中，王汉伦饰演女主角梨娘，她在剧中用一双眼睛说话，情也真真，意也切切，至伤心处，银幕上下哭成一片。另一部与胡蝶合演的《电影女明星》公映后，曾随片赴南洋与观众面对面交流，所到之处，广受欢迎。在新加坡，甚至有骗子打着"王汉伦办事处"的旗号在报上做广告，声称可安排与演员见面，但需 50 元介绍费。作为中国默片时代的电影演员，王汉伦被公认为中国电影史上第一位悲剧女明星。

1928 年，王汉伦组建汉伦影片公司，开始中国电影史上第一部由女制片人制作的电影《女伶复仇记》的拍摄。《女伶复仇记》(又名《盲目的爱情》) 由包天笑编剧，导演是她的安徽 (天长) 老乡卜万苍。电影拍摄租借的是民新公司的影棚和设备，王汉伦自己出演主角，高占非、费柏清、陆品娟以及后来成为大牌导演的蔡楚生，也在片中分任角色。1929 年元月，电影投放市场，王汉伦自己带着片子，北上哈尔滨、长春、沈阳、北京，南下苏州、杭州、无锡，与观众进行零距离接触。每到一处，都引起极大轰动，国外也有不少订单。《女伶复仇记》带来的丰厚利润，远远超出王汉伦的想象，晚年她曾开玩笑说："这笔钱成了我脱离电影界的退休金。"

1930 年，27 岁的王汉伦告别影坛，在上海霞飞路圣母院路口开设了汉伦美容院。上海沦陷后，日本人逼她去大中华广播电台做宣传，她不愿意合作，称病不出，美容院也因此被迫关闭。

共青团怀宁县委书记俞昌准墓地

民国安庆电影热起于何时？资料阙如，不得而知。但有一段史料对此有相对详细的描述。1928 年 11 月 22 日，共青团怀宁县委书记俞昌准 (仲则)，在安徽省议会厅看电影时，因礼帽过高，引起国民党人刘怡亭的注意，不幸被捕，于 12 月 26 日被残杀于北门外马山脚下。俞昌准和他的女朋友吴本文手牵手进去时，肯定是有一些犹豫的，但他毕竟才 21 岁，新文化尤其是新电影对他的诱惑，实在无法抗拒。于是，他以生命为代价，看了一场可能是世界上"票价"最贵的电影。

早前一些文章对当时俞昌准看的是"戏"还是"电影"有所争论，但从当时社会进步程度看，可以百分之百肯定是后者。1928 年，电影放映设备刚刚引入安庆，在安徽省议会厅这样重要的场所试放，顺理成章。对于俞昌准，作为一个时尚新潮的年轻人，冒险去看一场电影是可能的，如果是一台戏，恐怕就没有那么大的吸引力了。

安徽省议会厅位于任家坡，由过去佑圣观改建而成。宣统年间作为安徽省咨议局，民国后又改为安徽省议会厅，场内有 500 多个阶梯座位。安徽省议会厅真正改为电影院，是 1936 年 6 月的事，当时有一个很时髦的名字，叫民众教育电影院，简称民教电影院，属安徽省第一民众教育馆。民教电影院从正式开业到安庆沦陷被迫停业的将近两年时间内，生意一直十分红火，新片上映速度也只比南京、上海等大城市晚一个月左右。大多数时间里，电影院每晚上连放两场，而且基本满座。逢电影散场，出任家坡往西至杨家拐、往东至胭脂巷，总是人声鼎沸，热闹非凡。原安徽省陆军陆地测量局局长焦山之子焦贤僖回忆：电影院是在大南门里的一条老街上，电影是一周换一次新片，当时电影无日场，只有晚场。一般新电影只在安庆放两三天，然后转向别的城市。当时看电影在安庆是最高享受。他的五姐是超级影迷，最喜欢电影演员是王人美和秀兰·邓波儿。

1939 年春，日军将民教电影院改为兴亚剧场，虽然也演一些戏剧（如王少舫作为京剧演员演出的一些剧目），但主要还是放映电影。电影片源包括三部分：一、沦陷前的部分默片；二、沦陷区拍摄的一些故事片；三、从日本运过来的宣传片。

民教电影院不是安庆市第一家电影院，在它之前，有一家华中电影院，于 1929 年正式挂牌营业。华中电影院最初由福建会馆改建而成，名为爱仁大戏院，具体位置在天后宫荣兴里一带。爱仁大戏院观众厅能容纳观众 400 人左右，上演的内容很杂乱，其中包括"影子戏"，也就是早期的无声电影。起初，上映无声电影只是一种新鲜，但效果出奇的好，这才促使老板花大本钱修缮剧场，正式挂出华中电影院的招牌。也就是从此时开始，安庆的电影才算是步入发展期。1935年6月26日的《皖报》，刊有华中电影院设计的电影广告，宣传的是阮玲玉的无声电影《野草闲花》。不知道这是不是安庆历史上的第一份电影广告，但从广告中，我们可以看出当时华中电影院的经营规模已经上了一定档次。同年10月，华中电影院更名为华中有声电影院，虽只加了"有声"两个字，但却表明华中电影院同中国有声电影一起，共同上了一个新台阶。

抗战胜利之后，国民党安庆受降部队176师的少校副官魏自修，在安庆敌伪物资管理处清点资产时，发现一部皮包电影放映机，经过试放，效果很好，于是动起创建电影院的念头。后通过多方周旋，又找合伙人集资千元，果断将机器买下。之后魏自修赴镇江与上海华中影片发行公司代表戴希任进行协商，谈妥了电影片源供应以及其他合作事宜。1946年春，他们选址奉直会馆，挂出了东南电影院的招牌。开业当天上演的电影是白杨和赵丹主演的《长空万里》，消息传出，电影票被抢购一空，还卖出了不少站票。

奉直会馆也称为八旗会馆，位于现双莲寺小学西侧，包括前面孝肃路街道的一部分。东南电影院观众厅能容纳700余名观众，由此也可见当初奉直会馆的规模。安庆会馆衰败于1921年以后，起因是军阀混战，经济萧条。此时各大会馆虽有房产，但由于缺少后续经济支撑，无法维持，只得改作他用。奉直会馆底气稍足一些，但也只挺到20世纪30年代中期，便不得不改建为昌明大戏院。1947年，东南电影院经理易人，新老板为范文清。范文清经营东南电影院后不久，做出一个重大决定，就是把电影院迁址到吴越街皖钟大戏院。

皖钟大戏院始建于1931年，由曹老二等7位大老板集资建造，名为皖钟大舞台。皖钟大舞台为砖木结构，可容观众近900人。初始以京剧为主，麒派老生刘文奎、武生小白玉昆都在此亮过相。黄梅戏演员王少舫初次登台，也是在这个剧场，但那时候，他唱的主要是京剧。20世纪30年代之后，京剧演出不太景气，因此出现京剧与黄梅戏同台演出的情况，这就是史书所称"开京黄合演的先声"时期。王少舫也就是在这个阶段串演黄梅戏，最后成为黄梅戏一代艺术大师的。

1939年，皖钟大舞台重新开业，但主要以放电影为主。剧场先为皖江电影院，

位于吴越街的皖钟大戏院，20世纪50年代更名为民众剧院

后改名为安庆剧场。安庆剧场除周六专为日本人放映外，平时多向安庆市民开放。1942年5月21日，安庆剧场在《安庆新报》刊登电影广告，当时放映的电影是华艺公司出品的《魂》，广告的宣传文字一为"幽魂一缕，衔恨绵绵"，一为"不堪鞭笞孤女悬梁自尽恨总难消"。预告放映的电影，则为王丹凤主演的《新渔光曲》。电影票价分阶（楼）下与阶（楼）上两种，前者30钱，后者40钱。抗战胜利后，安庆剧场一度恢复旧名皖钟大舞台，又改名为大众剧场、皖钟大戏院等，称谓相对混乱。

东南电影院迁址吴越街之后，对放映设备做了一些更新，其中包括安装了固定放映机等。此时的东南电影院，规模比以前扩大了许多，电影座位也增加至千余个。电影片源主要由镇江发过来，每档新片放映3—5天。像《桃花扇》《渔光曲》《夜半歌声》《出水芙蓉》等，就是这一阶段上映的主要影片。1947年东南电影院也在报刊上做一些电影广告，其中1947年3月1日刊于《皖报》的广告，声称东南电影院是"安庆唯一高尚娱乐场所"。当天放映的影片是"华艺公司时装对白巨片"——《小姊妹》。当晚连放两场，一场是六时半，一场是八时半。之后3月22日，《皖报》又刊东南电影院广告，此次是"国产古装唱歌香艳喜剧"——《三笑》，广告语中特别强调是"疯狂客满，最后三天"。预告片则有《刺秦王》《赛金花》《大破飞虎党》等。

这期间的安庆电影业，有两件事可圈可点：一是电影院编印了安庆历史上的第一份宣传材料《影剧》，表明当时的经营者已开始注重对电影业务的宣传；二是那一阶段电影票价一日三变，创造了安庆电影放映史上罕见的波动记录。如 1947年 3 月 1 日，《小姊妹》的电影票价为"一律两千元"。但到 3 月 22 日，电影票价已经上涨到"一律三千元"。短短 20 余天，票价上涨了百分之五十。到 1948 年 9 月，每张电影票的票价已经上升到 4000 元。局势动荡不安，经济一片萧条，东南电影院也同样面临生存危机。而此时，东南电影院广告主体《皖报》，也再看不到相关的电影广告了。

1949 年春，国民党伤兵涌进安庆，他们依仗所谓"为国负伤"之由，不断骚扰闹事。东南电影院先还是半开半关，后来实在不堪忍受，不得不彻底将电影院关闭。

下

1921 年秋，郁达夫从上海来安庆，任职于安徽法政专门学校。1921 年的张友鸾，就读于省立安徽第一中学。两人的见面，颇具一些戏剧色彩。当时张友鸾与同学在龙门口开了一家贩书部，出售一些思想激进的报刊与书籍。一个阴雨天，有位年近 30 的瘦弱男子，撑一把伞走进店，指名要两本书，一是《觉悟》合订本，一是郭沫若的《女神》。两本都没有，于是男子转身准备出门。

张友鸾拦住了他，向他推荐《沉沦》，说这是郁达夫先生的近作，深刻而细腻，表层揭示的是人性灵与肉的碰撞，实则是对社会黑暗的控诉与呐喊。男子并不说话，就静静听张友鸾介绍。末了，微微一笑，道："我就是郁达夫。"

对于 19 岁的张友鸾，这是让他铭记一生的激动场面。后来张友鸾在《郁达夫二三事》回忆："可想而知我们当时是怎样的惊愕。这样一个以惊人的取材和大胆的描写震动文坛的文学家，竟然实实在在立在我们面前。事隔 60 多年，其间的许多事情我早已忘却了，只有头一回与郁达夫先生的相识，却是印象极深，历历如在目前。"

1926 年 2 月，主持《世界日报·副刊》的张友鸾，在北平与崔伯萍举行婚礼。

周作人贺联为："一个是文章魁首；一个是仕女班头"。张恨水贺诗则是："银红烛下双双拜，今生完了西厢债……"而同为安庆人，同毕业于北平平民大学的张友鸾与崔伯萍，最初相识，也是因为张友鸾的贩书部。当时崔伯萍就读于城东北百花亭省立第一女子师范，逢礼拜天休息，喜欢逛龙门口一带的书店。就是在这里，她遇见了布衣整洁、文质彬彬的张友鸾。

民国安庆籍报人张友鸾

当年龙门口规模最大的书店，是商务印书馆安庆分销处。商务印书馆翻译出版有严复撰述的《天演论》《社会通诠》，林纾翻译的《巴黎茶花女遗事》《黑奴吁天录》等一大批经典书籍，被认为是近代中国出版界规模最大、影响最深远的出版机构。商务印书馆成立于光绪二十三年（1897），由夏瑞芳、鲍咸昌、鲍咸恩、高凤池等四人集资创办，馆址设在上海北京路。巅峰时，在全国各省市和重要商埠设有85个分馆。商务印书馆在安庆只设立有分销处，老板宋葆吾的经营能力相对一般，除主销商务印书馆的书籍外，还销售一些中小学学生课本。此外，也兼营文具以及其他教育用品。抗战胜利后，商务印书馆安庆分销处虽有恢复，但名存实亡，经营无任何亮色。

同在龙门口的世界书局，虽以经销上海世界书局的出版物为主，但并不是它们的分销机构，只是打着它们的牌子而已。世界书局1917年创办于上海，老板沈知方1899年进入上海广益书局，1900年加盟商务印书馆，1912年又与人合伙筹办中华书局，并担任副局长一职。世界书局成立后，业务发展迅猛，到1921年改为股份公司时，已经稳居上海出版界十大巨头之一。安庆世界书局老板宋绍年，资本相对雄厚，经营也很有特色。抗战后一度设在孝肃路的奉直会馆，后又迁回龙门口。

安庆本土的书局，创办时间最早且名声最大的，是晚清安徽官书局——曲水书局。同治二年（1863），曲水书局由曾国藩"捐廉三万金"设立，延请洪全奎、

20 世纪 30 年代书店云集的龙门口

莫友芝督理创办事宜，并选委一些积学名士分任校勘。曲水书局设在两江总督署军械库内，主要印刷官府契卷。曾国藩删改的《李秀成自述》（安庆本），就是由曲水书局刊印的。湘军克复金陵后，曲水书局随曾国藩迁往南京，易名金陵书局，主要编纂人员没有变动。洪全奎任提调，张文虎、戴望、冯煦、刘恭冕等人分任校勘。在安庆的曲水书局，则易名为曲江书局，曾刊印莫友之《唐写说文解字木部》等书，不久移至常州。由此脉向上梳理，安庆曲水书局是晚清各省官书局的源头。

安庆首家金属活字印刷厂——同文印书馆，光绪二十三年（1897）设在吕八街，创办者张受泉，外号张麻子，原先在上海专为安庆各商号代办纸张购运业务。后游说旅沪安徽同乡支持，筹得资金 2.4 万元，从上海以及南京华丰铸字局购置圆盘机、四开机以及各号铅字，创办了同文印书馆。张受泉非常精明，善于与官府衙门打交道，印刷业务也多以官方文件、表册以及各类书刊为主。1915 年 12 月出版的《怀宁县志》，就是同文印书馆印刷的。据书尾"校勘记"解释："此次县志系用活字版印，印时机器力大，时有崩裂之事。工人插补最易舛误，是以所印之书，有此部错彼部不错者，不仅校对未严已也。"短短数语，道出了当时印刷技术的落后现状。民国之后，同文印书馆由翟兴裕、朱家顺接手，改名东方印书局，主要承印安徽大学讲义，以及安庆女中、安庆高工等学校教材。

安徽官方正式采用新式印刷技术的机构——安徽官办印刷局，宣统二年

（1910）8 月由安徽巡抚朱家宝倡建。由于"文书契卷，往往动关法制"，故印刷局就设在谯楼后藩司署内。创办之初，其所有开支均由司署筹拨。其印纸品分官、民、商三种，其中官印纸品与民印纸品，格式和价格由印刷局

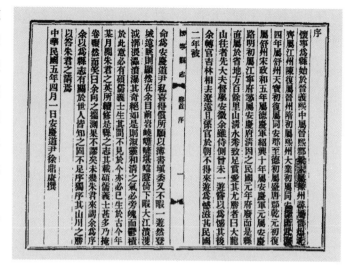

1915 年，同文印书馆印刷的《怀宁县志》

确定，商用品格式则由印刷局与商家共同商讨，价格随行就市。除印刷事务外，安徽官纸印刷局还兼发行《安徽官报》。

民国后安徽官纸印刷局筹办于 1918 年，隶属于安徽实业厅。首任局长为李宗言，后王茂之接任。安徽官纸印刷局仍设在藩署衙门内，有对开机、四开机、圆盘机各一部，字体、字号也相对较齐全。除为安徽省政府印刷各种文件、公告、书刊等，还负责印刷各县的田粮地契、印花税票等。1921 年，安徽官纸印刷局停办。

安徽官纸印刷局继任局长王茂之，由印制名片起家。当时他在吕八街开有一爿小店，专为安徽省政府各厅处官员服务。后业务拓展，遂将小店改为美利坚石印店。1920 年底，张耀宣接办《皖铎报》，建议王茂之索性将美利坚石印店扩大，承印报纸印刷业务。正好安徽官纸印刷局停办，王茂之借机将部分印刷器材买下，成立了大中华印刷局。之后不久，王茂之专门从南京购置了铸字炉与五号铜字模，又从上海聘请来铸字名师管荣庆，大中华印刷局的生产规模和印刷技术，由此得到迅猛发展。20 世纪 30 年代前，安庆新闻出版界一片繁荣，先后创刊的报纸有数十家，其中影响较大的《新皖铎报》（1922 年易名，张耀宣主办）、《安庆晚报》（1927 年，唐少澜主办）、《大同报》（1931 年，朱雁秋主办）、《安庆新报》（1932 年，程褆昌主办），均由大中华印刷局承揽印刷。

此外，安庆女子中学校刊《女钟》、安徽省第一民教馆馆刊《民众旬刊》、安徽大学校刊《安徽大学》等，也都由大中华印刷局印刷。王茂之与安徽大学校长王星拱私交很好，在王星拱的介绍下，大中华印刷局还承印了《林肯传》《华盛顿传》等书籍。

在金属活字印刷推广之前，安庆印刷技术主要为雕版木刷、木刻活字印刷以及石版印刷等。其中雕版木刷，清末时相对出名的有大吉祥、文成、楼云阁等老字号。相比之下，楼云阁老板杜传经善书法和雕刻，技术更高一筹。安庆藏书楼所藏书籍封面题签，就都为楼云阁所书。

民国之后，青云阁、文华堂、金生和等店家也后来居上。其中金生和曾刻有安庆风景名胜雕版百余块，专门印制信封、信笺。北京荣宝斋、南京翰墨林等名店，都曾向楼云阁索要过样板。1936年前后，徐悲鸿追恋孙多慈到安庆，偶尔转至金生和，也对印有安庆风景名胜的信封、信笺大加赞赏，当即掏钱购买多套。楼云阁后来也承印中小学课本，因为业务量大，便改用木活字排版印刷。店内雇有谱师、梨木工、刻字工、排版工、印刷工等20余人，形成了相当大的规模。

以石印为主的石印店，20世纪20年代后发展迅猛，如钱牌楼的久新、祥新，梓潼阁的三江，倒扒狮子的翰墨斋、翰雅斋、翰宝斋等。其中宜文阁老板昝言孟，本身就是书法家，真草隶篆无不精通，而颜柳二体更为出色。宜文阁印制的《颜柳字帖》《曾国藩家书》《郑板桥书法》等，均是昝言孟模仿书写。此外，久新石印的商标、广告、风景画、入学报单，翰墨斋石印的大幅挂图、美女画、喜帖、金兰谱等，也以各自特色在安庆占据一定市场。

特别说一说三牌楼。清末民初三牌楼商家云集，这之中，有不少家是专门做裱画生意的，如三奇斋、玉古斋等。三牌楼东与省政府大院相邻，小职员巴结上司，小官员走后门升迁，都免不了送两张名人字画为敲门砖。老城裱画业，民国之前因此畸形繁荣。三奇斋"三奇"何处？与老板刘顺启有关。刘顺启别号刘驼子，自小虽从父学艺，但进展一般。后只身前往苏州求学，4年后回安庆，装裱手艺技压群芳，让同行为之一惊。他曾将粘成一团的元末书法大家王蒙的手绢整旧如新，在老城裱画界成为一段佳话。在安庆短暂居住过的苏曼殊与徐悲鸿，也多次将自己新作送到三奇斋装裱。三奇斋裱画店门口有联曰"三晋云山，奇观今古"，用的也是一个"奇"字。奇观今古，暗寓老板刘顺启鉴赏能力，凡书画过眼，有"八成把握"辨真假。安徽大学教授刘乃敬、安徽建设厅厅长刘贻燕、《安庆晚报》社长唐少澜等，对刘顺启十分常识，都是他家座上常客。三牌楼另一家装裱店玉古斋，创建于清末，在裱画业资历最老。玉古斋老板杨玉亭，与安徽省政府大小官员关系也处得融洽。裱画技法有京派与姑苏派之分，安庆地处江南，偏重姑苏派裱法。姑苏裱细分下去，又有四喜裱与仙鹤裱等多类。其画底颜色偏好江茶、赫壳、栗壳等色，镶料也喜欢用绫子，装裱后的效果，凝重大方，古色古香。安庆老城的整体装裱水平较高，在沿江一带颇有名气，南京、扬州等地的藏家也慕名前来。

光绪二十三年（1897）夏，陈独秀随大哥一行赴南京参加江南乡试。后来他在《实庵自传》中回忆，此次乡试给他印象最深的，是"一位徐州的大胖子，一条大辫子盘在头顶上，全身一丝不挂，脚踏一双破鞋，手里捧着试卷，在如火的场中走来走去"，陈独秀当时"看呆了一两个钟头"，由此也引发了许多联想。最后深深感叹，"梁启超那班人们在《时务报》上说的话是有些道理呀！"也正是这次冥想，决定了他"个人往后十几年行动"。

陈独秀提到的《时务报》是维新派的机关报，1896 年 8 月创刊于上海，旬刊，以刊登宣传变法的政论文章为主，主笔梁启超，总经理汪康年。《时务报》初时

民国初年，商家云集的三牌楼

发行 4000 份，后增至 13000 份，在全国极有影响。江南乡试之前，18 岁的陈独秀一直生活在安徽老省城安庆，他是怎么读到《时务报》的？要解开这个谜，必须先介绍时任安徽巡抚的邓华熙。

邓华熙是被康有为等革新人士"引为同调"的清廷官员，前期因向光绪皇帝力荐郑观应《盛世危言》而出名。光绪二十二年（1896）7 月，邓华熙赴任安徽巡抚后，就积极推广《时务报》、《湘学新报》（主编唐才常，编撰谭嗣同）、《盛世危言》等书刊，以宣传维新变法。为扩大《时务报》在安徽的渗透力，还特别通饬各属及书院诸生悉行阅读，或令自行购买，或由善后局拨款购送。《时务报》封底代销点名册上，就赫然有"安庆"二字。据史料记载，《时务报》在安庆的代销点共有 4 处，分别为安庆电报局（清节堂西）、藩经历署内吴韦斋、姚家口江友馥和支应局。

除《时务报》外，国内其他有影响的报刊，在安庆都设有特约经销处。其中《申报》安庆经销处，设在纯阳道院街中段，经理谢申伯。《申报》全名《申江新报》，1872 年 4 月 30 日创刊于上海，创办人为英商安纳斯脱·美查（Ernest Major）等。《申报》以内容贴近中国读者而著称。《申报》安庆经销处内设有固定的《申报》阅报栏，遇纪念日，谢申伯还在门前悬挂各种时势图片。徐世缓多年后回忆，他就在经销部"看到过徐锡麟、陈伯平、马子畦等烈士的半身照片，徐的照片上下两侧还题有赠予存念的字样"。逢年过节，经销处门口还支有贴各色

《时务报》

灯谜的走马灯，并设立文具等小奖品，以吸引更多读者。《申报》由申汉客轮每日送达，经销处收到报纸，立即安排人员送至订户手中，从不拖延。后抗日战争爆发，安庆沦陷，《申报》经销处也被迫停业。

第十四讲　民国安徽省城的民众教育

上

民众教育是什么？简而言之，就是为普通民众基本利益而创办的平民教育。民国时期，安庆作为安徽省城，民众教育具体体现于政府为民众创设的公共设施，主要包括：安徽省立图书馆、安徽通俗教育馆、安徽科学馆以及安徽第一游乐场等。

我们先从民国安徽省立图书馆说起。

民国安徽省立图书馆，创始于1912年，终止于1949年，前后一共38年。它包括初创、振兴、鼎盛和衰败，共4个阶段。

清末，位于安庆北门大拐角头的藏书楼

说民国安徽省立图书馆之前，我们先介绍一下晚清安庆的藏书楼。

光绪二十九年（1903）春，陈独秀在安庆举办了闻名于世的藏书楼演说会。这个藏书楼位于大拐角头，其前身是敬敷书院的藏书楼，它建于光绪元年（1875），由安徽布政司使孙衣言倡捐筹设，先后获赠各类古籍数百部。这个书院，也是安徽省最早的院校图书馆。后敬敷书院改为求是学堂，书院也随之改为求是学堂藏书楼。光绪二十八年（1902），求是学堂迁往梓潼阁，书院旧址闲置。后由安徽学务公所牵头，借求是学堂书院旧址，设立公共性质的藏书楼。创设期间，正谊书局老板何熙年等，先后在《汇报》上发表《皖省藏书楼同人广告本省宦绅公告》《皖省藏书楼启》《广藏书说》等文。上海务本女校校长戴少英，闻之情动，捐助了不少钱款。藏书楼建成后，原求是学堂书院的藏书，又多移藏于此。藏书楼是安徽公共图书馆的源头。

安徽省立图书馆初创是一个漫长的过程，它从 1912 年开始起步，到 1920 年初步成型，前后花费时间长达 9 年。总结安徽省立图书馆初创历程，有两个字可以概括，叫"流动"。流动的根本性因素，是居无定所，在这 9 年时间中，它始终没有合适的安置位置。另一方面，在这 9 年中，图书馆的负责人也如走马灯，或经理，或馆长，或主任，或什么名头也没有，前后有 10 任之多。其中长者达三年半，而短者只有两三个月。

1911 年秋冬，安庆光复。1912 年 1 月，安徽都督孙毓筠委托姚孟振集中学务公所藏书楼、各学堂及各衙署的存书，存放于城北育婴堂中的蒙养院，并以此创设全皖图书馆，委任姚孟振为图书馆经理，柯少华为收掌。姚孟振是桐城人，此前为敬敷书院课士，后执教芜湖安徽公学。姚孟振在任期间，安庆各"学堂"改为"学校"后相继复办，原各学堂部分藏书，均分别交还回去。全皖图书馆最后留存的图书，只有学务公所藏书楼所藏部分。

1912 年 6 月，姚孟振辞职，教育司长邓绳侯委请高文伯接手。高文伯实地考察后，认为蒙养院房舍过于狭窄，无法适应公共图书对外开放的需求，提议改前提学使司署为图书馆新址。提学使司署为清皖省最高教育行政机构，位于安庆府署之南，臬署之北，地理位置非常好。可惜计划还在酝酿之中，省司法司抢先一步，将其占为办公之地。年末，都督府最终指拨城南文昌宫及存古学堂校舍，为安徽图书馆新址。蒙养院藏书移入后，新馆开始对外开放。文昌又名文曲星，传说为主宰功名和禄位的神。安庆文昌宫形成于清嘉庆年间，主体建筑文昌阁建于康熙年间，位于万亿仓东最高处，阁高四层，将近 17 米，与城外振风塔遥遥相对。从地形上看，"皖城西北有崇山峻岭，东南则奔澜湍激，下游倾泻，地形不足"，时任安徽按察使多宏安，心有不安，于是捐俸修建，以人力补天功之缺。太平天

晚清安庆城南文昌阁，
安徽省立图书馆初址

国战乱，文昌宫内建筑被毁，后又复建。在安庆，文昌阁又作魁星阁，或奎星阁，奎星阁巷因此而名。与之相邻的存古学堂，宣统元年（1909）由藩司沈曾植创办，聘婺县程抑斋主持校务，李审言、朱仲我为主教司，招收正、附课生240余人。1912年停办。

1913年1月，安徽都督柏文蔚委任方培良为安徽省立图书馆经理。2月10日，图书馆正式对外开放。方培良对图书馆环境十分满意：馆舍正门上有"琅嬛福地"四字，左右横额一为"石渠"，一为"天禄"，均出于书法家张树侯之手。尤其是内中文昌阁，悚然登之，江天在望。同年5月，邓绳侯之子邓以蛰出任馆长。邓以蛰早年留学日本，后入美国哥伦比亚大学攻读哲学和美学，为中国著名美术家和美术史家。但邓以蛰到任只4个月，安徽省立图书馆便奉命停办，馆舍也被军队强占。图书馆藏书再度由开放状态变为保管状态。

1914年安徽省立图书馆藏书两度外移。2月，先迁梓潼阁高等学堂旧址，与孔教会共处一楼。8月，又迁鹭鸶桥农工学堂。此阶段保管事务，由省长公署教育科鲍光照兼管。10月，朱型受命出任馆长一职，安徽省立图书馆再度对外开放。据史料载，当时安徽省立图书馆的月经费只有120元，勉勉强强能支撑开门。1915年10月，陈达璋出任馆长一职。陈达璋在任3年半时间，1919年4月离任。这段时间也是早期安徽省立图书馆相对稳定的时期。1919年5月，马德骥出任馆长，在任只两个月，便改由教育厅长董嘉会兼任。董嘉会，字享衢，安庆人。宣统元年（1909）毕业于京师大学堂，后任北京政府交通部秘书长、国务院秘书长等职。在任期间，董嘉会将安徽省立图书馆和安徽省立通俗图书馆合并，并附设科学研究会。在他的安排下，图书馆编印有书目两册，整个馆务工作较之早前有很大起色。1920年，汪开栋代行主任一职，同年11月，改由王鸣瑞出任馆长。至此，安徽省立图书馆初创阶段，算是划上休止符。

民国安徽省立图书馆的第二个阶段，可以称之为振兴阶段，它以1921年新迁馆址至旧藩署后院为分界线。在这之前，迁址一直是安徽省立图书馆的常态，但此次迁址却是它的休止符，自此起，至1938年因战乱外迁，旧藩属后院始终为它的固定场所。由此也可以用两个字来概括，叫"安居"。只有安居，方能乐业。安徽省立图书馆的振兴，由此迈开新的步伐。

1921年，安徽发生著名"六二学潮"，安徽至德人许世英，在安徽各界"皖人治皖"强烈呼声中，南下安庆就任安徽省省长。来安徽之前，许世英先后任北洋政府内务总长、交通总长、大理院院长、内阁司法总长等职。许世英到任之后，为安徽文化办了两件大事，一是通过多方协商，最终将谯楼移交迎江寺管理，建为安徽佛教会佛教经典陈列馆；二是应社会各界要求，将谯楼内未使用的省长公署洋楼以及周边天柱阁等建筑，改为安徽省立图书馆永久馆址。

安徽省立图书馆主楼的建筑，由前任省长聂宪藩修建。聂宪藩算是"军二代"，他的父亲聂士成，40年戎马生涯，先后参与剿捻、中法战争、甲午战争等战争，后在庚子之变的天津保卫战中阵亡。聂宪藩是1919年12月出任安徽省省长的，上任后不久，就提出要改善省长的办公环境，因此选址旧藩署后院，新盖一栋西洋风格的二层办公楼。可惜还没有搬进去，就因"六二学潮"导致政局失控，

清末安徽旧藩署大门——谯楼

无奈之中，于 1921 年 8 月匆匆辞职卸任。

许世英来安徽，面临两种意见：一种意见认为省长是一省之最高领导者，省长公署代表整个安徽形象，因此省长公署洋楼不仅要住，而且要住得好；另外一种意见认为，省长的职责，就是服务于一省之人民，虽然办公环境好坏不是一己私利，但相比于安徽人民的公利，私利要让道于公利。这里所说的"公利"，有其明确的指向，就是安徽省立图书馆馆址。

许世英也很犹豫，但最后还是让教育厅厅长张继煦于 12 月 16 日签发训令："图书馆房舍狭窄，难图发展，自系实情。所请拨借旧藩署屋址以资扩充一节应准，将藩署正中新盖楼房以及天柱阁、花园等处划拨借用。"训令公开之后，安徽社会各界好评如潮，此举也被抬高到"皖人治皖"之重大决策。

训令中提及的天柱阁，建于清光绪年间。时年，安徽布政使沈曾植，在藩署后院修建成园，园内主体建筑，一为天柱阁，一为礼乐楼。后方守彝登天柱阁，赞叹："起楼筑阁山之巅，云里一山迎栏前。"其壮观气势，由此可见。训令中"藩署正中新盖楼房"，就是规划中的省长公署。这栋新盖的小洋楼，高两层，青砖扁砌，黑瓦盖顶，其中外走廊栏杆带有浓烈的西洋风格，但走廊立柱的砖雕，又最大限度地融入了东方文化。在安庆民国西洋建筑中，这栋小洋楼最具张扬的个性色彩。

安徽省立图书馆振兴阶段虽然以迁址谯楼后院为始，但从内涵上，又以吴传绮 1923 年 12 月出任馆长为始点。吴传绮出任馆长之前，陈树芳 1922 年接替王鸣瑞任馆长一职，在位前后一年有余。

安徽教育厅关于拨旧藩署扩建省立图书馆的训令

1923 年吴传绮接任安徽省立图书馆馆长一职。吴传绮，字季白，安徽怀宁人。吴传绮腿有残疾，对外介绍时，他常以文雅的"足疾"二字自嘲。足疾让吴传绮一生伤透脑筋，也让他的仕途始终暗淡无光。光绪十五年（1889），吴传绮科考中举，任国子监学录助教，后赴湖南，任永绥厅同知。在任虽兢兢业业，但最后也只是署理永宁府知府。后回安庆定居，任怀宁中学堂监督，光绪三十二年（1906）又当选为安徽教育总会副会长。

清末安庆，吴传绮名声极大。声誉来自两个方面：宣统元年（1909），吴传绮接任安徽官立女子师范学堂监督，成为安徽女子教育的先行者。光绪三十三年（1907），学部颁布《女子师范学堂章程》和《女子小学堂章程》。后不久，地方绅士刘廷凤等，在提学使沈曾植支持下，创设官立女子师范学堂。但直到宣统元年（1909）吴传绮接手后，女子师范学堂才渐渐有些眉目。当年开收正科 1 个班，次年又增设预科 1 个班，另附属小学和风节井幼稚园。幼稚教育当时在安庆，也是石破天惊第一家。另外一方面，吴传绮又以自己藏书为主体，私设图书馆于大弓箭巷，对外免费借阅，此为安徽公立与私立图书馆之先声。民国后，吴传绮一度担任《安徽商报》主笔。

吴传绮出任安徽省立图书馆馆长一职后，大刀阔斧做了两件事：一是将通俗部另设，更名为安徽省立通俗教育馆，下设讲演、图书、体育 3 部，直接为老城文化层次较低的普通民众服务；二是积极争取经费，加大图书馆图书购置力度。据 1924 年商务印书馆《第一回中国年鉴》载，当时安徽省立图书馆存中文书籍 33281 册，另有日文书籍 276 册，其他语种书籍 258 册。隔年商务印书馆《日用百科全书》记，安徽省立图书馆藏书总量又上升到 44800 册。此外，又抽调专业人员，集中力量对图书馆藏书进行了系统整理。

1926 年春，前安徽国民军司令、亳州人高世读出任安徽省省长。高世读虽为秀才出身，但到任后，重"财"轻"书"，要求安徽省立图书馆让址给安徽省财政厅。吴传绮以图书馆为全省文化中心为由，据理力争，但成效不大。不得已，只好学官场公文繁杂这一套，往往返返拖延时间。1927 年春，国民革命军抵至安庆，安徽省立图书馆迁址一事，至此不了了之。后吴传绮以年高为由辞职，安徽省立图书馆再度陷入停滞状态。

安徽省立图书馆主楼，原为安徽省长公署

1928 年 4 月，胡翼谋出任安徽省立图书馆第 12 任馆长。胡翼谋是安徽绩溪人，早年留学日本。接任馆长一职后，他会同教育厅科员秦英藩、汪德全、施廷镛等，清理藏书，整理馆务，并制定《安徽图书馆规程 31 条》。其中第 1 条至第 3 条是为安徽省公共图书馆事业建设设立的总纲，第 4 条至第 8 条为图书馆部门设置及相应职责，第 9 条至第 12 条为人事制度方面的规定，第 13 条至 16 条为经费使用细则，第 17 条至 25 条为业务管理细则，第 27 条以下为行政管理细则。此阶段安徽省立图书馆的部门设置为：总务、图书编藏、图书流通、文献征存，共 4 股。月经费为 1021 元。

虽如此，1929 年 2 月 14 日，教育厅长程天放前来视察，仍表示出许多不满。在 19 日发布的训令中，责令改进的内容包括：标志不够醒目、应设立阅报室、休息日不应安排在星期日、空屋应辟作阅览室、阅览室桌椅及书籍杂志太少、馆藏旧书的保护与补缺不力、图书整理不够及时，等等。这也从另一个角度表明安徽教育厅对公共图书馆建设的高度重视。

1930 年 1 月，胡翼谋卸任安徽省立图书馆馆长一职。

中

民国安徽省立图书馆的第三个阶段，也就是它的振兴阶段，从 1930 年 2 月陈东原出任馆长始，至 1937 年 7 月全国抗日战争爆发止，前后 8 个年头，这个阶段也有一个关键词，就是"学风"。学风是一本杂志之名，也是这 8 年安徽省立图书馆倡导与实施的现代图书馆理念。

1929 年末，安徽省教育厅再次向省立图书馆发出训令，要求胡翼谋着手整顿馆务。主要内容为 4 条：员工职责重新分配，提高工作效率；调整购书经费结构，增加预防灾变与临时购书款项；按社会需求订立购置图书计划；扩大宣传，增加读者服务内容。此次训令起因，缘于之前督学陈东原、董淮的奉令视察。在提交的视察报告中，陈东原就馆务繁简不均、图书登记整理不力、图书内容不适读者需求等提出微词。这份微词，具体、专业而且具有针对性。而这份训令，也是陈东原接任图书馆馆长一职的直接诱因。

陈东原 1902 年生于合肥，1918 年入安庆省立第一师范，1922 年考入北京大学，后有中断，最终于 1929 年毕业。出任安徽省立图书馆馆长时，陈东原只有 28 岁。此前，在胡适指导下，他完成了专著《中国妇女生活史》，另出版有《中国古代教育》《中国教育论》等书。从这个角度，陈东原属于年轻有为且前途不可限量的青年才杰。

而此时，安徽教育厅厅长程天放，也只有 31 岁。程天放 18 岁入复旦公学，21 岁公费留美，23 岁获伊利诺伊大学政治学硕士，27 岁获加拿大多伦多大学政治学博士学位。年轻官员起用年轻的人才，也为安徽省立图书馆吹入清新之风。

陈东原到馆长任后，以年轻的激情，轰轰烈烈烧了两把火。其中之一，就是经多方交涉协商，将原驻旧藩署内的保安队等单位撤出，所空房舍改为图书馆所用，扩大了图书馆的规模：将紫薇堂、江南宫房舍，改为普通阅览室和日报阅览

安徽省立图书馆馆长陈东原（前排右三）与同事合影

民国安徽省立图书馆大门

室；将第一进东厢房三间，辟为杂志阅览室；将敬义斋一辟为二，一半为儿童阅览室，一半为邀请读者或专门研究者讨论儿童阅读之事的讨论室。另外，又动手改建图书馆正门。新门楼4柱3墙，类似传统牌坊结构，上为拱形半圆之顶，下壁满雕对称祥云纹饰。"安徽省立图书馆"7个大字为隶书，上为"安徽"，下为"省立图书馆"，肃穆庄重大气。大门上端也为圆拱之形，中悬锁石。至此，安徽省立图书馆方显出一省之图书要地的威严。

安徽省立图书馆第17任馆长蒋元卿后来撰文介绍，当时图书馆规模相对较大，分为两个区域，其中前半部共三进：第一进正中为图书馆大门，左右为办公室。院内立有馆碑，篆书"图书馆"三字，为方丹石手笔，四周雕龙刻彩；第二进设有儿童阅览室和中学生阅览室；第三进左为普通阅览室，右为杂志阅览室。后半部中间建有藏书楼，西边三进为历史博物馆，东边图书馆主楼，便是前省长公署。主楼一层是阅报室，二层设有研究室和全省教育档案室。蒋元卿用"环境幽雅，房屋宽敞"对省立图书馆做了客观评价。

据1933年出版的《安徽省立图书馆概况》记载，当时图书馆内部机构设置，有普通阅览室、杂志参考室、儿童阅览室、历史民俗陈列室、借书室、日报室、藏书楼、编藏股办公室、总务流通股办公室、装订室以及第一、第二巡回书库。其中第一巡回书库设在鹭鸶桥通志馆前，主要陈列报纸杂志。第二巡回书库设在县下坡，主要陈列报纸。

陈东原在任期间，还将征集文献古物作为重要的任务。其中对安徽省各地方志，多以重金收购，少数则请人抄缮。全省乡贤遗著，也搜购到429部。各县古迹，先贤遗像，金石拓片等，也有不少征集，全归入历史文化陈列室展览。1933年2月，安徽省政府将寿县出土的春秋楚器共718件，转安徽省立图书馆保管，后图书馆

安徽省立图书馆历史
博物部

又专设寿县古物陈列室对外展出。

从 1933 年《安徽省立图书馆概况》中照片的排名看，仅次于馆长陈东原的为编藏股主任刘华锦女士。再加上诸室诸股 22 位员工，全部共 24 位。其中馆长月俸 160 元，其余员工月俸累计 914 元。另有工役月俸 90 元。但后刊于《学风》杂志的"本馆全体员工摄影"，人数又增至 38 位。照片上方"博学、审问、慎思、明辨、笃行"，应该就是陈东原所倡导的图书馆精神。

与此同时，陈东原又向安徽省政府递交报告，称图书馆读者日益增多，读者需要更幽静的读书环境，建议以旧藩署现有园林与古迹为基础，将其改建为服务民众的公园。图书馆居于公园之中，两者相辅，也会吸引更多读者来利用图书馆。此建议由程天放向安徽省政府提出议案，后在省政府委员会第 166 次、第 200 次会议上得到通过，并议决由建设厅督同怀宁县筹办。整个改建工程，包括修筑围墙、铺碎石道、配置花木、建东西风景亭以及时尚喷水池等，始终断断续续，直到 1936 年才正式竣工。公园占地 50 亩，名为"安庆公园"。

在民国安徽省立图书馆历史上，陈东原属于一个时期，一个鼎盛时期。鼎盛时期最具鼎盛意义的标志，就是出版图书馆馆刊《学风》。《学风》杂志创刊号问世于 1930 年 10 月 5 日。该刊每年出 1 卷，每卷 10 期，1937 年 6 月 20 日，出至第 7 卷第 5 期时，因抗战爆发而终刊，共出版 67 期。《学风》以"整理中国文化，

安徽省立图书馆馆刊《学风》

阐发安徽文献，增养民族意识，倡导良好学风"为宗旨，既刊发了大量高品质的学术文章，又保存了丰富的安徽文化史料，有较高的学术价值和文献价值。《学风》前7期每期发行1000册，第五卷时增至2500册，为民国时期图书馆界名刊。"社会上有各样的风气，图书馆应该提倡的是一种进取向上的风气"，陈东原如是说。

1935年8月，陈东原因赴美留学辞职，馆长由吴天植接任。至1937年7月全国抗战爆发，安徽省立图书馆基本在原有轨迹上运行。

民国安徽省立图书馆的末期，可以称它为"最后的夕阳"，它起自1937年7月全国抗战爆发，终结于1949年3月。这个阶段也有一个关键词，叫"失所"。失所是背井离乡的痛苦。居无定所，能够生存就是幸事，自然不言壮大，不言发展。

危难之中接手馆长一职的李辛白乃安徽无为人，早年留学日本，就读早稻田大学，同盟会会员。光绪三十三年（1907）回上海创办《国民白话日报》，1912年在芜湖创办《共和日报》。后受蔡元培邀请，担任北京大学庶务主任，先后创办《每周评论》《北京大学月刊》《新潮》《新生活周刊》等杂志。

1937年8月，李辛白接手的安徽省立图书馆，经由胡翼谋、陈东原与吴天植等馆长持续完善，已经将传统旧式藏书楼式的图书馆，发展为具有现代都会格局与规模的图书馆。据《学风》杂志公布的数字，1933年图书馆全年阅读人数为20万，1934年上升到36万。1935年略有下降，仍为33.3万。至1935年7月，有中日文图书74105册，西文图书397册，儿童读物3785册，合订杂志4759册，合订报纸721册，全部94515册。1935年8月至1936年7月，又新增7193册，馆藏总数突破10万。

1938年6月12日，安庆沦陷。在这之前，馆藏善本及线装古籍3万余册，由编藏股馆员张丹九押转到桐城罗家岭庋藏。普通图书 4 万余册，则由馆员赵筱梅押运至六安，转藏于第一临时中学。后第一临时中学遭敌机轰炸，图书损毁惨重，残余部分又交由霍立联中保管，但后不知所终。其余存放于书库内的馆藏报纸杂志、教育档案、碑帖拓本、字画图书等，安庆陷落后，均散失殆尽。

1940 年，安徽省立图书馆在立煌县恢复，史蕴璞担任馆长。原藏于桐城罗家岭的部分善本及线装古籍，辗转运抵至此。1943 年 1 月初，立煌失守，图书馆藏书再遭兵燹。安徽省立图书馆苦心经营 30 余年的收藏，自此损毁多半。

1944 年 2 月，安徽省立图书馆再度恢复，蒋元卿出任第 17 任馆长。蒋元卿，原名蒋家相，山东青岛人，祖籍山东海阳。少时因国难家贫辍学。1928 年考入青岛市图书馆。1932 年，应陈东原之聘来安庆，在安徽省立图书馆编藏股任职。其著作《校雠学史》《中国图书分类之沿革》，常年作为大学图书馆专业参考书。他所撰写的 10 卷 147 万字的《皖人书录》，收录皖籍学人 6700 余名，著作 17000 余种，是研究安徽文化的大型工具书。

再度恢复的安徽省立图书馆，主体书源为教育厅图书室所残存。早前存放于流波潼的部分藏书，也陆续收回。再加上各机关团体相赠，总数也接近 3 万册。1946 年秋，抗战胜利，安徽省立图书馆迁合肥，租用高氏宗祠为馆舍。同期，安徽省教育厅委派胡中五回安庆，接收原安徽省立图书馆房舍。1948 年 10 月，图书馆先迁宣城，后转迁屯溪，年底回迁至安庆，借市政街省立第一民众教育馆为馆址。1949 年 3 月，安徽省立图书馆奉令疏散，仅留馆长及保管人员。

1950 年 3 月，皖北安庆图书馆成立，蒋元卿任副馆长，后任馆长。皖北安庆图书馆馆藏图书，主要为安徽省立图书馆和通志馆接收部分，包括古旧书籍及报纸杂志，大约在 5 万册左右。1953 年，安徽省图书馆在合肥筹建，民国安徽省立图书馆藏书一分为二，其中 35900 余册，抽调至安徽省图书馆，其余保存于安庆市图书馆。蒋元卿是安徽省立图书馆向安徽省图书馆过渡中不可或缺的核心人物。

再说一段故事，1938 年安庆沦陷前夕，安徽省立图书馆与通志馆将包括《安徽通志》在内的古籍史册，运至桐城花山中方寺，想躲过战乱劫洗。1942 年，日军在桐城境内四处扫荡，中方寺命运不保。迎江寺住持本僧从安徽省图书馆潘石尚处得知此事，挺身而出，乘夜色带数十位僧人，划船走石塘湖、康熙河，把这批图书偷偷运回迎江寺，藏于振风塔第三层，使这批资料得以完整保存。事后安徽省政府对此事通令表彰，称振风塔为"文献塔"。

日军侵占安庆，不仅对安徽省立图书馆有破坏性摧毁，对安庆民间的藏书，也有毁灭性打击。其中，徐宽（厚祥）在小南门建有藏书楼——徐氏濯江书楼，藏书总量在万册以上，多为长沙岳麓书院的刻本。这些藏书均用木箱盛装，箱盖刻藏书之名，涂红漆以醒目。藏书扉页均盖有"徐氏濯江书楼藏书"长方形篆体印章。1939年，日军为军事需要，将小南门外的民居全部拆毁，徐氏濯江书楼及其藏书，也在此劫中被毁一空。

任家坡"合肥李氏慎余堂"李筱崖，为李鸿章侄孙，一生喜爱藏书，尤其以搜罗明版白纸精刻本而著称，其中包括世德堂刻《二十二子》、新安吴荣刻《汉魏丛书》等，在安徽是数一数二的藏书大家。慎余堂就是为藏书而特意修建的藏书楼。慎余堂所藏古籍，书品宽大，品相多在八成以上，书上钤有"合肥李氏慎余堂藏书"印记。安庆沦陷后，李氏举家逃难，只留一老用人代为照管。老用人嗜好鸦片，后在鸦片床上结识了做银器的金大顺。两人一商量，合伙开起旧书店，不到半年，将慎余堂收集多年的古籍善本，折腾得干干净净。此事当时风声很大，上海、南京买家都闻讯而来，其中南京来的陈先道，据说是专门替汪伪政权内务部长陈群来收购的。

登云坡"柏棠藏书"方宗诚、"柏堂季子"方守彝、寓居天台里的余诚格，都是清末民初安庆赫赫有名的藏书大家。其中余诚格的收藏，有不少为倪模江上云林阁旧藏。倪模藏书多达6万余卷，编有《江上云林阁书目》《经助堂藏书目录》，时称皖省藏书之首。抗战爆发，安庆沦陷，这些藏书均被战火所毁。除此之外，以收藏方志著称的江右白，匆匆逃离安庆时，将藏书寄存于浙江会馆，后不知去向；曾任安徽大学校长的刘文典，抗战初期将北平的藏书运至安庆，存放在郊区农户家中，后也被翻出来，通过潘翰章书店卖出；李大防祖父李宗义曾任两江总督、云贵总督等职，自己也历任署理安徽省长、安徽大学文学院院长，藏书颇丰，可惜也在战乱中尽数散失。在当时同安岭的几家书店内，如潘翰章、大兴书店、潘孟莲等，藏书家数十年花费的心血，沦落到成捆论斤地步。此外，安庆藏书家珍藏的许多珍本秘籍，均为日军在安庆派出的机构秘密收走。当时清水部队就在孝肃路《皖铎报》社设有收购点，专门收购线装古籍。

经历太平天国战乱和抗日战争两次洗劫，安庆民间藏书基本化为乌有。

下

民国安徽民众教育的另外一个支流就是安徽省立第一通俗教育馆。

通俗教育馆的起始，源于中华民国第一任教育总长蔡元培。任职期间，他在教育部专门设立社会教育司，分掌社会教育中的专门教育和通俗教育。1915 年，教育部明令创办通俗教育馆，并确立它为实施社会教育的中心机构。初期的通俗教育馆具有图书馆、博物馆、艺术教育等社会美育功能。

安徽第一通俗教育馆的设立，过程稍稍有些复杂。1912 年，省城安庆先后成立安徽宣讲所与安徽演说团。1913 年，安徽教育司取消宣讲所，将演说团改为省立讲演会，之后停办，直到 1918 年才另立安徽通俗讲演所，性质为私办官助。1919 年 5 月，安徽通俗讲演所由省教育厅接收，更名为安徽省立通俗讲演所，也称省立通俗图书馆，地点在小南门内万亿仓附近。安徽省教育厅厅长董嘉会兼任图书馆馆长时，安徽省立图书馆兼并省立通俗图书馆，将它设为安徽省立图书馆名下的通俗部。1923 年底，吴传绮就任省立图书馆馆长后，又将通俗部另设，更名为安徽省立通俗教育馆，下设讲演、图书、体育 3 部，直接服务于老城文化层次较低的普通民众。

1928 年 6 月，安徽通俗教育馆外迁至吴越街西，改名安徽省立第一通俗教育馆，另外增设游艺、博物两部，彻底与安徽省立图书馆脱离。此后不久，新市街马路雏形初成，中间为车行道，两侧为人行道。虽宽度有限，但相对于麻石条路面的老街，还是宽敞了很多。

位于吴越街西侧的安徽省立第一通俗教育馆

安徽省立通俗教育馆新迁于此，也真正实现了服务于民众的宗旨。此时省立通俗教育馆文化设施相对齐全，不仅有供民众健身的小滑冰场，可以放电影的电影放映室，还设有阅览室、弈棋室、音乐室、绘画室，和分别以科技、美术工艺、军事为主题的 3 个展览室。

特别介绍一下省立通俗教育馆的美术工艺展览室，它曾先后邀请刘海粟、钱化佛、光元鲲等省内著名画家，在此举办美术作品展。刘海粟时为上海美术专科学校校长。在安庆举办画展前后，刘海粟的绘画作品入选法国秋季沙龙、蒂勒黎沙龙，国画《九溪十八涧》获比利时独立百年纪念展览会荣誉奖，他还出版有画册《海粟油画》。钱化佛早年热衷革命，后急流勇退，专攻佛像绘画创作，画室名"万佛楼"，代表作品有《达摩渡江图》《八仙祝寿图》《纯阳酒醉岳阳楼图》《蟠档会图》《十八罗汉图》《降龙伏虎图》等。所绘佛像，无不神情逼真，栩栩如生。钱化佛作品另一个特点，就是均为民国元老所题跋，如于右任、章炳麟等。光元鲲是桐城人，1928 年考入上海新华艺术专科学校，师从潘天寿、黄宾虹、张善孖等，后任国立安徽大学美术教师。

民国安庆的美术创作相对贫乏，因此省立通俗教育馆举办的画展，对热爱美术作品的年轻人触动很大，其中包括后为徐悲鸿学生的孙多慈。1935 年 11 月 12 日，孙多慈在安庆举办个人画展，这是安徽历史上第一位女性画家的画展，也是安徽历史上第一次西洋画展。画展共展出美术作品 110 件，其中绝大多数为油画，如表现人物的《牧女》《刈草》《采桑》《挑土》《小店》，表现自然景色的《天目云海》《庐山天桥》《西天目山大王树》《野渡无人》，以景观为题材的《南京鼓楼》《安庆碉堡》《台城路》《明陵》等。

1935 年 9 月，孙多慈的第一部画集《孙多慈素描集》由上海中华书局出版。宗白华在序中称赞："落笔有音，取像不惑，好像前生与造化有约，一经晤面即能会心于体态意趣之间，不惟观察精确，更能以艺术为生命为灵魂者。"10 月 9 日，孙多慈的《木工》与《李家应女士》，又入选中国美术会第二届（秋季）展览会。徐悲鸿的评价是："孙多慈女士之《木工》，明暗适合，结构和谐，轻重相称。写工人生活，民间生活，已为今日责望美术家一致之口号，奈无人肯尝试。孙多慈以一女子而为之，勇气诚可佩。其《李家应女士》幅，轻描淡写，着笔不多，自然雅洁。”

1930 年的《安徽省立第一通俗教育馆概况》中介绍，当时的宣传语包括：实施社会教育；努力唤起民众；一般小朋友快到这里来看书；民众应该了解自然界各种现象；为人不识字就是人生最大的耻辱；我们的衣服要整洁不在乎华丽；生活艺术化；艺术民众化；民众应该有欣赏艺术的机会；本馆体育场是民众锻炼体魄的地方；等等，具体而通俗。

安庆一女中毕业生小影（右二是孙多慈），刊于 1930 年《图画时报》

1930 年，安徽省教育厅《令改通俗教育馆为民众教育馆》规定，“为改进社会教育计划，系以民众教育馆为社会教育之实施机关，本厅决定将各县县立通俗教育馆一律改名为县立民众教育馆。”安庆、芜湖、蚌埠等地通俗教育馆，分别改名为第一、第二、第三民众教育馆，其规模与活动也相应拓展。1932 年，安徽省立第一民众教育馆图书部就有图书 9400 余册，杂志 300 余种，并订阅各地日报 17 种共 70 余份。这一年，组织有 300 名婴儿参加的婴儿健康比赛会，又举办为期 5 天的“九一八”国难周年纪念展览会，还先后进行两次全省县级巡回讲演，并编印有《民众之友》《民众旬刊》《民众画报》等。

与此同时，省立第一民众教育馆还腾挪场地，置办仪式设备，举办面向安庆青年男女的集团结婚活动。集团结婚就是现在的集体结婚，20 世纪 30 年代盛行于中国。据《安庆市志》“大事记”载，1935 年 12 月 16 日，由安徽省政府出面，首次举行集团结婚。虽说是“集团”，但实际参加婚礼者只有 4 对新人。因为人少，肯定没有上海、南京等地的集团结婚场面壮观，但对相对滞后封闭的安庆城，这也算是惊艳四方的大新闻了。

集团结婚最早由上海市社会局发起，其目标有三：一、简单，二、经济，三、庄严。1935 年 4 月 3 日下午 3 时，在江湾市政府礼堂，57 对新人步入隆重而喜庆的婚礼殿堂。上海市市长吴铁成、社会局局长吴醒亚担任证婚人。参加集团结婚的新人，新郎身穿蓝袍黑褂，新娘则着粉红色软缎旗袍，头披白纱，手持鲜花。在军乐进行曲声中，新人们挽手步入礼堂。安庆举办集团结婚，在中国也算是起步较早的。其他地方，像云南昆明，1936 年才由新生活运动促进会指导举办集团结婚；而北平，则迟到 1937 年 6 月 20 日才举办首届集团结婚。

民国安徽的民众教育还有一个支流，这便是安徽省会科学馆。

20 世纪 30 年代，科学馆是新兴事物。民国公共科学馆概念提出，起于 1928 年 5 月第一次全国教育会议，时任教育行政委员会委员、大学院院长的蔡元培在开幕辞中，将"提倡科学教育"列为今后三大任务之一。会议最终决议通过《提倡科学教育注重实验并奖励研究案》。

但直到 1934 年，安徽省教育厅才把"提倡科学教育"具体落实到位。教育厅厅长杨廉作《一年来本省教育之回顾》，其中专设"提倡科学"一节分析现状："吾国国势之不振，论者多以科学不发达，为其主要原因。而本省科学之落后，尤为不可讳言之事实。其所以致此者，则以交通不甚便利，观摩较少，即就省立学校中。考察其科学设备，亦复简陋异常，非加以积极提倡，不足顺应潮流。原定渐次于每专员区内设立科学馆一所，全省共计十所。本年先将省会科学馆建筑成立。次外并于省立二中、四中、七中各校各建科学馆一所。"安徽是继湖北、福建之后，全国率先创建科学馆的省份之一。

1934 年设立的安徽省会科学馆位于安庆市政街北，归属安徽省教育厅，馆长由省立安徽大学总务长胡子穆兼任。科学馆内容有两个方面：一是动物科学，一是物理科学。

动物科学内最引人注目的是小型动物园，园内有猴、獐、獾、豺、狼、蟒等动物，其中最大的动物为一只金钱豹。禽类有鸳鸯、鹭鸶、野鸡、画眉等。另外，科学馆还专门设有动物标本室和植物标本室，动物标本主要是各种鸟、兽、昆虫等。后来金钱豹死了，胡子穆就带领一些青少年，在此制作成动物标本。植物标本室则以安庆地方野生植物为主。严格地说，动物园和标本室都是象征性的摆设，但在 20 世纪 30 年代，安庆城内市民，尤其孩童，可看可学可玩处极少，加之科学馆地处闹市，因而每逢星期天与节假日便游人如织。

物理科学馆最有影响的是无线电室，不少业余爱好者经常来此探究无线电技术。在此基础上，科学馆专门安装有无线电实验广播电台，由一位项姓老师负责。电台功率不大，只有 8 瓦特，但效果很好，安庆老城之内收听效果不错。电台每晚播两个小时，播放内容有科技知识，有戏曲演唱，也有当时的流行歌曲。当时吴越街和四牌楼的一些商店，都在大门头上安了收音机喇叭，以此来吸引顾客。

物理科学馆还建有机械修配车间，但只是一个展示性的平台，车床、冲床、刨床、铣床各有一部，配备了四五名工人，能简单修理机械部件和小柴油机。此外，还有一个化学试验室，主要任务有二：一是研究微生物，二是辅导学生进行化学试验。据胡庆昌介绍，"化验室设备较好，有精密分析天平和高倍显微镜，还有贵重仪器金坩埚和白金丝。"在安庆，那里也算是化学试验中心了。一些学校上化学课，包括胡玉美研制化学酱油，多是在此进行的。

安徽省会科学馆馆长胡子穆早年毕业于安徽高等学堂，后东渡日本求学，就读于日本东京高等师范学校博物系。1917 年回国后，曾在保定农业专门学校、武昌高等师范学校、安庆第一中学、安庆圣保罗中学、怀宁中学任教。1928 年，省立安徽大学创办，胡子穆应邀担任农学院生物系教授。同时，胡子穆又兼任安徽大学总务长。现在安庆师范大学内的红楼，就是他当年主持兴建的省立安徽大学教学楼。1934 年，胡子穆把教育目光放到大学之外，安徽省教育厅下设科学馆，他又应邀出任馆长。相比之下，从普及科学知识入手，为祖国培养有用的人才，胡子穆很可能更看重科学馆馆长这个职位。

1937 年 7 月 7 日，卢沟桥事变爆发。次年 6 月 12 日，安庆沦陷，胡子穆"实业救国"等梦想，全部化为泡影。陈独秀一首《书赠同乡胡子穆诗》，道出了他们共同的心酸："嫩秧被地如茵绿，落日衔天似火红。闲依柴门贪晚眺，不觉辛苦乱离中。"

接下来介绍一下清末民初安徽司法变革中的惩戒教育。

晚清鹭鸶桥附近的一条短街，街南街北都具有浓烈的"教育"色彩。虽同为教育，但对象不同。街北有安徽高等学堂，培养栋梁之材；街南的司狱使，则是安徽监狱的行政机构。司狱使下设司狱，建在谯楼西侧。民国后，司狱使旧址改建为监狱，于 1917 年竣工，饮马塘安徽模范监狱整体搬迁至此，改名安徽第一监狱，也称安徽第一模范监狱。

安徽第一模范监狱共占地 80 亩，监狱大门向北，前后三道，左右为警卫室。右拐，又有铁闸门相隔，前为接见室，后为第一狱区，共四栋号房，分别为劝字号、过字号、改字号和善字号。其中改字号与善字号为大米加工厂。其东三排建筑，先后为病监、女监和厨房。再过铁闸门，为监狱主狱区，环中央楼扇形而建，共五栋号房，分别为"信""智""礼""义""仁"。前三号为织布厂，义字号为木工厂，仁字号为印刷厂。安徽第一监狱能容纳各类犯人 440 人，是安徽规模最大的现代监狱。1919 年与 1923 年，安徽第一模范监狱两度参加全国京外监狱出品展览会，并获得较高奖次。

饮马塘安徽模范监狱前身为安庆罪犯习艺所，设于光绪三十二年（1906）4 月。它的创办，开启了晚清安徽监狱改革实践的大门。罪犯习艺所在中国司法史上具有特殊意义，它是现代监狱制度引入中国的改革实践。"意美而法良"，是清末监狱改革实践的先声。安庆罪犯习艺所前为收容偷窃等轻罪犯的习艺善堂。所谓"习艺"，就是聘用手工业艺人，为罪犯传授生产技艺，包括印刷、织布、缝纫、碾米、刺绣、制藤竹、雨伞和木器等。据史料载，当时每月"收入约千元，内盈余百元"。习艺所内还附设讲习所，"于罪犯习艺之余，教以识字明理，学习算术"。

"由惩罚而教养"的思想转变，为安徽监狱制度的现代转型，奠定了坚实的思想基础。

第十五讲　西医在安庆的发展

上

西医或者说现代临床医学，是在清末传入安庆的。西医传入安庆，与西方宗教文化对安庆的渗透密切相关。西医在安庆最早的医院，是中华圣公会建于清末的同仁医院。不仅如此，同仁医院也是安徽省最早、最大、最先进的西式医院。安庆西医初期发展，严格地说，就是以同仁医院为主体外延式的缓慢发展。20世纪20年代中期，安庆本土西医医院陆续设立，他们与同仁医院共同构成了民国安庆西医的大格局。所以，解读西医在安庆的发展，必须先要介绍同仁医院，而介绍同仁医院，又必须先介绍中华圣公会。

光绪二十年（1894），中国传教士黄朗斋受美国圣公会委派，由芜湖来安庆传教。光绪二十六年（1900），美籍传教士林汝学到安庆，在本地富绅教徒路琪光的资助下，选址城南小二郎巷，于光绪二十七年（1901）开始兴建教堂。美国圣公会立足安庆后，以"三车齐驱"的方式迅速扩展势力，这"三车"分别是修教堂、建医院和办学校。同仁医院就是这一年的10月，与教堂开始同步修建的。

同仁医院被认为是"省会和方圆200英里内唯一的医院"。美国圣公会杂志刊文，说"它位于城里一条最好的街道上，处在人口中心"。这里说的"最好的街道"，不是现在城北的健康路，而是城中东西走向的大二郎巷。

清末，位于大二郎巷的同仁医院（先进医院）

同仁医院主体建筑为一栋二层楼房，门楼高 4.5 米上下，面对大二郎巷，非常气派。它的设计完全符合医院要求，包括带有宽敞的候诊室、诊察室、手术室、更衣室、消毒室、药品室等。其中二楼有一间大的男子病房，另外还有几间小的单人病房。除此之外，医院还另外建有一栋独立的二层小楼，专门给女病人使用。医院共设置有 30 张床位。

据美国圣公会杂志刊文介绍：同仁医院修建费用为 5000 墨西哥元，它的"外部结构完全是东方的，内部布局则全是西方的"。同仁医院首任院长、主治医生埃德蒙·李·伍德沃德，中文名为华礼门，他是一位医学博士，是当时安庆历史上学历最高的主治医生。

此前，光绪二十二年（1896），就有一位叫默林思的医生，从武昌来安庆布教行医，这也是目前我们能看到的史料中，有记载的最早来安庆行医的西医医生。

大二郎巷同仁医院往西到四牌楼，再往北走百余米，便是老城的药神庙。中华传统医学与西方现代医学，在老城繁华的十字街口进行了世纪初的大碰撞。同仁医院所秉持的西方现代医学理念在安庆很快得到的认可，因此官方与民间又称同仁医院为"先进医院"。

据美国圣公会资料统计，1901 年 10 月至 1902 年 10 月的这一年时间内，同仁医院接待门诊病人共 3275 名，其中 2768 位为男性，507 位为女性，另有复诊 6765 人次。收治住院病人 312 人，男性 274 人，女性 38 人。进行麻醉手术 348 例，无麻手术 697 例。当年收入包括住院费 552.28 元，药品销售 223.26 元，病人伙食费 613.54 元，医疗费 228 元，接受捐款 326 元，总数合计为 1943.08 元。

几乎与大二郎巷同仁医院逐步完善的同时，光绪二十八年（1902），位于老城东北百花亭的同仁医院，也开始进行大手笔筹建。之后长达 5 年时间里，中华圣公会以蚕食的方式，陆续购买了严姓、邵姓、姚姓、代姓等多家房产，最终建起了以病房大楼为主体的同仁医院。

光绪三十二年（1906），时任同仁医院院长的华礼门，带着全体职工正式迁入新址。但迟至第二年 10 月 24 日，同仁医院才正式启用。当天举行的同仁医院开业典礼，安徽政府的主要官员均有出席参加。

对于安庆而言，这是一个非常特别的时间。早前三个月，即 1907 年 7 月（农历五月），安徽巡警学堂会办徐锡麟刺杀巡抚恩铭，引发安徽全省恐慌。百花亭一带，甚至连路人也不敢过来。同仁医院选择这个时间开业，实际也是为安庆城复兴，注入一针强心剂。

同仁医院的开业典礼上，安徽巡抚冯煦用同仁医院赠送的银钥匙，象征性地开启了同仁医院大门，意义非同凡响，因为在安徽，这恐怕是唯一由安徽最高官员开启大门的医院。

不仅如此，宣统二年（1910），中华圣公会单独成立皖赣教区，定安庆为教区中心，统管安徽、江西两省教务，圣救主堂也因此成为皖赣教区主教堂。同样道理，安庆同仁医院也成为皖赣教区的中心医院。

关于同仁医院，李遹声晚年回忆说："新医院的第一个病人就是一名乞讨男孩。"早期他曾拍一张合影照片，照片上的"那个丫鬟，也是第一批病人之一。他们俩现在都被教会收留。这只是体现了社会等级的一面，另一方面，大部分出诊是去富人和官员的家里。去年，当巡抚被革命党人射杀，就是同仁医院的泰勒医生被召去抢救他。传说他的服务因为受到肯定而获得一枚帝国勋章"。李遹声回忆中的"巡抚"指的是被徐锡麟枪杀的恩铭,而泰勒医生,就是民国安庆人都熟知的戴世璜。

安庆收藏家藏有一张清末明信片,明信片主图为一幢西洋建筑。明信片左上侧印有红色的英文说明,直译为"中国安庆圣詹姆斯医院"。这幢西洋建筑,就是建于城北的新同仁医院。照片中的同仁医院大楼,应该是竣工至正式启用的这段时间拍摄的。通过画面可以看到,新落成的同仁医院大楼,大门上方建有塔形钟楼。楼前围了一道栅栏,除正前方留下一棵大树外,空旷的草坪还未栽种树木。楼前小路站立的两人,一位是头戴礼帽的洋人,一位是穿马褂长衫的中国人。有趣的是,照片上的两人拿着图纸到底在商谈什么?是对建筑满意,还是不满意?可惜,时隔百年,我们无法听到。

同仁医院老大门,面对健康路,往东插,经永安街、铁佛庵便可抵锡麟街。与同仁医院隔街相望的,是天恩堂、天恩小学以及绣花房。同仁医院东侧,则是培媛女子中学,再过去,又是圣保罗中学。老城东北角百花亭这一片,实际已经成为中华圣公会相对独立的教区。

同仁医院的西侧,也就是现在海军安庆医院南大门与西大门,当年都不属于同仁医院。它是安庆六邑联立中学的大门楼。六邑联中前身为安庆府中学堂,址于小南门外多宝仓,后迁至保宁寺,也就是现海军安庆医院西大院。

回顾同仁医院历史,就必须提及一位重要人物,这就是一度为同仁医院院长

中国安庆圣詹姆斯医院(同仁医院)明信片

的戴世璜。

戴世璜 1882 年生于美国弗吉尼亚州诺福克的一个小镇，父母都是基督徒。1898 年，戴世璜就读于弗吉尼亚大学，1902 年获得医学博士学位。1904 年 10 月获准成为圣公会教会医生。1905 年 3 月 7 日，23 岁的年轻医生戴世璜，受美国圣公会派遣，由武汉来到安庆。自此至 1951 年离开中国，戴世璜在安庆生活了 46 年。

安庆西医之父——同仁医院院长戴世璜

戴世璜来安庆时，同仁医院还设在大二郎巷。他被安排住在一幢六角形的三层塔楼上。塔楼直径 3 米左右，底层为贮藏室，二楼为卧室和书房，三楼为一组大玻璃窗户，可观长江，也可观四周的街道。戴世璜到安庆后不久，华礼门院长为筹集同仁医院资金离开安庆，他便全面接手医院工作。当时的同仁医院，实际就只有他一个主治医生，因而不仅要负责门诊部的日常工作，还得照管住院的病人。之前华礼门医生培训了 4 个年轻助手，但只会基本医疗技能，勉强协助做一些简单的病情处理。

戴世璜给病人做检查和治疗时，年轻助手在一边能担任翻译工作。但这让戴世璜很苦恼，他在回忆录中说，"这虽然很好，但却对我学习中文不利"。戴世璜初到安庆，一点中文也不会，后来请了位姓寥的老师，通过半年时间，230 节中文课，以死记硬背的方法，勉强通过了非专业传教士的 4 次中文考试。

戴世璜在安庆行医的传奇故事很多，其中最有影响的，就是抢救安徽巡抚恩铭。

1907 年 7 月 6 日，安徽巡警学堂会办徐锡麟发动起义，安徽巡抚恩铭被刺。恩铭虽身中数弹，但并没有当场毙命，后被随行官员护送至安徽巡抚大院。为恩铭进行救治的，便是同仁医院院长戴世璜。据戴世璜回忆，那天他在另一家慈善医院做了一上午手术，中午刚回到家准备吃饭，官府便来人把他请到了巡抚衙门。他被官兵领着，穿过一个又一个院子，最后才见到了巡抚。巡抚躺在一张中国式大床上，周围围着一大群妻妾和官员，看见戴世璜，巡抚对他点头示意，摸着胸椎骨，官气十足地说："子弹在此，取出来！"戴世璜告诉他，他摸到的是胸椎，不是子弹。

当时医疗条件很差，没有血浆库存，也没有抗生素。同仁医院虽然是安庆城最大的医院，但规模仍然有限，医疗技术和水平都很一般。此外，为恩铭取枪弹，也是安庆城有史以来第一例腹部手术。但当时戴世璜根本来不及考虑许多，立即派人回医院，将手术台、仪器、手术服、消毒器等手术所需要的器械全部取了过来。戴世璜说他是当着巡抚衙门官员和恩铭妻妾家小的面，进行的抢救手术。但非常可惜，还没等他缝好恩铭的刀口，止住血，关上腹腔，恩铭那边就已经停止了呼吸。后来戴世璜在回忆录中说："糟糕的是，由于太激动，手术前没有让伤者家属在手术单上签字。他们应该明确，不论手术结果如何，我们是不能负责的——这是医院的常规程序。"

光绪三十四年（1908）春，戴世璜接替华礼门医生，正式出任同仁医院院长。戴世璜1905年来安庆，1951年离开，前后46年间，他远离故土，默默在异国他乡耗尽青春，参与和见证了安庆近代医疗事业的发展和变迁。从这个角度，戴世璜是当之无愧的安庆西医之父。

1906年到1927年，是同仁医院长足发展的20年。就是在这一阶段，医院相继建成门诊大楼、病房大楼等10座楼房，设有5个等级的100张床位。后又陆续开有外科、小儿科、妇产科，并开有门诊、病房、化验室、X光室等科室。拍摄于20世纪40年代的一张同仁医院老照片，记录有当时医院全貌：前为门诊大楼，后为病房大楼，两楼之间有天桥相连，病房大楼正门上方"同仁医院"四个大字，浑厚有力。

据《戴世璜自传》记载，同仁医院一直维持较高的医疗卫生标准，"我们让每位病人在入院之前洗个热水澡，脱掉他们自己的衣服，换上干净的病人服，让他们睡铺着褥垫的弹簧床，用干净的床单、枕头和被褥。不管是男病人还是女病人，一律如此"。

同仁医院是安庆唯一一家具有真正医学博士学位医生的医院，也被地方政府认定为医疗预防中心以及流行病处理中心。早年安庆每两三年就会流行一次霍乱，而所有霍乱病例，都会被送进同仁医院。不仅如此，同仁医院还成功追踪过传染病的源头：一名外地男子死于水井附近的一所房子里，他的衣服在水井里洗过。同仁医院立即禁止使用井水，阻止了霍乱病源的传染。

1926 年 8 月 18 日，同仁医院在《民岩报》刊登有一则广告。广告内容是收买苍蝇。收买苍蝇当然只是一个噱头，其真正目的，就是要让市民重视夏季传染病的防治。类似事例较多，因此，北京政府还专门向同仁医院颁发过杰出团队的嘉奖令。同时，因为在监狱实施人道救治，审判厅也向同仁医院特别颁发有麒麟嘉奖令。

《民岩报》上同仁医院"收买苍蝇"的广告

同仁医院治疗以及疾病预防的水平，也得到安徽政府高度认可。1921 年至 1927 年，安徽政府每月都为医院安排特别经费，最初为 200 元，后来增加到 400 元。政府拨款的原因之一，就是在同仁医院，没有一个病人因交不起治疗费而被拒绝入院。而政府的拨款，也保证了这一措施有力连续地实施。

1934 年，同仁医院专门成立高级护士学校，其学员多为年轻的女教徒。高级护士学校前身，是建于 1907 年秋的护士培训学校，这也是安庆第一所女子学校。高级护士学校在护理教育上所做的工作，不只在安庆、安徽，也在全国取得瞩目成绩，且为中华护士协会的成立奠定了基础。与此同时，同仁医院还特别重视青年助手的训练与培养，这些助手后来多作为"受过西方训练的医生"独立在外行医。

下

下面我们专门来讲一讲郁达夫。为什么？因为郁达夫的小说中，曾有对同仁医院的描写。

郁达夫三次来安庆，分别在安徽法政专门学校、安庆一中和省立安徽大学任教。虽然三次时间相加还不到一年，但郁达夫对安庆还是很有感情，他撰写的短篇小说《茫茫夜》《秋柳》和中篇小说《迷羊》，都以安庆为大背景。

在小说《迷羊》中，有关于安庆医院的一段描写，文字是这样的："这 A 城虽则也是一省城，但病院却只有由几个外国宣教师所立的一所。这所病院地处在 A 城的东北角一个小高岗上，几间清淡的洋房，和一丛齐云的古树，把这一区的风景，烘托得简洁幽深，使人经过其地，就能够感出一种宗教气味来。那一位会计科员，来回往复费了半日的工夫，把我的身体就很安稳的放置在圣保罗病院的一间特等房的床上了。"

小说中，郁达夫取安庆拼音的头一个"A"为城市代号，又称医院为"圣保罗病院"，加上地理位置表述为"城的东北角"，包括小说中具体描写的医院环境，无疑就是当年的同仁医院。我们可以顺着作家的文字细心体验："病房是在二层楼的西南角上，朝西朝南，各有两扇玻璃窗门，开门出去，是两条直角相遇的回廊。回廊槛外，西面是一个小花园，南面是一块草地，沿边种着些外国梧桐，这时候树叶已经凋落，草色也有点枯黄了。"我前些年曾经专门带着郁达夫小说《迷羊》，到有百年历史的同仁医院病房大楼进行体验，结果发现作者的描写，不仅方位精确，周边环境描述也十分到位。唯一改变的，是 80 多年过去，当年的花园中的树木已经长大，成为一片茂密的树林。

同仁医院的历史上，曾经受过三次冲击，这也是民国同仁医院发展的三次起伏。

第一次冲击是 1927 年，当时北伐军进入安庆，同仁医院为军队驻守，包括戴世璜在内，所有外籍医护人员均被返回原籍。一年后，同仁医院门诊室先行开诊，院务由华籍医生孙国玺担任。

这次冲击直到 1929 年才恢复元气。之后戴世璜重回同仁医院。1931 年，同仁医院修复竣工，医院面貌焕然一新，戴世璜对此非常满意。"我们雇了很多中国医生，有男有女，而孙国玺医生则负责管理医院，我是医疗部的负责人……不久数百张病床都住满了，我们的工作也被安排得井井有条。"由于教会势力减弱，这一年，孙国玺作为华籍医生，正式接替戴世璜担任院长。虽不再挂院长一职，但医院所有事务，均由戴世璜以及护士长包寿英承揽。

同仁医院病房大楼俯瞰

　　第二次冲击是 1938 年。这年 6 月 12 日安庆沦陷，同仁医院虽然是教会医院，但也同样遭受重创。在这之前，尽管安庆城屡遭日军飞机轰炸，但同仁医院的救治工作，始终不间断进行。《戴世璜自传》中写有这样的细节："一次，我们正准备给一个患乳突炎的女孩动手术，警报突然响了起来。辅助医生建议手术推迟，但我不同意。我说飞机也可能来也可能不来，来了也不一定就轰炸，所以手术一定得做。手术过程中，好几架飞机在城市上空盘旋，医院周围也枪声不断，其他医生都吓坏了，我就用中文开玩笑，同仁医院名字又没刻在炸弹上，难道一定会炸到我们？整个手术就是在这样一个氛围中顺利完成。最后手术很成功，小女孩康复得也非常好。"

　　从安庆沦陷当天起，同仁医院的性质就由医疗改为对难民的保护。高峰时，同仁医院收容的难民达到 650 人，其中绝大部分是妇女和儿童。这期间，包括戴世璜在内，所有医护人员的主要工作，都投入到难民安置之中。有一段时间，同仁医院基本成了加工厂，他们从地下渠道购买一批小麦，难民利用石磨，一点一点加工成面粉。之后一个多月，安庆如同鬼城，商店大门洞开，大街空无一人。戴世璜他们的主要精力，就是四处为 600 余难民寻找食物。日军对同仁医院收留难民十分恼火，采取各种手段逼迫他们放弃。后在中国内陆救济所和天主教救济所共同努力下，情势才有所缓和。

1941 年底，珍珠港事件爆发，同仁医院被日军强行征收，改作为日军将士服务的陆军医院。戴世璜以及所有外籍医务人员，先是被拘禁于近圣街集中营，后又被驱逐出中国。1945 年抗战胜利，同仁医院得以重新恢复。但此时的安庆，虽然仍为安徽省会，却徒有一个名分，安徽省政府大多机关并没有随之回迁过来，这对同仁医院再度崛起多少有些影响。至 1951 年，同仁医院有中外工作人员 160 多人，100 余张床位。虽如此，它仍是安徽较大的西医医院。

最后一次冲击是 1949 年安庆解放，这一次冲击对于同仁医院是致命性的。但同仁医院历史真正结束，是 1951 年 1 月 14 日。这一天，以刘伯常为组长的管制同仁医院清点小组，由安庆市军管会委派进驻同仁医院，半个月后清点工作结束。当年 7 月，同仁医院划归皖北军区后勤部，并于 12 日改建为中国人民解放军第 14 陆军医院。戴世璜等许多外籍医务人员，也是在这前后陆续离开安庆回国。从 1901 年创办，到 1951 年由安庆军管会接管，半个世纪里，同仁医院几经风雨，最终还是淡出安庆老城的历史舞台。

安庆教会医院不止同仁医院一所，但它的规模最大。另外一家天主堂诊所，光绪三十一年（1905）由安庆天主教创设。主治医生是西班牙耶稣会士姚如琳。医院位于天主堂大门北端，其本名为圣心诊所，安庆老百姓叫不习惯，都喊它为天主堂诊所。圣心诊所建有 3 间平房，配有显微镜及一般诊疗器械，药品多从西班牙进口。圣心诊所以眼科著称，小儿科与内科也很有名，日门诊人数在 70 到 100 人之间。诊所带有施贫救助性质，价格比较低廉。20 世纪 30 年代，姚如琳招收中国学员 10 余人，以带徒方式进行简单的西医培训。1931 年，天主教安庆教区在石家塘建立圣母院，并在奉直会馆开设女医诊所，配有 3 位外籍女医生应诊。女医诊所只接诊女病人，日门诊量在 30 人左右。圣心诊所曾一度在北门教堂附设诊所。另外，1944 年在太平寺教堂附近还开设有西堂诊所。这些诊所规模都不大，影响也比较小。1951 年 9 月，梅耿光及外籍医生被驱逐出境，圣心诊所改名天主堂革新会诊得以短暂维持，1952 年停办。

1938 年 6 月 12 日，日本军队侵占安庆，至 1945 年 8 月 15 日，前后 7 年时间，安庆都在日军铁蹄蹂躏之下。这一阶段安庆的西医医院，主要是为日本军士、商

天主堂诊所姚如琳医生与他的中国学员

贾及其眷属服务的东亚医院。

东亚医院前身是 1938 年 10 月设于司下坡的施医所。这个施医所，类似现在街道诊所，包括所长、医生、护士在内，不足 10 人，每天门诊量也只有三四十人。1939 年 4 月，日军在此基础上开设东亚医院，后迁至县学宫，也就是现在四中的位置。东亚医院规模相对较大，设内、外、妇产、牙等科，有 20 张床位。另外还建有手术室，可以做阑尾炎等小手术。日军每天派两名军医来医院参加诊疗。

太平洋战争爆发后，东亚医院又迁至大二郎巷培德中学。同仁医院部分病床、X 光机、药品、器械以及一些职工，合并至东亚医院，日本医学组织同仁会也派来 8 名医护人员。这一时期的东亚医院，有楼房 2 幢，平房 3 栋。设内、外、妇产、五官等科，床位也增加到百余张，其中常设床位 50 张左右。医院另外附设有护士养成所。医院大门东侧设有简易诊室，称济民院，有简易床位 2 张，中国医务人员 3 人。

关于沦陷时期安庆本土西医医院的资料一直空白，《安庆市志·卫生卷》中也没有做任何介绍。但在这一时期的《安庆新报》上，有安庆本土西医医院的零星资料。其中位于韦家巷 9 号的怀宁医院，在 1942 年 10 月 5 日《安庆新报》上登有广告。据广告宣传，怀宁医院设内、外、妇产、小儿、花柳、戒烟等科及男女病房。怀宁医院院长高山盛，应该是 1941 年夏回安庆的，最初只是寄寓旅馆行医，对外宣传则主要靠报纸广告。在 1942 年 7 月 24 日《安庆新报》广告中，高山盛自我介绍为医学士，暂寓三牌楼迎宾大旅社应诊，如遇急症也可出诊。类似的西医诊所广告，还有医学博士刘克己、西医王振廷等。

安庆沦陷后期，西医医院发展较快，除怀宁医院外，另有设在韦家巷 37 号的怀宁诊所，设于小南门街 14 号的寿民医院，设于萧家桥 51 号的平民诊疗所等。这之中，寿民医院院长周松珊，比较擅长五官科，在广告投入上，所以较其他医院更舍得花钱。但总体看，此阶段安庆的西医医院，规模都比较小，设施也十分简单。因此说，沦陷时期的安庆西医，基本处于停滞状态。

民国安庆本土医院的发展，主要为 3 个时期。除刚才介绍的沦陷时期外，另外两个时期，一是民国初年，一是抗战之后。民国初年是安庆本土西医的起步阶段。抗战之后百业复兴，安庆本土西医虽有一定发展，但受制于当时的政治环境与经济条件，步子也不是很大。

《安庆市志·卫生卷》制有一张安庆民国初年西医医院统计图表。从图表统计数字看，抗战之前安庆私立的西医医院有 17 家。虽然也称为医院，但大多没有床位，充其量只能叫诊所。按年代顺序，最早设立的是华济医院，1912 年设于吕八街，主要是接生助产。其次是博爱医院，院址在城西北大士庵，1918 年创建，开设有床位 44 张，设内科、外科、妇产科。寿民医院是 1919 年开办的，当时院址在肖家桥。健生医院 1919 年开办，院址在钱牌楼康济里，有床位 26 张，设有内科、外科。1929 年在大士庵开设的博儒医院，也有一定规模，设有 20 张座位。

1923 年 9 月出版的《中国旅行指南》，也对安庆的西医医院做有介绍，共 7 家，其中位于西围墙的安庆医院，《安庆市志·卫生卷》西医医院统计图表上漏记。而设于小南门街的宁武医院，在当时应该有一些影响。

健生医院院长吴健生，1916 年毕业于天津陆军军医学校。从《民岩报》上的广告看，健生医院在 1926 年 8 月就有一定规模，院长吴健生擅长内科、儿科，但最擅长的是新法戒烟。1934 年至 1937 年末，吴健生还任职于安徽省会施医所与安徽省戒烟医院。

安徽省会施医所属政府官办。1927 年，官医牛痘总局和同善医局合并，名字就叫安庆市官医院。这个医院设中医与西医部，以中医为主，设有中医内、外、眼、痘科，在春季施种牛痘量很大。西医部有西医士与药剂士，但人数不多。医院为施舍性质，由政府按月划定款项拨给经费，病人就诊，医药费一律免收。1929年安庆市机构撤销，医院也改名为安徽省会施医所，附设产科，由一名日本医生应诊接生。

抗日战争胜利后，安庆也建有不少医院。《安庆市志·卫生卷》统计为23家，但规模都较小。后来在安庆复刊的《皖报》上，也陆陆续续出现医院广告，其中首先出现的是老面孔健生医院，院址明确标明为钱牌楼。之后仲存医院等，也开始占据广告版面。1947年10月4日，《皖报》就有5家医院、诊所刊发广告，包括赵永彬诊所、王自得医师、光涛医院等。但从广告内容看，很难判定这些医院是不是西医性质。

1948年7月，《皖报》曾刊有安庆中西医医生名单，其中西医23名，来自21家医院，除女婴医院朱建新、同德诊所陈文环为女性外，其余21名医生均为男性。列于第一位的是省立医院的纪仲愚，列在第二位的是同仁医院的孙国玺，健生医院的吴健生位列第三。同仁医院的外籍医生不在名单上。

1945年11月，安徽省政府卫生处接管东亚医院，改组成立安徽省立安庆医院。1947年下半年，医院由大二郎巷迁至东围墙西侧。在此时期，省立安庆医院主要设有内、外、产妇、五官科等。其中外科能施行截肢及一般腹腔手术，

健生医院广告

健生医院院长吴健生

妇产科能作剖腹产手术。另外设有护士部、药房、检验室、手术室、理疗室等，检验室可作三大常规及梅毒试验。医院后改名为安庆市立医院。1946 年 2 月，安徽省立安庆高级医事职业学校迁回安庆。1946 年 10 月，学校开办附属产科医院。因经费不足，直到 1948 年才正式开业。此产科医院与健生医院，为安庆市第一人民医院的前身。

第十六讲　皖城美食文化面面观

上

许多外地食客谈安庆菜的特点，总把它归类于徽菜系列，这种观点有失偏颇，因为用简简单单一个"徽"字，概括不了安庆饮食文化博大精深的深刻内涵。安庆饮食特色是什么？可以用四个字来形容，这就是"海纳百川"。"海纳百川"体现的是兼容性、开放性、发展性，接受外来菜系，尊重外来菜系。但安庆菜在发展延续过程中，又对外来菜系进行批判性接受，并融进徽菜的基本特点，构成了自己独特风格。其特点，较之徽菜的色重而淡雅，较之粤菜的生猛而温软，较之川菜的麻辣而清爽，较之浙菜的甜腻而咸鲜。如果要给安庆菜一个定位的话，我认为叫"皖菜"可能更准确些。

安庆本土菜系的形成，有三大特定原因：其一，安庆自古为八省通衢之地，南来北往，人流不断；其二，安庆升格为省府，政治地位与文化背景发生变化，涌入大量非本土的政府官员、文化名流、行商坐贾；其三，太平天国战乱，太平军与湘军连同他们的饮食习惯，反复侵入安庆。这三大特定原因，也构成了安庆"皖菜"生成发展的特定环境。

安庆早年流行的方言中，有一个词组特别有意思，叫"开洋荤"。3个字，3种意思。"开"相对于闭，带有开放、尝试、尝鲜的意味；"洋"相对于土，是指外来的没有见过的一切；"荤"相对于素，指鸡、鸭、鱼、肉等食材。组合到一起，又用于美食，就表露了安庆对外来饮食的态度。而安庆最具"开洋荤"特点的一道菜肴，便是清光绪末年安庆食客以一品为荣的名菜——丁香火腿。

介绍安庆经典名菜丁香火腿，必须先介绍位于大南门外的迎宾楼酒菜馆；而介绍迎宾楼酒菜馆，又得从丁香说起。丁香是一种植物，夏季开花，花淡紫色，徐徐夜风之中，暗香飘动。用丁香入菜，是外来的美味。欧美感恩节的菜谱上，通常都有蜜汁火腿这道菜肴，不过叫法不同（或做法不同）。这个"蜜"字非常重要，即使不食，也能品出其中咸中带甜、甜中有咸的味道。曾经有文章对蜜汁火腿做过生动描述，说火腿加上糖汁之后，要用菠萝片将其包起来做装饰，于是一头尖一头圆的丁香便派上用场——尖的那头，插进还没有切开的火腿肉内，圆头部分则露在外面，其作用是支撑贴在火腿外的菠萝片。烹饪过程之中，丁香之馨自然而然也沁入其中。

作为外来菜肴，丁香火腿引进安庆老城的时间，大约在光绪三十四年（1908）前后。这也是迎宾楼酒菜馆开张后，最先被地方食客认可，并且很快成为迎宾楼招牌的一道大菜。迎宾楼酒菜馆前身为接官厅。早前安庆接官厅有两处，一在城北集贤门外，一在城南镇海门西，江南大渡口另建有大公馆。其功用主要是迎送公差安庆或途经安庆的各级官员。光绪二十八年（1902），《中英续议通商行船条约》开安庆为通商口岸，由安庆支应局沈昌淦牵头，在老接官厅位置建起迎宾馆。后因种种变故，迎宾馆一直闲置未用。迎宾楼酒家的老板汤怡卿，精明之极，他

民国初年，西风东渐下的安庆老城

从中看到商机，便募资将迎宾馆租用，换"迎宾馆"为"迎宾楼"，开了一家以西式菜点为主的酒菜馆。严格地说，汤怡卿初始目的，是想赚洋人的钱——外国轮船停靠安庆码头，不怕他不下来吃饭；既吃饭，当然选择他们的洋口味，而迎宾楼就是适合他们洋口味的酒菜馆。

但安庆作为通商口岸，始终流于形式，安庆江面上，极少有外国轮船停靠，因此汤怡卿想掏洋人口袋的梦想，也就付诸东流。虽没有赚到外国人的钱，但歪打正着，迎宾楼酒菜馆却在安庆城区火了起来，尤其是丁香火腿，一夜间几乎成为本地的菜品经典。安庆迎宾楼酒菜馆聘请的，肯定是本土厨师，他们西式菜点的烹饪技术究竟如何？不得而知。但此时已经不重要了。如同现在吃麦当劳、肯德基，既然大家都去吃了，那么无论如何也要去吃一吃的，不去吃就没有面子。丁香火腿打的是中西合璧旗号，虽出自安庆迎宾楼酒菜馆，但好歹也是一道洋菜。因此更大程度上，尝没尝丁香火腿，就是"你'外国'了没有"的一种表现。

丁香火腿的主料当然是火腿，火腿自然又以浙江金华为首选。传说金华火腿制作工艺极其复杂，"所腌之盐必台盐，所熏之烟必松烟"，真的可以用"教条"来形容。连食客袁枚也感叹，三年能出一个状元，三年出不了一只好火腿！烹饪丁香火腿最重要的程序，是一个"烤"字，而这个烤，恰恰又是本土厨师的弱项。据说烘烤前，要按一定方向一定程序，用刀子在火腿表皮划出多个"田"字形，然后在各"田"字间插上丁香，使其呈现"凤梨眼"状。烘烤时，必须将火腿较肥的一面朝上，一边烤，一边往上淋蜜汁，如此重复多次，让"丁香火腿"完全将蜜汁吸入。整个烘烤过程需要一个小时，最终出来的丁香火腿，色香，味美，

清末民初安庆东城外的江岸，停满了外国船只

形靓。盘子端上来，不用看，不用尝，闭上眼睛，美味已经印在脑海之中了。

20世纪初的安庆城，肯定没有西式烤炉。不知本土厨师采取什么办法，解决了这一技术上的难题。可惜的是，抗战爆发后丁香火腿便在安庆失传，且始终没有恢复。即便如此，丁香火腿仍为一些食客所津津乐道。

说过安庆人对外来菜系的认同与喜爱，再来说洋人对安庆本土菜系的认可与赞赏。这个洋人，就是同仁医院院长戴世璜。戴世璜在安庆前后生活了46年，后期他的饮食习惯，已经被安庆本土美食所同化。

晚年戴世璜回忆安庆生活，专门有一段记述了安庆的宴席："中国人在诸如订婚、结婚、生日、春节、客人来访，以及各种社交场合均举办宴席。宴席在饭店订制，规格及价钱不等，根据主菜的不同而叫作不同名字的宴席。最便宜的是海参席；其次是鱼翅席；最贵的是燕窝席。每种宴席开始时先上至少八种冷食，用四个冷盘装放着，放在桌子中间，客人细斟慢酌，主人则一个劲地劝酒，酒杯不小，每次都要喝干。"（《戴世璜自传》）

接下来，戴世璜特别讲述了他第一次参加宴席的感受，"尝过八种冷食后，酒也过了一巡。这时第一道热盘上桌，接着又端上数不清的热盘，有鸡、鸭、鱼、肉和虾子，还有主菜，即海参、鱼翅或燕窝"。快散席的时候，"又上来四盘炒菜和一碗汤，这些是为客人吃饭用的。有时不上这些菜和汤，改上一个大鸡汤火锅。火锅里有肉片、猪肝、蔬菜、粉丝等，火锅下面用酒精加热。这种火锅叫菊花锅，酒精灯的火焰沿铜锅边缘向上窜，还真有点象菊花"。

戴世璜回忆，当时安庆宴席的规格，多为一主七客，八个人，宴席桌通常是方桌，如果人多，则在方桌上架一只圆桌面，成为可以围坐十个人的圆桌，"大盘子搁在桌子中间，每个人都能够到。宴席上的陈设很精致，有象牙筷或银筷，还有银碟子和大汤勺"。

戴世璜对安庆宴席生动而具体的描述，真实地反映了百余年前安庆餐饮的原始风貌。这也是我们研究清末民初安庆餐饮文化的第一手资料。

安庆近代餐饮业崛起，应该在光绪末年，标志性的酒店就是大南门外的迎宾楼。在迎宾楼，除丁香火腿外，还针对安庆人的餐饮口味，推出了一些经过本土改良的西式小吃，且材质与做工都以精致见长，从而赢得了不少食客口碑。迎宾楼生意因此一直红火，直到 20 世纪 40 年代中期，才逐步走向衰败。

类似迎宾楼这样的新潮、高档酒店，当时在城区有十多家，号称"一馆二楼三春四园"。1921 年 8 月 1 日至 8 月 7 日，胡适应安徽教育界邀请前来安庆讲学。在他的日记里，就对这之中的一些酒店做有记述：8 月 2 日下午 1 点到安庆，"在码头附近的迎宾馆小息，在此……共进午餐"；8 月 3 日上午在一中开讲，中午"到海洞春（三牌楼）吃饭"；8 月 4 日中午，"汪东木与刘式庵邀在一家春（钱家牌楼）吃饭"；8 月 5 日中午应"高等同学会"邀请"在迎江寺吃饭"。晚餐则是"与保民诸君同进城，在大旅馆（东辕门）吃饭"；8 月 6 日 12 时"至大旅馆，赴马仲五之招"。这些记述虽然蜻蜓点水，但却极有概括性，20 世纪 20 年代初安庆餐饮业的分布状态，在他的日记中，是一幅清晰的线路图。

20 世纪 20 年代安庆高档酒店的经营，主要分为客帮和本帮两大派别。客帮新潮开放，涵盖京、苏、川、淮等南北几大菜系，但在制作过程中，也保留甚至突出安庆本土特色。本帮传统守旧，坚持徽菜本色本味，但在具体制作中，也不断做出跨越自身的改进和革新。客帮与本帮共同联手，打造出安庆老城这一特定时期繁华的餐饮业。

郁达夫在小说《秋柳》中，也对老城餐饮业进行过描述，在他笔下，老城夜晚"有饮食店的街上，两边停着几乘杂乱的人力车，空气里散满了油煎鱼肉的香味，在那里引诱游惰的中产阶级，进去喝酒调娼。有几处菜馆的窗里，映着几个男女的影画，有悲凉的胡琴弦管的声音，和清脆的肉声传到外边寒冷灰黄的空气里来"。虽然作家的调子有些低沉，但老城餐饮业的繁华，仍从字里行间流露出来。

《胡适日记》（1921）中记录的安庆酒店

郁达夫当时在城外安徽省立法政专门学校任教，每到星期天，他常进城到各大餐馆品尝美食。在《迷羊》中，特别有一段介绍"大旅馆"的文字："陪她（谢月英）在大街上买了些化妆品类，毫无情绪的走了一段，我就提议请她去吃饭，先上一家饭馆去坐它一两个钟头，然后再着人去请李兰香她们来。我晓得公署前的一家大旅馆内，有许多很舒服的房间，是可以请客坐谈的，所以就和她走转了弯，从三牌楼大街，折向西去……择定了一间比较宽敞的餐室，我请她上去，她只在忸怩着微笑，我倒被她笑得难为情起来了，问她是什么意思。她起初只是很刁乖的在笑，后来看穿了我的真是似乎不懂她的意思，她等茶房走出去之后，才走上我身边来拉着我的手对我说：这不是旅馆么？男女俩，白天上旅馆来干什么？"

郁达夫笔下的大旅馆，位于御碑亭（现人民路四牌楼到吕八街一段），1915年前后由金谷春酒店改建而来。大旅馆老板张佩庭是浙江人，民国初年金谷春酒店开张时，酒店经营特色也就以浙江菜肴为主。浙江菜重甜重色，不太合安庆人口味，因此金谷春酒店经营效益一般。后来家业发展，"金谷春"扩建为"大旅馆"，也依旧没有形成自己的餐饮特色。但因处于闹市，"大旅馆"仍是安庆餐饮界巨头。当年史俊玉接马联甲来安庆驻防，由安庆商会会长出面代表地方各公团，就在大旅馆为其设宴洗尘。

店址在闹市区三牌楼的"海洞春"（中西菜馆浴室）与金谷春酒店同期开业，

郁达夫以安庆为背景的小说《迷羊》

为老城当时规模最大的酒店。海洞春也兼营浴室业，同时经理英美烟草公司业务。海洞春老板是广东人，菜肴也以广东风味为主。广东菜偏淡偏生重海味，其中海味强调生猛，也就是一个"鲜"字，这在不通公路的安庆老城，是头疼的难事。老板当然有绝招，借厨师手下技艺，专门在口味上下功夫。海洞春酒店前后营业20余年，始终不倒的招牌菜是"海南文昌鸡"。文昌鸡原料是产于海南文昌重约3斤的文昌鸡，传统白斩做法，特点是鲜美嫩滑，海洞春酒店能以本地鸡做出文昌鸡的原汁原味，可见他们在厨艺上有独特的绝技。据20世纪20年代的一份行业调查，海洞春酒店当时的固定资产在千元以上，店员也多达30余人。这在当时，已经是一个相当大的规模了。其中名厨张桂芳，抗战后逃难到屯溪，自筹资金开海阳楼酒家，凭一手大厨绝活，在当地依然生意火爆。

开业时间更早、名气也更大的"万家春"，坐落在八卦门外五巷口，以经营徽菜为主。老板操建松和马文洲，两人都有一手炉火纯青的红案手艺，其中操建松年轻时曾在北京衙门内做过大厨，对京津菜肴以及各种点心的制作非常精通。得天时地利人和，两个老板把生意做得红红火火。操建松英年早逝，酒店又毁于一场大火，万家春酒店沉寂了一段时间。之后马文洲联手操建松之弟操建柏，在原址新建起两层店面的"新万家春"，仍保持原经营特色，很快又在安庆打开局面。万家春酒店虽专营徽菜，但推出的菜点，经过大厨出身的老板改良和发展，南北风味兼备（北方口味略重），不失徽菜本色；荤素烧烤俱全，讲究色香味形。他们做的高档宴席全海参席和全鱼肚席，相当长时间内，在安庆老城首屈一指。

海洞春酒店、金谷春酒店、万家春酒店并称为"三春"，是安庆老城餐饮业的龙头老大。当时官府衙门的迎送往来，商业场面的大小应酬，大户人家的婚丧嫁娶等，多选择这三家酒店为活动场所。

中

安庆老城餐饮业相对繁荣期，起于19世纪80年代中期，止于20世纪30年代中期，前后大概50年。据1930年前后安庆餐饮业的一份统计表，当时城区上规模上档次的酒楼就有 20 余家，一般规模的饭店、茶社 30 余家，专门以早点为主的小吃店 40 余家，从业人员有 560 多人，在城区平均每平方公里就有 153 人从事餐饮行业。这种高比例，显示出当年餐饮业的兴旺局面。

20 世纪 30 年代安庆高档酒楼中，真正打出传统徽菜招牌的，只有三两家酒店，且规模相对要小。位于倒扒狮街的味莼园，是从市政街迁址过来的，老板姓斯，菜肴始终坚持重色重味的特色，但多少年过去了，档次无法提高。另一家专营传统徽菜的味和园，位于庆云街小沧浪浴室附近，由于不谋改良，规模也不是很大。

相比较而言，经营其他菜系的酒店，生意更好，名声更响，规模也更大一些。四海升平楼酒店也位于倒扒狮街，多少有一些与味莼园打擂台的意味，但它的经营特色以京苏大菜为主，其中芦姜鸡脯和三丝鱼卷为主打菜，在老城有一定知名度。四海升平楼酒店场地较大，可以对外承办较大规模的酒席，生意因此相对红火。熙和园酒店则是以经营江苏菜为主的风味酒店，最初设在大南门药王庙隔壁，与余良卿膏药店为邻，由于那一带是回民居住区，生意比较清淡。后来迁址至御碑亭，老板于光友重新定位，并重金新聘大厨，形成本地菜与外来菜相结合的独特风格，赢得不少食客。其中以银耳为主料的银耳席，有品位也上档次，在老城独此一家。万和园位于钱牌楼胜利电影院对面，最初叫一家春，老板是广东人，以广东菜为主。地方不大，但生意不错。几年下来，赚了一大笔钱，又在奚家花园选址盖了一栋两层的酒楼，生意依然火爆。醉琼林川菜馆位于大二郎巷相对僻静的老街上，但老板善于经营，针对安庆口味对川菜进行了一定改良，颇得好评。主打特色菜中，既有川味浓郁的回锅肉、宫保鸡丁，也有适应本土口味的扁豆泥（扁豆子磨成粉，白糖猪油拌和）、奶油菜心（用白糖为主要调料）等。其中香酥鲫鱼（用麻油酱油清炖）风味独特，在老城食客中极有口碑。

迎江寺内的迎江楼，原先只是寺内住持招待施主香客的休憩室，顺带有一些素食点心。民国初年住持释心坚主持寺务，改休憩室为茶楼并对外营业，从上海功德林请来专业素菜名师汪明高，与原有厨师桂松山等共同切磋，以蔬菜、豆制品、素油为原料，推出了能以素乱荤的 400 余种素菜，"荤所备，素必全"，其中"素醋熘鱼""素清汤鸭""五魁八碟菊花锅"等，安庆食客赞不绝口。鼎盛时期，素菜馆到城北集贤关外的龙珠山龙珠寺设分店，引来郊县众多香客品尝。

民国初期安庆老城区的酒家，当然不止我们说的这几家，其中有不少规模也大，档次也高，开业也轰轰烈烈，但由于菜肴定位不准，后期管理又跟不上，最终都纷纷败走麦城。即使是能坚持多年的老招牌，也多有波折。安庆食客对菜肴的苛刻要求，迫使酒店经营者注重对厨艺不断追求、不断翻新，稍有松懈，就面临被淘汰的危险。

1938年6月安庆沦陷。老城餐饮界有实力的业主，也多携家外迁。老城餐饮业经历了一夜间由盛至衰的陡变过程。据资料统计，安庆沦陷初期，餐饮网点由近百家，急剧下降到20余家，从业人员从将近八百人萎缩到百余人，经营规模也多以夫妻档、父子档的小吃店为主。

沦陷初期，安庆餐饮以日本饮食文化为主流。当时安庆开有十多家日式餐馆，主要集中在四牌楼一带，如羽衣食堂、三木食堂、樱屋食堂、三岛食品店、菊田饮料店、大市食堂等。另外市政街口设有鹿儿岛食堂，利民街有松井食堂，庆云街有日支料理店和如意食堂。这些餐厅的招待，多为来自朝鲜和我国台湾的妇女，餐厅只供应小吃，不举办宴席，经营方式也完全为日本风格。其服务对象，前期清一色为日军官兵，后期才向本地市民开放。

日本饮食文化虽入侵安庆8年，但最终没有在安庆留下任何痕迹，这是一个难以解开的谜团。原因可能来自两个方面：其一，日军侵占安庆之后，商业区被划分为两大板块，老城区尤其是四牌楼、钱牌楼、吴越街、庆云街等一带，为日本人强占。出八卦门外向大王庙、出枞阳门外向镇皖楼、出集贤门外向南庄岭等地域，才零零星星为本地市民活动的商业区。日本饮食与安庆饮食，因此无法沟通。其二，安庆沦陷前夕，老城居民对日军恨之入骨，对强加的所谓"大东亚共荣圈"更是咬牙切齿。具体反映到饮食文化，菜谱上出现了许多如"大轰东京"（响铃锅巴）等仇视性极强的菜肴。在这种大背景下，不可能也绝不会

沦陷时期，开在安庆闹市的大市食堂

"海纳"带有侵略意义的日本饮食文化。

安庆沦陷后期，陆陆续续有一些餐饮店开始恢复。其中原大旅馆内设太和馆，顺形势变异，更名为"大亚洲"，当时有一道鸡盔菜，在安庆有一定名气。但细究，充其量也只是"山中无老虎，猴子称大王"罢了。大亚洲经理王家义，为饮食业公会理事长，其靠山是怀宁县政府（一说为县政府直接投资），因而餐馆业务也多以机关团体宴会为主。原位于御碑亭的熙和园，后在韦家巷恢复营业，虽仍以承办婚丧嫁娶宴席为主，但生意勉强，早没有了当年的风光。小沧浪浴室老板刘绳武，同时又经营万鹤春餐馆，大宴席小早点，全面经营，生意还说得过去。其他如一品轩、玉美轩等，则是以供应淮扬点心为主的小餐饮店。这一时期，餐馆男性服务生叫茶房，女性服务员称招待，女招待一般只管伙食，不另外发工资，收入全靠食客付给的小费。

抗战胜利之后，安庆餐饮界的实力人物纷纷还乡。但受经济大环境影响，想重振当年餐饮业的辉煌，已经没有可能。自此至 1949 年安庆解放，安庆城区重新开业的餐馆只有 35 家，多以小本经营的独资店为主。合资规模略大些的，厨工跑堂人数也仅仅在 20 人左右。这些餐馆主要分布为：吴越街——陶陶酒家，前身是醉白楼，后为经营清真早点的马永兴；新市路——新新餐厅，由小沧浪浴室老板之一的刘长青开办，但经营时间不长，因业务无起色，转让给殷启福

1940 年末，安庆的时尚饮食主要集中于市政街一带

接办，维持到 20 世纪 50 年代初；五巷口——三层楼酒店，招牌菜大肉包曾在老城名噪一时。另有一道凉拌干丝，下垫芹菜，上浇麻油，香脆爽口；钱牌楼——聚星园酒店，业主吴金龙，主要经营下江风味的各种名菜，其中叫花子鸡最为有名，也兼营外卖。虽然价格不菲，但仍有一些老食客闻香而来。此外，市政街有富春园、马永兴、金鑫园；三步两桥另有同乐、万春和、江毛水饺；孝肃路有美胜馆、余源和、乾坤酒家、民生园；钱牌楼还有一家张同兴；三孔桥有同兴楼、龙江饭店、春源馆；墨子巷有来园春、余胜和；玉琳路有隆胜楼（后改为新春楼）、好友酒家、复兴馆等。

据工商部门统计资料，1950 年春节之前，饮食网点普查数字（含酒楼、菜馆、小吃店）有 130 余家。一年之后，在册数字已经缩减至 107 家，从业人员仅为 314 人。档案显示，1950 年 3 月 6 日这一天，工商联就批准包括致美楼、松竹梅在内的 13 家特色餐馆歇业。而 107 家餐饮业中，曾经上档次上规模并形成特色的酒店，几乎没有一家。1956 年公私合营，饮食网点的布局由政府统一谋划，其中规模稍大些的，有荷仙桥的椿桠楼，东城口街的如意食堂，三步两桥的江万春，市政街的新春园、马永兴，玉琳路的新春楼、阳春，东正街的顺和园，南正街的马公兴，三牌楼的群乐，同安桥的同安等。

1949 年后，黄梅戏演员严凤英在安庆只唱了两年戏，1953 年初就被抽调到安徽省黄梅戏剧团。临走前，文教局以他们的名义，由统战部出资，为严凤英举行小型饯别晚宴（但当时有反铺张浪费的新精神，局级领导都没有出席）。宴会地点，就在新市路的新新酒家。50 年后，作为文教局代表参加的汪自毅，回忆那餐晚宴，能记起来的就只有一盘雪白晶莹的八宝饭了。他的回忆，实际也是 20 世纪 50 年代初期安庆餐饮业逐步下滑的真实写照。

后来在老城餐饮界联手扮演老大角色的京津餐厅和新兴餐厅，是 1958 年由上海支援内地建设开办的。京津餐厅前身为新宜食堂，位于现麦当劳东侧。餐厅最初以“京津”命名，本意是想突出京都菜肴风味，来自上海同来顺德顺居等酒家的 17 名厨师，也多有烹饪京菜的厨艺，但这种厨艺在上海早被同化，因此京津餐厅的菜肴，包括他们的主打菜香酥鸭、糟溜三白、芙蓉鸡片、醋椒鳜鱼等，仍甜甜的以上海口味为主。新兴餐厅与京津餐厅同在人民路，相隔不过百余米，在路之南。老安庆人更习惯称呼它为"红房子"。新兴餐厅是原上海汉口路大上海老正兴菜馆整体搬迁到安庆的，1958年国庆节正式挂牌营业，主营传统无锡风味菜肴。招牌菜主要有清炒鳝糊、冰糖甲鱼、葱丝全鸭以及烧划水、烧圆子等，也多以甜为特色。厨师张福根的焖肉面、熏鱼面、猪蹄面等，给老城食客留下一定印象。

这两家餐馆开业第二年，就遭遇"三年自然灾害"，肉食原料供应基本断档，不得已情况下，餐厅响应政府"一料多作，粗料细作，余料巧做，素料荤做"号召，经两家餐厅大厨精心研究，推出了以山芋为主原料的山芋席，菜肴包括蜜汁红芋、炸金橘、熘芋清花、素渣肉、素鱼、素鸡等，有40多种。1961年，国家首先对餐饮业放开肉食供应，以加快货币回笼。两家餐厅又专门开办了高级菜馆，300克猪肉为原料做成的楂肉，售价曾一度高达30元，相当于一般工薪阶层大半个月工资。

1966年"文化大革命"后，安庆餐饮业彻底陷入瘫痪状态，其中京津餐厅二楼的营业厅，由于根本没有生意，不得不对外停止营业。在此期间，安庆餐饮业的最大"成功"，就是顾客完全自我服务：到餐馆就餐，不仅要自己交钱开票，自己端饭端菜，还要自己打扫餐桌。现在听来似是笑话，但在当时则司空见惯，不足为奇。后来有饭店试图改变顾客自我服务的现象，结果服务员接受了，顾客反过来不能接受，不盯着服务员打饭菜的勺，他们放心不下，害怕缺少分量。此时安庆的饮食文化，处于贫瘠的荒漠期，大小饭店拿出来的菜谱，清一色都是炒肉片、炒肉丝、熘皮蛋、糖醋排骨等，找不出任何有特色风格的菜肴。其实从20世纪50年代公私合营开始，安庆餐饮业就进入了"风味大一统"时期，只强调饱腹功能。到"文化大革命"时期，这种现象进一步加剧。

这期间，安庆城区最有名的饭店，当属港务局候船室东侧的向阳饭店。向阳饭店曾因坚持为人民大众服务的经营特色，上了《人民日报》的头版，这在当时是安庆餐饮业的一件大事。向阳饭店前身是东城口街的如意食堂，后因拆迁搬到向阳饭店新址。1961年，面积近900平方米，高三层的向阳饭店建成，成为老城历史上规模最大的餐饮（含旅馆）巨头。向阳饭店的菜肴类似现在盒饭性质，一锅煮，一盆装，一勺打。由于地处港口附近，独此一家，别无分店，因此深受旅客欢迎，生意火爆异常。同一时期，城区其他几家饭店，如红房子对面的万家

"大跃进"年代，安庆
城区的公共食堂

春、位于吴越街的马永兴、与江毛水饺一街之隔的四季春以及四牌楼口的群乐饭店等，强调经营方式大众化与饮食特色大众化，完全偏离美食的轨道。资料显示，到 1970 年，城区餐馆正常供应的菜肴只有 43 个品种，其中烧类 13 种，炸类 11 种，熘类 5 种，拼类 2 种，汤类 8 种，其他 4 种，与 1965 年相比，下降幅度为 248％。

1980 年前后，安庆餐饮业复苏，饮食公司开始有意识地组织一些菜肴制作大赛、家宴盘菜展销等活动，还推出了诸如长寿大补汤、五丝驼龙鱼、三丝虾茸蛋、毛峰熏刀鱼等名菜。但由于餐饮业体制限制，无法有更大的发展空间，仍处于盲人走夜路的摸索阶段。这种状况，直到 1990 年前后才发生转变。2000 年之后，安庆餐饮业出现群雄争霸局面，本土皖菜与外来菜系共分天下，安庆美食文化迎来一个全新时代。

下

相比于安庆的大餐，安庆的小吃不仅有特色，而且更有名气。前些年中央电视台晚间新闻曾对各地美食进行报道，其中安庆篇标题做得极有诗意，叫"安徽安庆，有一种美食叫侉饼"。能把小吃做到中央媒体对海内外播放层面，可见其魅力有多大。

在安庆，侉饼也叫大饼、炉饼。前者太淡，后者太文，还是侉饼顺口好听。严格地说，侉饼是北方食品，"侉"本身就有"外来"之意。正是这种小吃太普通，周边地区也都有，所以其安庆特色长期被埋没。其实侉饼在安庆融进的就是典型的南方饮食文化即对饮食精与细的要求，这同样也体现在侉饼的制作上。一、面料揉制十分考究，既要到位，也要得法，保证做出的侉饼有层次感；二、涂在侉饼表面的糖稀须是甜味醇正的上好糖稀。洒在侉饼表层的芝麻，也要是香味浓烈的黑芝麻；三、烧烤侉饼的原料，须是江南深山的上好木炭，火上得旺上得急，侉饼才香得脆香得正。而这一切，不是随随便便一位侉饼师傅就能做到的。到现在为止，安庆侉饼店虽多，但真正打得好且有口碑的却是凤毛麟角。"文革"中，安庆侉饼清一色为长条"朝笏板"（古代君臣上朝时所执狭长板子），1 斤粮票 0.28 元称 1.4 斤。20 世纪 80 年代初，百废俱兴，安庆侉饼也从长条"朝笏板"恢复到传统圆饼形，其中吴越街一巷香老店新开，专门打二两、三两的圆侉饼，虽然小店面积不过三五平方米，但因用料讲究，制作精细，而名声大振。每天清早营业至下午，始终需要排队，一时间成为安庆侉饼的典范。近一两年冒尖的锡麟街炭烤炉饼，确实打得不错，加上又特别强调炭烤手法，惹得不少老食客向往。中央电视台晚间新闻报道的，就是这家侉饼店。

现在的安庆人，谈到安庆小吃，几乎异口同声首推大南门牛肉包子。牛肉包子店在安庆很多，但只有大南门牛肉包子才地道。大南门也有两家，严格地说，在大南门中段清真寺北的那家更地道。但年轻人不管，看哪家排的队长，就认定哪家是正宗的。来排队的，多是归乡游子。梦里千回，返安庆，到大南门，就是为了一吃。大南门牛肉包子，说是牛肉，其实以豆腐为主，牛肉绞成末，为配料。

安庆年轻人最爱的大南门牛肉包子

相比于他家，大南门牛肉包子里牛肉的量，可能稍稍多一些。牛肉也是大南门定点宰杀的，绝非注水牛肉。味浓味正，加上皮薄馅大，且有少许汤水，两面煎得金黄，咬一口，辣鲜香烫的"大南门"味，便直溢进心中来了。吃大南门牛肉包子，要的就是这种感觉。只是大南门两家牛肉包子店的环境实在不敢恭维，甚至落座的地方也没有。反过来，这也是一种特色，如果换成麦当劳、肯德基之类，可能味道反而变了。

被称为安庆老城传统小吃三绝的，分别是萧家桥油酥饼、韦家巷汤团和蒋大顺糟肉。

萧家桥与韦家巷，是龙山路改造之前同一长街上的北南两段。两款特色小吃，也同在清末民初形成气候。油酥饼是安庆传统面点，大多侉饼店在下午时，都会烤上一炉两炉。清末李道隆并没有多少绝招，但他用料强调一个"精"字，制作强调一个"细"字，烧烤强调一个"巧"字，精工出细活，靠的就是"形如蟹壳，色泽金黄，酥脆香甜"特色，最终在老城形成第一品牌。萧家桥油酥饼有咸与甜两种，其中甜味以面粉为主料，辅以桂花、黑芝麻、白芝麻、芝麻油等佐料，名气相对更大一些。

老板为毕道友的韦家巷汤团，重的是一口汤，轻轻咬破糯米皮，香溢满口，都是浓浓的、稠稠的、黏黏的卤汤。汤用剔净的皮骨制作，先用急火烧开，后文火细煨三小时，去骨碎皮，加上姜葱等，再急攻半小时，冷却之后剁成末状，与肉馅拌匀，做成成品，出来的就是韦家巷汤团了。

蒋大顺糟肉创始人蒋学盈，在八卦门外五巷口开有一家店，初期主要经营的，一是馍馍，二是糟肉。品种单调，生意当然不好做，要想站稳脚跟，必须有自己的绝活。从这个意义，蒋大顺糟肉也是被逼出来的。"酥烂香软，油而不腻"，蒋大顺糟肉讲究的，一是做工，二是原料。肉是肥瘦相杂的五花肉，先过冷水后过温水再净布敷干，片肉的规格，长二寸五，宽一寸三，厚一分，为防蒸熟后变形，还需用刀背在肉上横劈两三刀。拌料主要有虾米末浸泡的红方腐乳卤、白糖、硝水、曲酒、糟肉粉等。敷好料的肉片用小瓦锅盛放，大火先蒸一小时，稍加冷水，再小火焖半小时。如此繁杂工序，少一道就不是原汁原味的"蒋大顺"了。

老城小吃当然还有很多，其中小蓬莱茶馆（位于登云坡口）的翡翠烧卖、重油烧卖，皮薄米糯，油重味鲜，在老城称为一绝。诗人苏曼殊在安庆任教期间，也常"至小蓬莱吃烧卖三四只"。油饼和绿豆圆子也是安庆常见的早点，直到现在依然风行，但真正做得好的，只有20世纪30年代开在市政街口的"大胡子"。大胡子本名刘金林，因一脸络腮胡子而得名，他的小吃店脸面不大，但经营的油饼与绿豆圆子，有自己妙绝之处。大胡子油饼外脆内软，皮薄色黄，层次分明，冷而不僵。绿豆圆子则更为一绝，制作过程中，除主料外，还佐以酱油干、小干虾子等辅料，成品大小如算盘子，色黄质嫩，清香可口，汤料中再加上当地的辣椒面和小磨麻油，无法不为之叫好。梓潼阁致美楼的凤凰锅贴，以青菜为馅，油煎九成熟后，再用鸡蛋薄薄浇上一层，色黄如金，口味独特，也是民国安庆的名点之一。

在安庆，真正能把小吃做成金字招牌，且是百年老字号的，则只有"三步两桥江毛水饺"。

江毛水饺实际是北方的馄饨，但在安庆做出了特色。皮如薄纸、馅如珍珠、形如猫耳、肉嫩汤鲜，这是江毛水饺四大过人之处。皮如薄纸，一个"纸"字，万千内涵。早先饺皮都是手工一张张擀出来的，要擀到纸一样厚薄，需细心，也需耐心。馅如珍珠，大小相仿，粒粒珠圆，关键在包。饺皮摊在左手掌心，筷尖刮起一团肉馅，略略带在饺皮中间后，掌心窝起，左手拇指、食指、中指、无名指等4指，在饺皮中段拢起。成形后，形如猫耳，更如大尾金鱼，馅似身，皮如尾。下的功夫也有讲究，必须是大锅满水，翻花滚开，水饺下锅，不出三五十秒，就从下面一只只浮上来了。此时须赶快用漏勺捞起，若晚，饺皮一软，味道就大不一样了。江毛水饺重汤，汤另配，水饺捞起来后，盛于碗，用挑子（汤匙，安庆方言）将汤汤水水都吃干净。肉嫩汤鲜，汤占一定比重。其中的鸡汤水饺，用老母鸡细火慢煨，汤汁浓而不腻，鲜香可口，配以江毛水饺，堪称极品。

安庆百年名小吃：江毛水饺

江毛水饺创始人江庆福是罗岭人，清光绪年间，他挑着一副饺儿担怯生生进城，仅仅是为养家糊口。相比较其他做水饺生意的业主，他的心思更多些，比如说饺皮儿能不能擀得更薄，哪个部位的猪肉更适合做馅，等等。反复琢磨，不断求新，最终因他姓江，又因他颈上长有一撮白毛，便创出了"江毛水饺"的品牌。

最初创业，江庆福主要做夜市生意，下午出来，午夜回家。地点在三步两桥、鹭鸶桥、天台里不定。1914 年，他在三步两桥租店，设桌 6 张半，正式打出江万春水饺招牌。安庆沦陷，江庆福回罗岭老家，后去世。3 个儿子邦先、邦启、邦顺再返城，虽仍以"江万春"为号，但各自为政。1943 年，3 兄弟联手经营，重振江毛水饺旗号。

江毛水饺之所以有百年口碑，当然不仅仅如此，而是有他们的独家经营之道。早期的江毛水饺，用料极为苛刻，比如饺馅用肉，必须取自黑毛猪的后腿。而黑毛猪，又必须是江北后山野养的。相比之下，肉质更活更嫩；而汤料用油，选用次于板油的网状花油，不是贪便宜，而是熟花油是漂的，浮在汤面上，效果更好。盲人进店点鸡汤水饺，鸡丝肯定会多放些的，因为他们的宣传，会事半功倍。

江毛水饺全称三步两桥江毛水饺。安庆方言中，"江""甘"不分，因此读音为"甘（江）毛水饺"。三步两桥则是老地名，特指高井头过钱牌楼北向新市路那一截。水饺是小本生意，置办一副饺儿担，满城随处可做。"三步两桥江毛水饺"则是从地点、姓氏上区别于其他店了。如此，江毛水饺已经从普普通通的小吃，上升到高层次的经营文化了。

特别说一说安庆民间的美食。安庆民间美食，又以一年一度的年菜为佳。这之中，最让安庆人津津乐道的，就是鸡汤泡炒米。

鸡汤泡炒米是地道的年俗美食。大年三十，鸡汤用砂吊煨一夜。初一晚起，全家一人一份。煨汤用的鸡，是后山放养两年的生鸡。汤要清，油要浮。先盛汤在碗，再放炒米，香味就顺着鼻子飘上来了。必须要说一下安庆的炒米，他地都不曾见。旧时，多腊月二十七、二十八动手炒。糯米用开水浸泡一夜，胀透，沥干，这才下锅。锅是盆口大小铁锅，架在类似莲蓬的缸灶上，烧柴。炒之工具，是细竹扎成的帚，手握粗细。帚头沾一点香油，沿锅底小绕，然后放半碗米，转动，直到金黄。米熟脆香，佐之鸡汤，一绝！现在安庆街头也还有少量"炒"炒米者。而更多炒米，出自油条摊，清一色油炸。后者相对松脆，但鸡汤泡炒米，恰恰要那种结劲。

安庆的年菜，也有特别之处。其中炒菜类的主打，就是芹菜芽炒肉丝。因为正月头几日不时兴动灶，所以一炒就是一锅，用脸盆装上，要吃时，盛一碗出来热热即可。芹菜芽炒肉丝的重点，在于配料芹菜芽。还佐以其他辅料，如豆腐干、大蒜、红辣椒，等等。芹菜芽色白，烹饪时只需略放酱油，因此成品菜上来，色泽白里泛红，还算是清爽。

芹菜芽也是皖江菜系特色之一。安庆地区的芹菜，夏秋主要有两种，一是香芹，一是蒲芹，前者多凉拌，香脆可口；后者多热炒，佐以辣酱，清爽入味。近年桐城水芹也有入市，价格极贵，但味道极好，嫩而爽口。冬季芹菜就只有芹菜芽一种。说是芽，其实长也有尺余，其茎秆部位更白而粗脆，与香芹、蒲芹有很大区别。芹菜芽似是为肉丝特别生长的，离开肉丝，再放多少佐料也食之无味。

作为年菜出现的芹菜芽肉丝，又不是单独出现，它还另外有一个不可或缺的"伙伴"，这就是春饼。春饼也叫春卷，裹上菜肴后，多以油炸为主。安庆的春饼，主要是卷菜吃，年三十的晚上，撕一张春饼，包上数量相适应的芹菜芽炒肉丝，基本上是饭菜一齐下肚了。

安庆人过年，则是从炸圆子开始的。只要圆子一炸，这年就算是正式开始了。但炸圆子的日子不能太早，太早要忙着办年货，要扫阳尘灰，要接祖。但也不能太晚，太晚就要备办年三十晚上的年菜了。炸圆子是安庆年菜的重头戏，一般人家至少要炸上两盆，从年三十晚上一直吃到正月十五之后。

圆子也分主次，其中分量最重的是肉圆子。称上三五斤连筋带肥的肉，剁碎，揉以白嫩的豆腐，加面粉适当、生粉少许，磕碎几个鸡蛋，再拌以葱花、姜末，之后甩开膀子搅到滋滋响的阶段，就可以下锅油炸了。安庆人还喜欢炸藕圆子。藕要挑老一些的，有筋骨，不然一擦就一摊水。擦藕有专门的工具。长形木板，中间部位挖空，铁皮用钉打上粗密相间的洞，利用毛面将藕擦到粉末状。配料与肉圆子相同。料与水相宜，不能太硬，也不能太稀。如果时间充裕，一般人家还会炸一些糯米圆子。糯米要先煮熟，稍化一些，再加上与肉圆子基本相同的配料。功夫也在搅上，顺方向而为，一定要搅到有弹性为止。炸的油也讲究，现在的色拉油、调和油都不行，没有香味，一定要正宗农村油坊小机子榨出来的菜油，吃的就是那一股生菜油的香味。

相比之下，安庆的孩童更喜欢炸圆子的日子。一早就守在锅旁，从第一锅开始吃，直到最后一锅结束。圆子炸好了，肚子也吃饱了。圆子刚出锅时最好吃，肉圆子鲜嫩，藕圆子清香，糯米圆子柔和，味道无可挑剔。关键是炸圆子时的烈香，从每家每户的窗子飘出来，顺着街巷游动，也就把浓浓的年味，挤满了整个城市。

第十七讲　安庆照相业百年溯源

上

晚清安庆虽为安徽省城，乘坐轮船招商局江孚号、江华号客船顺长江而下至上海，也不过三两天的工夫，但时尚的照相技术传到安庆，至少是 19 世纪末的事了。因为平民百姓对照相这一新奇玩意有"勾魂摄魄"的误解，安庆城区第一家照相馆开张的时间，恐怕还要晚一些。

据现有资料看，安庆最早的照相馆，是位于钱牌楼的镜波照相馆。镜波照相馆的老板姓江，名镜波，照相馆就以他的名字命名。如果江老板的姓名真是小时父母所取，那"镜波"二字，就是一种天意，注定他这一生就要吃照相这行饭。镜波照相馆所在的钱牌楼，其东为福建会馆，其西为湖南会馆，其南有天主教的圣救主座堂、先进医院、崇实男子学堂等，其北为安徽按察使署。最重要的是，离照相馆不远处的熏风巷和市政街，是安庆城青楼女子云集的繁华街道。在这样的闹市区开设照相馆，很明显，老板江镜波做过详细周密的调查。

镜波照相馆到底开业于哪一年，由于相应资料缺失，无法得知。看相关资料，至少在光绪三十三年（1907）以前，就另外有一家照相馆与它在安庆形成竞争局面。这家照相馆，就是位于抚署外西辕门的萃芳照相馆。1907 年夏初，安徽巡警学堂起义，参加学堂毕业典礼的安徽巡抚恩铭，遭学堂会办徐锡麟枪杀。而此前，或当年春，或上年秋，在萃芳照相馆，恩铭就曾让老板钱仲屏为他拍过一张半身肖像照。

钱仲屏并不是萃芳照相馆的第一任老板，他只是继任。真正选址西辕门挂出萃芳照相馆招牌的，是南京一位周姓的官府少爷。20世纪初，照相机是绝对奢侈的高档消费品，除了皇亲国戚，也只有富二代或官二代才玩得起。不仅玩，而且玩出水平，玩到开照相馆的地步，那就更是才智过人、财力过人的精英之辈了。

钱仲屏最初是在萃芳照相馆当学徒，因为生性聪明，技术掌握很快，且与老板之间的关系也处理得十分融洽。后来老板过足了摄影发烧友的瘾，也赚回了开照相馆的钱，不想干了，便把萃芳照相馆转给了钱仲屏。从开办到转让，这个过程，不可能一年半载就能完成。依据这一史实，萃芳照相馆的开张时间，应该在光绪二十九年（1903）前后，只会早，不会晚。

在安庆，萃芳照相馆还只能算是第三家照相馆，在它与镜波照相馆之间，另有一家光华楼照相馆开业。光华楼照相馆位于抚署外的东辕门，与萃芳照相馆相隔百余米，做的也是官府生意。光华楼照相馆老板姓洪，因生有一嘴大牙，同行都称他为"洪呲牙"。

如果"镜波""光华楼""萃芳"这3家照相馆是相继开业，且之间相隔有一

清末建于安庆西辕门的萃芳照相馆

定时间，那么老城安庆第一家照相馆"镜波"，就应该在光绪二十七年（1901）前后挂牌营业。这个时间，与照相业前辈杨昭宗"光绪二十七年（1901）出现第一家照相馆"的记述，基本相符。

安庆人最早到照相馆拍照，能拿到的只是照片，而底片的版权则归照相馆所有。照相馆当然也不是随意将这些底片出让，而是将它们归类编号，细心保管。多少年后，当照片主人因种种原因需要加印时，只要能把编号报上来，照相馆就能迅速找出底片，满足照片主人的要求。从这个角度，照相馆也是档案馆，任何时间拍摄，任何地点拍摄，包括安庆第一家照相馆开业当天拍的第一张照片，都可以毫不费力地找出来。但十分可惜，经过安庆沦陷、公私合营以及"文化大革命"这三个特殊时期，安庆照相业旧有程序被打乱，许多珍贵的底片资料，散失一空。尽管这些年我们做过许多努力，但收效甚微，很少能看到安庆照相馆拍摄的早期照片。这也就为我们留下了一个悬念：800 年老安庆，哪张是拍摄时间最早的老照片？

目前能找到的有关安庆老照片的线索，是光绪二十七年（1901）6 月 10 日刊于《申报》的一则消息："日前，法国某兵船由汉皋返皖，就江干下椗。船上西人，遍历各大宪衙门，及求是、武备两学堂，火神庙、振风塔诸处，摄取小影。游历三日始回船，旋于十五日黎明时鼓浪而下。"后来我们在法国图书馆找到法文版《扬子江——中国之行考察日记》，其撰写时间与《申报》记述的时间大致相同。《扬子江——中国之行考察日记》中有安庆的记载，配有两张照片：一张是振风塔，一张是安庆城内的古牌坊。但不知道这是不是《申报》所说的由那些"相率携照相器"的"西人"所摄。虽如此，《扬子江——中国之行考察日记》里的这两张照片，可以肯定是光绪二十七年（1901）前后拍摄的安庆照片。从理论上讲，这应该是安庆城最早的照片之一。尤其是城内古牌坊的这张，既有传统安庆的典型建筑，又有生动的街景与人物，非常珍贵。唯一可惜的是，因为印刷需要，照片在出版时，有做过类似于铜版画的处理，真实感略弱一些。

《扬子江——中国之行考察日记》对安庆的记述文字也很有趣，特别是写从城外走进城里的那一段："经过城墙上开出的一个窄门，我们进入城市，只见小巷

光绪二十七年（1901）法国人镜头中的安庆城

纵横交错，如同迷宫。一个步履蹒跚、拄着拐杖的老妇，与我们擦肩而过，带着惊愕的眼神看着我们。街巷中间，到处是半裸的孩子。一些丑陋的狗，用它们的尖鼻子在翻动地上的垃圾。随着我们向城市里深入，街道越显热闹繁华。有一些旧货商店，堆放着旧衣服和旧杂件，上面落满了灰尘和铁锈。花几个铜钱，就可以在一些流动摊贩那儿，购买切好的水果和盖碗茶。人流越来越稠密，行人拥挤不堪，需要从人流中挤出一条通道。搬运工排着长队，步履匆忙，有节奏的喊着号子，很容易从嘈杂的人群声中分辨出来。"

目前已知安庆最早的全家福照片，拍摄于光绪二十六年（1900）春，拍摄地点是吕八街 17 号。拍摄对象是安庆名门望族——潘陞一家。潘陞将此照片取名《合家欢喜图》，并题款："此合家欢喜图摄于光绪庚子之春，时余罢馆金陵归皖第二年，先太夫人康疆逢吉，春辉蔼室，乐也融融。"后照片主人公之一的潘学固，也对《合家欢喜图》做有题跋："合家欢喜图摄于前清光绪二十六年庚子之春，共十七人。中坐者余祖母也，依祖母左膝而立者余也，时方七龄，后右抱余弟者余父也，弟始周岁，后左着素服者，余母也；余环而立者，伯叔诸婶兄弟姊妹也。忽忽六十五年矣，今所知仅存者余兄弟也。摄图之地余安庆故居也，乙丑秋中题署者余伯也。"

　　如果说当时照片是照相馆派摄影师上门拍摄的，那么这个照相馆不是光华楼，就是萃芳。吕八街往南走几步至东辕门横街，便是开办时间不长的光华楼照相馆。再往西，过老抚署，便是位于西辕门的萃芳照相馆了。光绪二十六年（1900）前后，照相技术应该刚刚传入安庆，照相绝对属于高档的文化消费。这样一张上门拍摄的全家福，估计花费至少在 4 个大洋以上，而这差不多就是贫穷人家半年的生活费了。但对于潘氏家族，这点费用似是小菜一碟。《合家欢喜图》中的潘陛，以诗、书、画驰名文坛，号称"江南才子"，曾任江苏江南大学堂监督。潘淇是书法大家，后任安徽厘税稽核处处长。潘学固则是当代著名书法家、书法艺术教育家。

　　另外一幅"佚名安庆道台家庭合影"，亮相于 2010 年 5 月 30 日"春季艺术品拍卖会·展卷——古籍文献专场"，这是北京泰和嘉成拍卖有限公司组织的一场拍卖会。据拍卖方介绍，"佚名安庆道台家庭合影"为蛋白纸基照片，拍摄于 19 世纪 70 年代。因为拍摄时间早，照片规格又大，所以最后落槌价在 1.5 万元。有关这张照片的背景资料太少，"佚名安庆道台家庭合影"这个交代又太模糊，所以无法肯定这张照片的主人公就是"安庆道台"，更无法肯定这张照片就拍摄于

摄于光绪二十六年（1900）春的安庆潘陛一家全家福照片

安庆。

相关史书中通用的徐锡麟临刑照，因为事发安庆，时间是光绪三十三年农历五月二十六日，所以这张照片的拍摄时间和拍摄地点都非常明确：1907 年 7 月 6 日傍晚，安徽巡抚大院。

1907 年 7 月 6 日，光复会重要成员、时任安徽巡警学堂会办的徐锡麟，借毕业典礼之际，率巡警学堂学生发动起义，并"用手枪连发多响，恩新帅（安徽巡抚恩铭）猝不及备，至身受数枪。自辰刻中枪后，延至未刻，竟不能救。"（《时报》）事败被俘后，徐锡麟面对藩司冯煦等审讯，大义凛然。施刑前，官府请来萃芳照相馆老板钱仲屏，在审讯现场，为徐锡麟拍了就义前最后一张照片。

钱仲屏后来回忆，事发当天，安庆城区一片惶恐。抚署对面的萃芳照相馆，是事件的中心地带，更有一种惊乱。接到官府指令，钱仲屏不敢有丝毫怠慢，背起照相器材，就随荷枪实弹的官兵出了门。从萃芳照相馆进抚署大门一直到拍摄现场，一路大兵压阵，壁垒森严，他连大气也不敢出。相比之下，只有一个人镇定自若，这就是当事人徐锡麟。钱仲屏记忆最深的是，按下快门后，徐锡麟居然不让他收拾照相机，连呼"面无笑容，不可留示后世，须另摄之！"其势凛然，让藩司冯煦等官员也心生感慨。拍摄完毕，官府下令要求立即冲洗。于是，在官兵看压下，钱仲屏背着照相器材回到照相馆，连水也没有喝一口，赶紧将照片晒印冲洗出来。

光绪三十三年（1907），徐锡麟临刑照片

照相馆老板钱仲屏非同等闲，他有作为商人的心计和机智。在他看来，既然安徽巡警学堂起事，巡抚恩铭被杀，官府又前所未有地严加防范，此事肯定非同小可。于是冲洗过程中，他趁守在一边的官兵不注意，悄悄将一张晒好却没有冲洗的相纸丢到了一边。恰恰就是这张侥幸过关的相纸，让钱仲屏后来成为红极一时的焦点人物——徐锡麟就义后不久，就有报馆记者暗暗打探到萃芳照相馆，开出一块大洋的高价，要求从他手中得到徐锡麟被害前的照

片。钱仲屏无法抗拒诱惑，索性将照片翻拍成底片，冲印多张，分卖给陆续求上门的本地、外地记者。官府知道此事，专门找上门追究钱仲屏责任。钱仲屏自然矢口否认，说从拍摄到冲洗都是你们多少双眼睛盯着的，玻璃底片最后也被你们拿走了，照相馆即便想冲印照片卖钱，又拿什么底片进行冲洗？前来查询的官员无话可说，让钱仲屏躲过了一劫。

之后不久，光绪三十三年（1907）冬季，有一位叫盖洛的美国人，乘船由南京溯江而上，在一个叫安庆的码头下了船。他在这个江北城市待了一个星期，后来他把在这个城市的感受，写到一本书里，书名叫《中国十八省府》。其中第三章标题为"安庆"，内文分 3 小节：一、环绕城墙的散步；二、珍奇的安庆宝塔；三、地方志。环城墙一周的散步，让盖洛对这座城市有了大概的认识；游览城东振风塔，又让他进一步了解了东方文化中的神秘宗教。后来他翻阅了舒景蘅正在编写的《怀宁县志》，走了条进入安庆历史的捷径。

盖洛是美国旅行家，1865 年生于美国宾夕法尼亚州的多伊尔斯城，1890 年毕业于拉斐特学院，后任传道士。1896 年，他由纽约乘船前往耶路撒冷朝圣，从此开始他的全球旅行生涯。20 世纪初，他多次来中国考察人文地理，长江流域、黄河流域、长城、五大名山、18 个行省省会等，都是他考察的对象。他的镜头，真实记录下了晚清中国文化、民俗、社会各界人物以及自然地理风景。在安庆，盖洛拍了许多图片，但最后用在书中的只有 3 幅，"枞阳门符咒石"是其中之一。枞阳门位于城东，盖洛在他教会朋友陪同下，旅行至此，听到了传奇色彩浓烈的"符咒石"故事，于是顺手拍下了它，并把它用在书中。从照片看，所谓的"符咒石"，只是城门的门槛左柱石，因为传说有包治百病功能，一块大理石居然被周边民众掏空了半边。

美国旅行家盖洛镜头中的枞阳门

盖洛在书中是这样介绍的："东城门通常被称为'枞阳门'。枞阳是九十里外一个镇子的名字，这就像是在曼彻斯特有伦敦路和牛津路的火车站。箭楼的两侧各有一块约五英尺高的柔滑大理石板。当地人认为它们具有很高的药效，尤其对气喘病和消化不良十分灵验。他们从白色的大理石上刮下少许石粉，然后将其注入开水饮用。所以，两块石头上都有很深凹痕。"

下

早期的照相馆，选择门脸最为重要。做生意是为赚钱的，但怎么赚，赚什么人的钱，学问很深。按现在的话说，可行性报告不做到位，就有可能出师不利，甚至全军覆没。光绪二十六年（1900）前后，照相业在安庆城区起步，照相不仅是时尚消费，同时也是奢侈消费。从思想观念上说，民间流传照相可以"勾魂摄魄"，因而普通民众避而远之；从经济能力上讲，照相所需的高昂花费，让一般民众根本不敢问津。尽管照相馆门脸不大，但敢探头光顾者，既要有相当的胆量，又要有足够的财力。

正因为如此，安庆城区新开的三家照相馆，其中有两家就开在抚署附近。"萃芳"位于西辕门，"光华楼"位于东辕门。东辕门、西辕门是两个地名，以安徽巡抚衙门前的辕门为界，在东者为东辕门，在西者为西辕门。照相馆开在安徽最高官府周围，其目的十分明显，就是要做"官"生意。20世纪20年代初，安徽督理马联甲做寿，来萃芳照相馆拍了半身正面照。马联甲对照片很满意，洗印无数，四处送人。部下官兵为巴结安徽督理，更是自费冲洗，几乎人手一张，让老板钱钟屏美美地赚了一大笔。后来钱钟屏就是用这笔钱（据说有万元之巨），在吴越街口东南，开了更时尚、更高档的中华照相馆。照相馆开业时，满城惊动，几大媒体如《皖报》《新皖铎》等，纷纷刊发消息，誉其"装潢阔盖全城"。

20世纪30年代中期，时尚的照相业也用时尚的方式推广自己，这就是花钱在报纸上做广告。笔者手头有两份1934年的《皖报》，其中3月25日中华照相馆的广告，标榜自己"摩登化的背景，艺术化的照相，平民化的价格"，是安庆照相业"新的创造"。6月26日的《皖报》上，中华照相馆的广告，不仅明确告示"吴越街东首一号"详细地址，而且还注明"日夜营业"的经营时间。"日夜营业"至少传达了两层信息：一是安庆城当时是灯红酒绿的不夜城；二是照相馆主要服务对象，多是引领时尚且习惯夜生活的风尘女子。这一日，云芳照相馆也在《皖报》上做了广告，很明显，这是两家照相馆相互竞争的架势。

民国安庆两大照相馆之一的云芳照相馆，老板姓郑，叫郑云芳，照相馆就以他的名字为店号。云芳照相馆的前身，则是安庆第一家照相馆"镜波"。1928年，镜波照相馆老板姜镜波因患痢疾，不治身亡。姜镜波留有一儿一女，年龄都不大，加之夫人对于照相馆经营和拍摄一无所知，不得已，只好请姜镜波的徒弟郑云芳接手经营，双方商谈的是"典当"的方式，郑云芳维持照相馆的业务经营，3年之内，姜镜波妻小的生活由郑云芳提供资助，三年之后，照相馆归郑云芳所有。

郑云芳是位精明的商人，他懂得经营之道。他在《皖报》上做的广告，文字虽然十分简单，"云芳照相馆住钱家牌楼电话八十二号"，但店名、地点、电话，三大要素，一应俱全。既简洁，又醒目。其中对中华照相馆构成威胁的，就是打出了更为便捷的"电话八十二号"的联系方式。

一年之后，老板郑云芳亲赴上海，花巨资购得了一部摇头相机（可能是1900

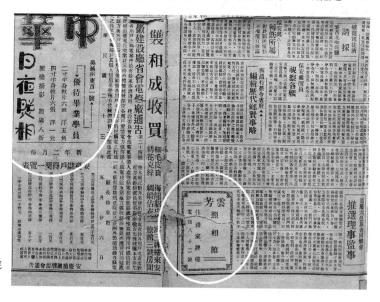

20世纪30年代，《皖
报》上的照相馆广告

年柯达公司推出的"全景柯达"），相机的镜头可水平方向转动，镜筒与机身也能自由摆头。这在安庆照相业，绝对是超前的重磅照相器材，因而一下引起轰动，成为报刊媒体竞相报道的爆炸性新闻。其生意，自然也由此更加火爆。与云芳始终处于竞争关系的中华照相馆，无奈之下，只得投资千元银元，将店面重新豪华装潢，又投资1000元，置办了许多照相服装。安庆的照相业，因两雄相争，也进入了一个发展的小高潮。

安庆城区几家照相馆刚开业时，拍稍大一些的淑女照或四寸的半身照，大概需要四块银元，折合纹银，为二两九钱；如果加印，则要另外收费，大概是一元大洋一张。当时，在三牌楼、四牌楼高档酒店办一桌宴席，两元大洋就已经很丰盛了，加上酒水，三元大洋也能全部搞定。同一时期，购买一幅名人字画，也不过一元大洋，而画一张人像，只需要几角钱。按这个性价比，照相业绝对是专门宰冤大头的暴利行业。1930年以后，照相费用有所下降。据中华照相馆在报纸上做的广告，"二寸半身软片六张，洋五角；四寸半身软片六张，洋一元"。因为暑假临近，精明的老板特别放出了"优待毕业学员"的诱饵。另外，"团体摄影"也有"照码八折"的优惠。除此之外，他们还有"代客冲晒"并且"交件迅速"的业务。

民国时期安庆城的时尚结婚照

同在一条吴越街上，1930年前后，钱兆富、钱兆根兄弟还开有卡尔登照相馆。南出吴越街向西，市政街上也有两家照相馆，其中名字叫"留真"的老板有二，一是兄江味川，二是弟江霖。另一家镜涵照相馆，则以老板李镜涵的名字命名。

1938年6月12日安庆沦陷，几乎所有照相馆的老板，都收拾器材，关门停业，加入了逃难队伍。其中郑云芳知道生意无法继续经营，便带着他的照相器材及员工，由安庆溯江而上，最后辗转到长沙，在繁华市区租了个店面，将"云芳"招牌重新挂了出来。当时长沙照相业是"新华""蓉光""四明""大光明"四强称霸，"云芳"初来乍到，人生地不熟，业务推广十分困难。但郑云芳眼光独特，他从长沙各大医院入手，凭借自己经济实力，免费为一些医院拍广告照和医护人员的工作照，一下子就把局面打开了，并由此招来许多生意。

沦陷后的安庆城，经济一片萧条。照相业由日本人一家独大。据史料记载，"留真""镜涵""光华楼"3家照相馆，沦陷后由日本商人强占，改名"光景""蓄芳""东洋"继续经营。后伪怀宁县政府设立，中国商人才允许涉足照相业。但不准日本人在中国照相馆照相，因此之后开业的照相馆，店内均挂有"军人军属，写真严禁"的告示。

率先打开沉寂局面的，是位于孝肃路的培生照相馆，时间是1939年，老板金培生当时是日伪巡官，因此他才有这个便利与胆量。抗战之前，金培生曾参与经营镜波照相馆，懂技术也懂经营，算是业内人士。

至抗战胜利，安庆先后开有十多家照相馆，其中"三友"在姚家口老地委对面，开业于抗战时期，因是3人合资开办，所以取名"三友"，后搬至市政街，改名"留真"；位于大南门"马公兴"南的照相馆，名"大光明"，老板吴志超，后迁到贵池开业；真吾照相馆位于姚家口，老板姓卢，叫卢幼曾；位于孝肃路的照相馆叫"皖光"，老板孙光明。刘寿澎是安庆照相业的传奇人物，他老家在南京，却在安庆先后开了3家照相馆，先是与南京鲍得奇在任家坡合开"小规模"，后独资开办"大民会"，之后又将照相馆迁到钱家牌楼，取名"容光"。大西洋照相馆也位于孝肃路，就是后来红旗照相馆的旧址，老板夏少如；孝肃路上还有一家照相馆叫"夺天工"，老板叫吴宣才。

1940年前后，钱牌楼的"云芳"也恢复开业，但此时的"云芳"，挂的虽是老招牌，但老板不是郑云芳，而是他早先的徒弟杨积华。相比之下，无论摄影技术还是照相器材，此"云芳"都无法与彼"云芳"相比，因此生意平平。

抗战之后，安庆照相业开始复苏，主要有"萃芳""留真"（老板江霖，后合并，1957年老房子拆除）和"卡尔登"（老板钱兆根，后改为国泰、红旗，1988年拆除）等。少女严凤英抗战后曾经在云芳照相馆拍过两张生活照。不过此时云芳照相馆的老板，又换回了郑姓，但不是哥哥郑云芳，而是弟弟郑云发。郑云发背部有些

1946 年前后，少女严凤英

残疾，所以圈内都称他郑驼子。严格地说，此时的云芳照相馆，只是长沙总店下设的安庆分店。其后不久，郑云芳儿子郑泽林，从长沙来到安庆。但他此次来安庆，不是为经营云芳照相馆，而是处理情感上的一段纠葛。再往后，他与女方和平分手，法院将云芳照相馆判决给女方，作为她们母子的生活费用。自此始，云芳照相馆的新主人，换为既不懂照相技术，又不懂照相馆业务的黄荣芝。云芳照相馆在安庆再度沉寂。

严凤英在安庆城崭露头角之时，年轻的杨昭宗也成为安庆新一代摄影专业人才。多少年后，杨昭宗回忆，他与严凤英之间还有一段过往："严凤英特别喜欢照相，只要有一点点时间，就到我们卡尔登照相馆来了。当时她还准备拿 3 根金条作股，和我合伙，开一家时尚新潮照相馆。"喜欢拍照是少女的天性，所以严凤英与杨昭宗交往，更多时候是拉着杨昭宗外出拍各种各样的风景照。因为是"角儿"，又是常人不大见的拍照片，所以走到哪里，麻烦就惹到哪里。杨昭宗记忆最深的，是 1948 年冬季的一天，晴日暖好，他被严凤英拉到了迎江寺。架子也撑起来了，姿势也摆好了，镜头里突然伸进来一张国民党伤兵的脸，说是要和女戏子合一张影。严凤英性格孤傲，根本不买这个账，二话不说，掉头就跑走了。伤兵折了面子，气没有地方出，劈头盖脸将杨昭宗一阵数落，还扬言第二天一早就要到卡尔登照相馆去取照片。那时候，伤兵自恃为国受伤，一蛮二横，安庆城谁也不敢惹。回到店里，杨昭宗把此事说与老板听，老板也吓坏了，担心伤兵因取不到照片而砸了照相馆。发愁之时，来了位军官，听明事情原委，军官一句话不说，绷着脸就回去了。第二天清早，照相馆还没有营业，就听见伤兵在外面乱敲门，老板与伙计商量半天，没有办法，只能开门。结果门打开，大家就惊呆了，昨日在迎江寺的伤兵，此时跪在门外，一个劲地抽自己耳光。见到杨昭宗，忙解释说自己昨天不是冲照相馆发难，完全是为了那女戏子。又低声下气求照相馆老板多原谅，并向自己的上司说几句好话。原来昨天那位当官的回去以后，将这件事向上级汇报了，此时国民党正在抓伤兵扰民的事件，一下子逮了个正着。

20世纪40年代末，安庆城大小有十多家报纸，但那时候报社没有专门的摄影记者，一些重大事件的新闻图片，都请卡尔登、留真照相馆派摄影师到现场拍摄。主要拍摄人员有胡来勋、杨昭宗等一批年轻人。1947年天主堂神甫楼着大火，卡尔登照相馆的杨昭宗发现后，立即把照相机扛到顶楼，及时捕捉到了大火镜头。据杨昭宗回忆，天主教会后将照片翻印多张，寄回国内宣传，最终争取来一笔数目相当可观的维修善款。

卡尔登照相馆抗战间一度中断，后恢复，并一直延续到20世纪50年代中期。安庆几座老城门，枞阳门（东门）、镇海门（大南门）、八卦门（西门）被拆除，也是卡尔登照相馆及时派人去现场跟踪拍摄，这才为我们留下了珍贵的老城门照片。

留真照相馆位于市政街，创于1930年以前，老板江味川。安庆沦陷后，留真照相馆由其子江霖经营，店址也搬至姚家口老地委对面。后因财力有限，江霖又拉来3位朋友合办，店名也改为三友。抗战胜利后，照相馆搬到市政街，重新

1946年，安庆照相公会成立时的合影

定名留真，由江霖独资经营。1956 年照相业公私合营，对于江霖是一场灾难，当年他花大价钱买回的高档照相器材，被强行低价入股，个人资产受到了严重侵犯。正因为如此，他心中一直闷闷不乐，最后郁闷而死。1957 年，留真照相馆被拆除，原址改建为供销大楼（现苏宁电器）。

中华人民共和国成立后，照相业经营萎缩，据 1952 年的一份统计资料显示，当时安庆虽仍有照相馆 13 家，但其中较大的 8 家，从业人员只有 16 人（平均每店 2 人），资金 290 万。这之中，留真照相馆与卡尔登照相馆稍大一些，资金均在 50 万以上，除老板外，另外还有 3 名雇工。云芳照相馆资金也只在 10 万左右，其他照相馆规模可想而知。1956 年，照相业公会下属照相馆进行公私合营，当时 9 家照相馆统计的数据，从业人员为 21 人，总资金 10937 元，而最大的留真照相馆，劳资双方有 15 人，资金 5095 元，几乎占到一大半。这之中，私方独资经营的翠芳照相馆也以入股的形式被公方兼并。钱仲屏承受不了这种改变，之后不久便黯然离世，夫人也因此失去生活来源。当年年底，杨昭宗为钱仲屏夫人送私方股息时，正赶上老太太处理旧纸碎玻璃，其中包括钱仲屏收藏多年的一些玻璃底片。杨昭宗眼尖手快，拦住了老太太，许诺以一条烟为酬谢，从中挑了不少有价值的玻璃底片留了下来。这里面，就包括钱仲屏后来翻拍的徐锡麟被害前的照片底片。

第十八讲　安徽国术馆与华中运动会

上

安庆城南的城墙根下，有一条东西走向的窄巷子：由康济门入老城，贴着城墙向西走，大概三五百米，最后抵达大南门内正街。"文化大革命"之前，这条街一直称为忠孝街。后来街名"革命"，便与继续往西行的南水关、轩辕庙、五垱坡等街道合并，统称为革新街。"文革"后恢复原地名，但恢复的是清真寺街。在民间，这条街又约定俗成，随探花第叫探花第街。

按常理，探花第前的街巷，应该以"探花第"为名，为何会有"忠孝"一说？这就要从马氏祖先说起。明洪武二十八年（1395），骠骑将军马哈直任安庆卫指挥使，其家小也由河南新野迁居安庆，后其子马麟，其孙马义、马宝等，均世袭骠骑将军，并世袭安庆卫指挥使、安庆卫千户、安庆卫镇抚等职位。其中马义于成化二年（1466）由广西总兵致仕还乡后，在现探花第位置，新建供马氏族人集中居住的清真敦悦堂。成化五年（1469），又捐资兴建了南关清真堂（清真寺前身，1853年被毁）。入镇海门后沿城墙向东至清真寺的街道，取名为忠孝街。

忠孝街为何也叫"探花第街"？追本溯源，就必须提及科举制度中的武科。武科专为选拔武科人才而设，最早起于唐长安二年（702），至明成化十四年（1478），开始设乡试、会试，到崇祯四年（1631），又增加殿试。武举科考先是六

位于城南忠孝街的探花第

年一次，先考策略，后试弓马，策不中者不准试弓马。后又改为三年一试。考试内容主要是马步弓箭和策试。安庆周边习武者众，明清两代，武举人、武进士不乏其人。其中最有名的，就是马义之八代裔孙马大用。清雍正五年（1727）丁未科武会试，马大用勇夺武探花。后雍正皇帝钦赐"探花及第"匾额，悬于原清真敦悦堂处，探花第也由此而生。

马大用年少时，长相就不一般，地方志称其为"猿臂虎口"，应该是非常魁梧。马大用生性磊落且胸怀大志，最喜欢说的一句话是："男儿当横行海内，取青紫如拾芥，谁能寻章摘句作老博士耶？"他不顾家人反对，弃文习武。武会试探花及第后，马大用先后任陕西火器营参将、湖北宜昌镇总兵、福建漳州镇都督佥事。乾隆十八年（1753）移镇台湾，领协台湾水师协。乾隆二十一年（1756）4月，李友棠巡视台湾，阅看水陆操演后，兴奋不已，后在上报朝廷的奏折中，极夸"安平协三营水师陆路队伍俱各娴习，水师驾驶尚属整齐，而镇标兵丁技艺尤为熟练，实因镇臣马大用平日训练有方"。后马大用升任福建水师提督。

集邮家李理获世界金奖邮集的《清代驿站》"边疆地区驿站"中，有一件珍贵的寄自台湾驿站的实寄封。寄发时间为乾隆十九年（1754），收件人为乾隆皇帝，内容是元旦贺仪，寄件人就是驻守台湾的马大用。这件实寄封后经中央电视台海外栏目宣传，在台湾引起巨大反响。

据《中国历代回教名贤事略汇编》记载，马大用"居官严肃慎重，积功授。粤闽海氛不靖，自大用抵辕后，遂臻平定，时人讴歌，谓为东南半壁福星焉"。马大用乾隆二十四年（1759）退隐回乡，同年病逝于安庆。后官府在镇海门内立"海疆柱石"坊，以彰炳他守卫海疆的功绩。

20世纪40年代，在安庆说到国立安徽大学保卫处处长张国范，几乎没有不知道的。1949年3月，安徽大学校长杨亮功，就是由张国范陪同，前往南京筹集经费的。其实"陪同"只是官样文字，真正目的，就是让张国范做他的贴身保镖。张国范也是骨伤科医生，但他的武术名气，远比他的医术高超得多。20世纪30年代初，朱雁秋是安庆黑白两道通吃的头面人物，后来知道张国范，就约过去会一会，地点在奚家花园，也就是钱牌楼弯向小沧浪浴池的那条窄巷。朋友劝张国范不要单刀赴会，至少要换一个更加磊落的地方，张国范却丝毫不畏惧，独自一人走了进去。窄窄一条深巷，前后无人，静寂无声。行至一半，便听见耳边生风，眨眼之间，墙头就立了十数位壮实汉子。张国范心静如水，依旧不紧不慢走自己的路。"呼啦"一下，就见汉子全从墙头落下了，前前后后堵死来路与去路。张国范只微微一笑，也没有看见抬足挥拳，就有五六个汉子倒了下去，再上，依旧不是对手。半条巷子都是手下败兵。这时候，有掌声稀稀拉拉响起，抬眼看，朱雁秋立在小巷的尽头，一脸赞赏。

张国范是老子故里涡阳人，其地虽在安徽境内，但在版图上，却是伸向河南的一块。7岁时，张国范在蒙城拜和尚汪广庆为师，学西洋掌。稍长，又精学斩马刀破枪。之后，查、华、洪、炮、少等五大名拳，都深入学习过。1923年前后，张国范带一身武艺游荡到长江一带，以传授武艺为生。后安徽成立国术馆，广搜武林奇才，张国范应邀前来。

武术是中国国粹之一，但现在的风靡程度，远不及民国初年。电影《霍元甲》《叶问》里那种对武术的痴狂，在安徽各地，尤其在安庆、芜湖，常年可见。安徽国术馆就是在这种大背景下成立起来的。

追溯安徽国术馆之源，先要从中央国术馆说起。1928年3月，民国政府在南京成立国家武术学院，院址设在韩家巷，以武术教育为主。6月，改为中央国术馆，

1920年，安徽省立女子工艺传习所国技（武术）训练

全称"国民政府直属国立南京中央国术馆"。馆长张之江（国民政府委员），副馆长李景林。其宗旨，是打破门户之见，培育武术师资，审编武术教材，以在中国广泛推广武术。安徽省国术馆筹建稍晚一些，但倡建动议也同在1928年。动议者王成美，芜

湖人，从小就喜爱武术，中学读书时，曾赴南京、上海等地拜师求艺。王成美擅长九节鞭和绳鞭，据说舞到高处，只见风动，不见人踪。1928年6月，王成美和江保衡受中央国术馆委托，联名写信给安徽省教育厅，要求成立安徽国术馆，信中说："窃维我国势之衰微，实狃于重文轻武之陋习，以致国民少强健之身体，无勇敢之精神，外侮之来，莫之能御，是以讲求国术，岂能保存国粹，亦所以救危亡之故。"在这之前，王成美已经在芜湖创办有精武体育会，其宗旨是"研究国术，锻炼身体，养成健强之国民，期为国家效用"。精武体育会在芜湖影响很大，王成美自己也十分得意，称"规模成绩尚有可观"。后王成美为国民革命军安徽江防司令部看中，任其为陆战队教导团团长。同期，江保衡出任国民革命军第三十二军军部主任参谋。因二人有背景，有身份，所以他们以"国府有国术研究馆之组织，现已推设江苏、上海等馆"为由，期望安徽也能将国术馆建立起来。

1929年初夏，安徽省国术馆在安庆正式挂牌成立。国术馆设有董事会，由11名董事组成，邵华为董事长。董事会推选教育厅厅长程天放（后为杨廉）为馆长，王成美为副馆长。初期馆内设教务和总务两处，聘有3位拳师，其中孙虎臣、邽子荣专教长拳的中徒手和器械套路，石干乡专教形意拳和棍的套路。国术馆初设于任家坡安徽省议会，后移至东门外。按约定，国术馆开办之初，由安徽省教育厅每月拨付800元经费，不足部分，自行筹措。由于招生工作开展缓慢，国术馆自筹无力，因此相当长一段时间，国术馆经费严重短缺，以至于不能维持正常运转。后惊动张治中、冯玉祥、吴忠信等多位皖籍高官，经费窘困之境才有所改善。国术馆聘请的拳师，也一步步增多，如稽家钰、李好学、张国范等，就是在这前

后来国术馆应聘执教的。

安徽国术馆分研究、教授、练习3个班，按时间长短，又分初级（半年）、中级（一年）和高级（三年）班3种。费用按月计收，每月3元。其中研究班的对象，为省直机关男女职员以及安庆本城士绅，明显带有"贵族"色彩。练习班是"适应民众练习国术之需求"的教授主体，对象为"凡十二岁以上者"。教授班的目的，则是为安徽下辖各县国术班培养师资，学生文化程度相对高些，多为初中生，少数有高中文化。至抗战前夕，教授班前后共开办3期，第一期毕业生24人，二、三期共50人。教授

20世纪30年代，安徽国术馆教授班毕业证章

民国时期安徽建设厅职员练习国技（武术）

班的教学，分为文、术两科，文科有语文、生理和国术概论；术科有拳术（少林、武当、太极）、器械（刀、剑、枪、棍）、对抗（击技、摔跤、刺枪、劈刀）。学制为全日制，每天授课六小时。其中学员佼佼者肖毓苏，后留在安徽国术馆任教。研究、练习两班的生员相对多些，资料统计，1930年至1936年，参加这两个班活动的人数，在2000人以上。

安庆人好武，早在清雍正年间就远近有名，前面说过的大南门回民马大用，因武艺高超，一举夺得武科探花。晚年马大用还乡，又在回民中间倡导习武，并亲自传授武术。光绪年间，徐锡麟出任安徽巡警学堂会办，也在学堂内专门成立英武会，以推广武术活动，当时有30多学生报名参加。

在四眼井经营炒坊的郭云魁，最擅长的器械是青龙偃月刀和戚门十三剑。1930年，他在省会警察局教练所任教时，曾赴阜阳参加全省武术表演，后又参加

南京全国运动会。一次大王庙失火，他登云梯上了房顶，忽然梁柱烧塌，他整个人掉进火窟，大家都以为他葬身火海无疑，不料他却运用纵术，跳出火圈，化险为夷。后来接任安庆国术馆馆长的孙虎臣，1879 年生于河北邢台，1921 年毕业于河北保定体育馆，来到芜湖创建精武体育会，编有《拳术》一书。孙虎臣到安庆来，是 1930 年的事，安徽国术馆扩大规模，特意聘他过来担任教务主任一职。此时孙虎臣已经 51 岁，但宝刀不老，1933 年参加南京全国运动会，他的武术表演还拿了比较好的名次。

相比之下，芜湖的武术热，远远高于安庆，这也与当地经济有关。芜湖是全国有名的四大米市，商人多，钱财多，出门不安全，自然要请保镖，请保镖就少不得武林高人。张国范从皖北到皖南，最先落脚处，就是芜湖。芜湖保安队班长路金乡要得一手漂亮的大刀，就得于他的真传。阎绍臣与路金乡是同事，也喜爱武术，自然也学了几手。阎绍臣悟性高，后来功夫了得，正因为有这一手，所以在安庆警察局觅得巡官一职。抗战胜利后，阎绍臣年龄大了，在墩头坡悬壶行医，顺便也带一两个徒弟。另一位武术高手周松山，年轻时武艺出众，还写得一手好书法，但生不逢时，战乱中在上海卖艺，虽精心表演，汗流如雨，气音嘶哑，但很少得到回报。战后回安庆，在街头卖自制的跌打损伤药"英雄大力丸"，经营惨淡。

另一位武林高手胡应昭，颍上人，1918 年来安庆，拜回民张武杰为师。他的功夫虽然出众，但"花哨"的成分多一些。1929 年，胡应昭在安庆新舞台公开表演，惊艳全场。但严格地说，这只能算是武术的商业化表演。1939 年 5 月上旬，抗日军队偷袭安庆成功，在桐城举办大型武术晚会，张震东以及桐城东乡周家潭派高手参加，获得满堂喝彩，大大鼓舞了士气。这年秋天，安庆击落一架日机，怀宁动委会为此举行民间艺人武术大表演，武人王东成也在台上做了精彩表演。

民国时期，安庆的一些武林高手，代表安庆参加各类武术比赛，取得了不俗成绩，也为安庆争得了荣誉。如 1928 年 10 月在南京进行第一届国术国考，马承智的拳术取得"最优"，获此成绩者，全国仅 15 人。1933 年第二届国术国考，汪光旭获得拳术第三，剑术第五。国考参加者，均为各级国术馆的教习和学生。国考分两个阶段，参加者先试刀、枪、剑、棍、拳，合格者才能参加散手，包括长短器械击打和比试摔跤。中央国术馆只进行过两届全国范围的国术国考。1929年，杭州举行擂台赛性质的"全国国术游艺会"，共有19个省400多名国术选手参加。安徽刘百川、陈明征分别担任副评判长和监察委员。1935年第六届全运会的国术比赛，汪光旭获剑术第四名。

迎江寺近代高僧竺庵，也是安庆武林界的传奇人物。竺庵祖籍湖南，光绪十八年（1892）驻锡迎江寺，1937年圆寂。竺庵"任当家师四十年，一心为寺为塔，颇著功劳"。竺庵从小习武，练有一身绝功，但从来不向外显露。1917年，竺庵主持修缮迎江寺，材料多由水路运至朱家坡卸货。当时东门码头由黑把头控制，不经他们过一道手，任何货物都不能上岸。竺庵的处理方式堪称一绝，沉着一张脸过去，不理睬任何人，求情的话不说，责备的话也不说，只是上前将铁锚拔起来，往肩上一放，就这样一个人硬把货船拖至迎江寺山门前。黑把头及其手下二三十人，个个目瞪口呆。竺庵善武之名，由此传遍安庆城。

下

1934年6月26日《皖报》刊有一条新闻，标题为《本市第三届网球锦标赛开幕》。新闻中透露，"报名已于前日截止，计单打共九人，双打共两组"，而之中的"女子锦标赛则无人过问"。其原因，记者推测有二，或是"暑假考忙"，或是"炎夏太热，故不愿参加运动也"。男子锦标赛"已将人数编排完毕，今日下午四时即有单、双打各一组与赛。单打祖先荣对章之祯，双打为稽家钰、方守谦对姚镜芙、李度。六君均属网球后起之秀，届时定有一番优美表演也。"

这则新闻多少让现代安庆人有些感叹，至今在安庆还只是"贵族运动"的网球，80多年前在安庆已经能组织公开锦标赛，可见民国安庆的时尚，绝不亚于当下。

1934年安徽省第三届网球公开锦标赛，由安徽省体育场主办。这个安徽省体育场，就是有百年历史的黄家操场，这也是安徽历史上最早的公共体育场。黄家操场位于黄花亭以南，本应名为"黄花"，但民间讹传为"黄家"，这两个名称都通用。晚清时，这一带称为"后营"，是清兵驻扎地。太平天国战乱后，后营不复，营基为贫民所占，成为城北一片简陋生活区。光绪五年（1879），陈独秀出生于后营，指的就是这个地方。民国初年，体育纳入常规教育课程，体育运动发展迅猛。但偌大安庆城区，学校无运动场地，军队无操练场所，警察也无培训基地。于是，1918年安徽省教育厅厅长董嘉会，报请安徽省政府批准，在"北正门内后营营基"，正式着手修建公共体育场，具体筹建工作由赵光绍负责。

新建成的安徽省立公共体育场，南北纵向，占地30余亩，田径场跑道300米共6道，东西直道长130米，中为足球场。西面建有30米×20米的健身桌球房，三合土地面，天阴下雨，可在室内开展篮球及其他活动。健身房北建有篮球场和网球场，四周围有铁丝栏。司令台建在南侧，围有10层砖砌看台，可容纳观众5000人。

不过在相当长一段时间内，安徽省立公共体育场的经费十分窘迫。据1936年的一份资料，当年安徽省立公共体育场经费一年只有10248元，均摊下来，每月854元，而这之中，职员薪俸就占到了505元，其他办公及事业费158元，购置费191元。1930年春，安徽省政府在东城外五里庙选址另建省立公共体育场，黄花操场则降格为省立公共体育场分场。后五里庙体育场停用，黄家操场重新恢复为省立公共体育场，仍归安徽省教育厅管理。1940年，怀宁县第二体育场在黄甲山建成，总面积5400平方米，有2间办公室，2个简易篮球场。1947年，在原安徽省政府大院，又修建了儿童体育场，总面积13500平方米。五里庙省立公共体育场、黄甲山怀宁县第二体育场以及原省政府大院的儿童体育场存在时间都不长，目前只有黄花操场依旧保留，仍然是安庆城区重要的公共体育活动场所。

1930年安徽省政府在东城外修建五里庙省立公共体育场，目的是迎接这年3

安徽省立公共体育场，1930年3月第四届华中运动会的盛大开幕式

月在安庆举办的第四届华中运动会。

华中运动会是民国时期规模较大的地区性运动竞赛活动，由华中体育联合会（后改名"华中体育协进会"）组织筹办，初起 1923 年，止于 1936 年，前后共举办 6 届，参加者主要为来自湖南、湖北、江西、安徽等 4 省和汉口特别市的体育组织。第一届华中运动会 1923 年 5 月 4 日至 5 日在武昌举行，武汉获男子篮球冠军，王志鹏获 110 米赛跑第一，成绩是 11 秒 2。第二届华中运动会 1924 年 5 月在长沙举行，武昌文华大学男子篮球队夺冠，王玉振以 29 秒 2 的成绩，获男子 200 米低栏第一。1925 年 4 月，第三届华中运动会在南昌举行，黄铁和独获 110 米高栏、200 米低栏和跳高 3 项冠军。安徽男子足球队在第二、三届华中运动会上连续夺冠。之后的第五届运动会 1931 年 5 月在武昌举行，第六届 1936 年在长沙举行。

安庆做东道主的第四届华中运动会，也是华中运动会历史上规模最大的一届。这之前，华中运动会的比赛项目只限于男子，如田径、篮球、排球、游泳、足球、网球、棒球、武术、团体操（表演）等。到第 4 届华中运动会，增设了女子田径、篮球、排球和网球等新项目。正因为如此，第四届华中运动会格外吸引体育爱好者与新闻界的眼球。

1930 年 3 月 18 日，第四届华中运动会在安庆五里庙安徽省立公共体育场举行盛大开幕式，第四届华中运动会副会长湖南省主席何键、湖北省主席何成、汉口特别市市长刘文岛等出席了开幕式。第四届华中运动会会长、安徽省代主席兼安徽省教育厅厅长程天放，在开幕式上用无线电广播机对运动员进行了训话。来自安徽、湖北、江西、湖南 4 省和汉口特别市共 300 余名运动员参加了这届运动会。

代省长程天放宣布第四届华中运动会开幕　　　　第四届华中运动会女子跳远前四名

　　3月23日，第四届华中运动会落幕。经过6天时间的争夺，汉口获男子篮球冠军。殷德琨以12秒5和25秒2的成绩，分获100米和200米两项第一名。曹承道以37分46秒6的成绩勇夺1万米第一名。冯浩然获女子50米和100米两项第一名，后项的成绩是15秒4。南伟烈中学足球队代表江西参赛，以不败成绩夺冠。安徽女子篮球队首次参赛，胜江西、湖北，败湖南，名列第二。第四届华中运动会设总锦标1项，奖银制振风塔1座，为湖南省代表队获得。

　　安徽省政府十分重视此次盛会，三四个月之前，就动议将皖江公园东原五里庙演武厅（新军练兵场），改建为举办第四届华中运动会的安徽省立公共体育场。新建成的省立公共体育场，面积50余亩，建有400米跑道田径场，另建有篮球、排球、网球场地。体育场西侧，还建有砖砌游泳池（池水是附近农民从塘中挑来的）。吴中俊为省立公共体育场第一任场长。此外，政府又动员各方力量，突击半个月，修筑了由石家塘破老城墙至省立公共体育场的大道，并将此命名为华中路。

　　第四届华中运动会最大亮点，是国术馆馆长王成美为运动会特别编排的一套配乐太极拳，它以《苏武牧羊》为背景曲，数十位拳师参与表演，动作柔中有刚，刚中藏绵，场面壮观，气势恢宏，获得了全场经久不息的掌声。从一定角度，这也算是早期运动会开幕式的团体操吧。总裁判长吴蕴瑞对此十分赞赏，他认为，"国术创新不仅有必要，而且也非常有价值"。安徽国术馆还选派了25名国术选手，

1929 年 11 月，安庆市小学第二届联合运动大会

参加了国术表演比赛，其中汪光旭获剑术和射箭两项第一名。

可惜的是，第四届华中运动会后，因为交通工具匮乏，虽然离城只有五六华里，但来此举行体育赛事活动的单位并不多。仅仅两三年，新省立公共体育场就荒为长满乱草的闲置之地。安庆沦陷后，日军又强占此地为军用场地，场内设施遭到严重破坏。曾经名噪一时的五里庙省立公共体育场，最终遭到废弃。

第四届华中运动会是民国安徽历史上最大的体育盛会。民国安庆的体育运动，尤其是各类体育赛事，其规格之高，场面之大，参与者之众，气氛之热烈，都远远超出我们的想象。曾就读安徽第一初级中学的李家震，曾拍过两张安庆中学生运动会的照片。据他回忆，拍摄时间大概在 1936 年前后，拍摄地点是黄花操场。当时他们是以学校的名义组团参加的。类似运动会，每年都要进行，开展的项目很多，有短跑、跳高、跳远等。开幕式上，还有大型团体操表演。照片上，参加开幕式团体操的学生，着装整齐：女生是月白短衫，黑色长裙；男生则是类似军

第四届华中运动会获胜奖牌

装的制服。团体操场面宏大，有专人指挥，动作整齐。四周看台上，除学生外，还有教师、家长和出席运动会开幕式的官员。

1929 年 11 月 13 日，安徽省第一届运动会在安庆举办，这也是省城安庆首次承接大规模体育赛事。此届运动会上，安庆第一职业中学获中学男子甲组总分第一名，第一女子中学获中学女子甲组总分第一名，第一实验小学获小学组冠军，第二实验小学获小学组亚军。

这一阶段，安徽省教育厅十分重视体育教学。1933 年，在安庆专门成立了由中小学体育教师组成的体育教学研究会，其宗旨是研究体育教学方法，交流体育教学经验，以提高体育教学质量。次年，省教育厅出台体育成绩测验办法，体育成绩考查内容为体格、姿势、技能 3 项。学生的体育成绩由 3 部分构成，平时成绩占 40%，临时成绩占 30%，学期考试成绩占 30%。

1934 年 3 月 25 日《皖报》有一则《省会第八小学举行小运动会》消息，真实记录了当时城区小学校的体育状况："省会第八小学，以校址狭小，操场面积不及四百方尺，学生活动，颇感困难，特提倡儿童在课外踢毽、跳绳、跳田等有益之游戏，以为补救，并为增厚儿童兴趣起见，在该校行事历上，定本周举行小运动会，于昨日开幕，项目均为跳绳之类云。"

安徽省城安庆的体育教学起于清末，光绪二十八年（1902）吴汝纶主持桐城中学堂，率先开设体育课。之后安庆中学堂、省立高级工业学校、法政学堂、女子职业学校、女子中学堂以及城区的小学堂，都相继开展了田径教学活动，体育逐步成为学校的必修课程。至民国，包括教会学校在内的各类学校，都相继开设体育课（1923 年前称体操课），视教学对象的不同，分普通体操和兵士体操两种。1918 年之后，兵士体操废止，普通体操也开始往竞技运动项目方向转换，田径、球类、器械、体操、游戏等，逐步走进体育教学课堂。

相比之下，安庆的篮球运动普及程度更高一些。1925 年，安徽首次组建男子篮球代表队，赴南昌参加了第三届华中运动会，并进入决赛。当时活跃在安庆的篮球队，有"皖星""宣华""华华""赫赫"等队，他们相互之间经常开展比赛。安徽的另一个强项是足球，前后 6 届华中运动会，安徽都组队参加，其中第二、三届荣获冠军。安徽男子排球队则从第二届华中运动会开始参加比赛，可惜实力平平，每次都排在末位。安徽女子排球队 1930 年组建，当年参加了第四届华中运动会，后又参加第四届全国运动会，成绩也不理想。1930 年前后，网球运动在安庆也有长足发展。这一年，以安庆球员为主的安徽省男女网球队，参加了第四届华中运动会（后两届也有参加），可惜名次垫底。

连续在第二、三届华中运动会夺冠的安徽男子足球队，其实是由安庆圣保罗中学足球队代表参加的。圣保罗中学足球队素负盛名，有"上打汉口、下打上海"的口号。圣保罗中学不仅足球队实力强大，其他体育成绩也非常不俗。如民国时期安庆的体育名人刘振武，就是圣保罗中学学生。1925 年，刘振武参加第三届华中运动会，以 100 米 12 秒，200 米 25 秒 4，400 米 1 分 1 秒 6，跳远 5.67 米，五项全能 2065 分，获 5 项冠军，并被选为短跑选手，参加了在菲律宾马尼拉举办的第七届远东运动会。在安庆田径运动史上，这可能也是最好成绩了。

圣保罗中学的体育，为什么能雄霸一方？究其原因，很大程度与学校体育设施完备有关。圣保罗中学为中华圣公会创办的教会学校，清末建校之初，就对体育课程十分重视，学校建设的 300 米跑道的田径场，内设足球场、网球场、篮球场等，是安徽省历史上第一个设施完备的体育场。1917 年，圣保罗中学在安徽第一次举办学校运动会。当时安庆各中小学都整队前来参观，从而又引发安庆以及安徽的学校运动热。

《安庆二中校史稿》上记有这样一段趣事：有一次在黄家操场举行全省运动会，团体操比赛时，安庆高中先表演，队形整齐，变化多端，有条不紊，观众都以为安庆高中会获第一。待到圣保罗中学表演时，正好有一架小型飞机空投运动会传单，从操场上空飞过，指挥团体操的张传起随机应变，突然喊了声"卧倒"（这本是表演中的一个动作），全体学生在一刹那间整齐的匍匐于地，让飞机从头顶飞过，顿时博得全场一片掌声。团体操比赛成绩揭晓，圣保罗中学获得第一名。

第十九讲　安庆的会馆、公所、商会

上

解读安庆历史，可以简单分为两个概念，一是800年古城，一是300年省城。关于300年省城，有一定争议，一般史书认定为189年：以清乾隆二十五年（1760）安徽布政使司迁驻安庆始，至1949年止。300年省城则是从安徽巡抚角度考证。安徽巡抚之前为操江巡抚。操江都御史始设于顺治二年（1645）七月，主管江防，兼巡江。操江巡抚初驻江宁，不久移驻池州。顺治七年（1650），安徽等处巡抚并归操江都御史（操江巡抚）兼任，抚署移驻安庆。从这一年始，至1949年，前后正好300年。

清末民初，安徽省城安庆

安庆的会馆文化，就是依附于省城文化衍生出的最具地域特色的文化。从词面上解释"会馆"，是指"旅居异地的同乡人共同设立的馆舍，主要以馆址的房屋，供同乡、同业聚会或寄居"。但实际上涵义更为丰富，如旅居异地中的"地"，必须有一定条件，或经济发达，或政治活跃，或文化繁荣等。而会馆的作用，也绝非仅仅只是"聚会或寄居"，它包括四大方面：一，崇祀神明；二，敦睦乡谊；三，兴办义举；四，襄助经营。而这一切的最终目的，就是以地域为中心，以乡情为纽带，形成一定势力范围，从而谋取更大的经济利益。

1915年《怀宁县志》印行，仅上面记载的会馆，就有14家之多。而依附"会馆"为名的街巷，包括福建会馆、河南会馆、两广会馆、湖北会馆、奉直会馆、浙江会馆、江苏会馆等，共有7条。此外，元宁巷、天后宫等，也与"会馆"有直接联系。民国后，以会馆改建的剧场，也在老城文化娱乐场所中占有多数。从这几个方面，可以看到清末民初，会馆是安庆城市文化不可或缺的重要组成。

清末民初，徽商是安庆商业界的主体，他们在安庆几近垄断性的行业，主要有钱庄、当铺、绸缎庄、南货号以及笔墨纸张行等。老城几条主要繁华街道上，如四牌楼、司下坡、西正街等，都有徽商经营或资金参与的商号。老城商界，徽商占半壁江山。正因为财大气粗，徽州会馆占地近5000平方米，由大墨子巷现邮政局大楼东侧，向北一直延伸到倒扒狮子街。徽州会馆是典型的徽派建筑风格，马头高墙，石雕漏窗，大门两侧置有石狮与抱鼓石。会馆内客厅、餐厅、下居一应齐全，另外还建有宽敞的议事大堂以及相当规模的戏台。徽州人爱听戏，每逢聚会或议事等，免不了请戏班子来唱一场堂会。1934年以后，徽州会馆趋向衰败，经常入不敷出，不得已情况下，将原有议事大堂加以改造，建成了可容纳600余观众的大戏院，先取名"国民"，后易名"皖江"，在老城曾热闹一时。

泾县会馆也由皖南商人集资兴办。泾县会馆在西门外正街白云巷东，南出口正对四眼井后街。泾县商人在老城以经营布匹为主，几家大布号如胡万泰、程恒泰、久大恒等老板，都是泾县籍商家。广昌发染厂老板倪锡卿初来安庆打天下，就是依靠泾县商人帮助，租借泾县会馆临四眼井后街的房屋，短短两三年时间里，创下红火事业。民国初期以泾县会馆为校址的泾川小学，凡同乡子弟均免费就读，更多体现出一种义学的色彩。

由安徽旌德人公立的旌德会馆，所居位置，老地名叫太平境，现在改名为太平寺街，原址后改为太平寺小学。旌德会馆在老城规模不小，会馆内专门建有小戏台。旌德老乡来安庆应试或谋差，只要找到会馆，都会得到多方面的帮助。"感乡谊，笃乡情"，旌德会馆起到了一定桥梁作用。旌德商人在老城，大做钱庄，小做丝线。在老城排名靠前的江太钱庄和与恒孚钱庄，老板都是旌德人。丝线看起来不起眼，但家家过日子都不能少，利润又厚，因此旌德商人的丝线店生意做得十分滋润。

湖广会馆初设程良路，后毁于太平天国兵燹。清同治初年，由湖广籍的大老板共同出资，移址太平境重建。早前太平境因太平寺香火旺盛，香客川流不息，是老城内一条繁华街道。湖广会馆面积很大，现在的第三人民医院以及周边房舍，都是湖广会馆旧址。20 世纪 20 年代中期的黄金大舞台，就是利用湖广会馆的部分房产改建而成的。抗战胜利后，黄金大舞台再度挂牌，15 岁的严凤英，在这里以扮相俊秀、身段娇柔和唱腔甜润而成名，最终成为一代黄梅戏艺术大师。安庆沦陷期间，湖广会馆先被日军强占，后为建国军刘迈独立团驻防营地。刘迈在这里创办了安庆第一家烟厂——长江烟厂。

与湖南会馆相比，湖广会馆的规模，只能相形见绌。湖南会馆馆址在大二郎巷，西抵四牌楼，北到钱牌楼，东以胜利电影院为界，几乎占据大二郎巷与钱牌楼的两个半条街。湖南会馆能在安庆核心城区形成如此大的规模，有它特定的历史原因。太平天国战乱结束后，曾国藩担心朝廷对他的军权产生猜疑，主动遣散了随他多年征战的湘军。这之中有相当一批人，没有再回原籍，而是留在安庆从事商业或手工业。也有一些将领，任职于地方政府。"湖南帮"的势力，在短时间得到较大的扩展，湖南会馆也因此在原址进行大面积扩建。民国之后，

民国时期借用旌德会馆房舍改建的太平寺小学

湖南会馆步入衰退期，房舍纷纷改为他用。曾在老城名噪一时的华林大戏院，就是由湖南会馆内的禹王宫改建的。华林大戏院后易名为胜利剧院、联胜大戏院、安庆剧场等。现在的胜利电影院，就是在禹王宫旧址上重建的。清末，湖南会馆资助创设旅皖第三公学，先择址双莲寺东的曾公祠，后迁址湖南会馆，改名私立三湘小学、湖南小学等，后为大二郎巷小学。

两广会馆早前为广东会馆，清光绪年间修建，位于城北卫门口东侧的柳林。两广之"广"，一是指广东，一是指广西。咸丰三年（1853），太平军攻陷安庆，之后八年，安庆老城被广西文化、习俗、方言等同化，几乎就是半个广西。太平天国战乱结束，在安庆的广西势力一夜间被摧毁，直到十多年后才慢慢恢复。由于势单力薄，无法单独建立会馆，只好依附于广东会馆寄设，两广会馆即因此而生。民国初期，两广会馆首事魏步青，为老城实力平平的粮商。但他早年曾多次周济吕调元，并资助他赴京赶考，因而与他结下深交。后吕调元两度出任安徽省长，自然对魏步青关照多多。传闻魏步青六十大寿时，吕调元坐四抬大轿亲自上门祝寿，为他挣足了脸面。两广会馆义冢位于城郊赵家畈，每年清明，两广同乡都要挑三牲祭品扫墓，并在午间聚餐时公布会馆全年账目。"敦亲睦之谊，叙桑梓之乐"，这个过程本身就是同乡之间加强联谊的一种方式。

奉直会馆位于双莲寺东南，也就是早前双莲寺小学的西南角。奉直会馆最初名为八旗奉直会馆，同治初年由旗人公立，后来改称河北会馆、奉直会馆等。早期奉直会馆在老城实力雄厚，每年春秋都举行大型祭祀活动。光绪末，奉直会馆曾创办旅皖第二公学。民国之后，会馆经济收入急剧减少，只能靠房屋出租维持。20世纪20年代中期的昌明大戏院，就是借用奉直会馆房舍改建的。

光绪年间由河南同乡公立的河南会馆，建在三祖寺东，老名叫平心桥。其北的那片水域，周边居民称之为王家塘。河南会馆供有夏禹王神像，两旁分别列有已故的河南籍知名官绅。同其他会馆性质相同，凡河南同乡年老有病且无力医治者，会馆会出资请医生给予诊治，不幸身亡又无后人的，也由会馆出面置棺安葬在义冢。

龙山路南的依泽小学，早前为江西会馆。校园内新修复的一处老建筑，虽也称江西会馆，但实际只是原江西会馆北院的一部分。现存江西会馆3500平方米，分二路三进，中为主殿，前殿两侧修有楼房，后殿两侧为偏殿。由于财力有限，江西会馆多年失修，后破败为随时都有倒塌可能的危房。经社会各界人士积极呼吁，2012年安庆市政府投资近400万元，前后历时一年，终于将它修缮一新。江西会馆是安庆也是安徽会馆文化唯一保存相对完好的建筑遗存。

据资料载，江西会馆最早建于同治五年（1866），光绪年间，江西同乡又出资重修。江西会馆往西数百米，为老城九头十三坡之一的黄家（甲）坡，顺坡往上，就是景色秀丽的黄甲山。江西会馆选址在此，图的就是一方僻静，一方清幽，一方古雅。同治年间一度署理安徽巡抚的吴坤修是江西新建人，主政时期曾敦请江西会馆率头出资，重修老城振风塔与大观亭这两大景点。

江西会馆建有供戏班子演出的舞台，舞台两侧有演员候场用房，分别题"出将""入相"门额，台口还有"襟江带湖"横批，为典型古戏台风格。但其舞台中顶，特别安装有铜制吸音器，音响效果极好，这又彰显了它现代时尚的一面。江西会馆舞台另一不同之处，就是它从不向外开放，除江西同乡聚会外，一般不请戏班子演出。民国初，江西会馆曾创办西江小学。1948年冬，怀宁县私立依泽小学择址江西会馆创设，后与登云坡小学合并为依泽小学，一直延续至今。

目前安庆保留的唯一的会馆建筑——江西会馆

湖北同乡公立的湖北会馆，选址在
卫山头西北。"天上九头鸟，地上湖北
佬。"但湖北会馆在老城众多会馆中，规
模和势力都属一般。不过湖北会馆的建
筑与他馆相较，虽同为砖石结构，但属
于典型的西欧风格，不仅高大，而且气
派。这在晚清安庆城中，绝对属于新潮
的一款。湖北会馆在老城改造中被拆除，
目前能看到的，是拍于 20 世纪 40 年代
末的一张旧照片。虽半个多世纪过去了，
通过照片，我们依然能感受它当年的豪
华。湖北人喜欢鱼糕席，每每同乡聚会，

20 世纪 40 年代末，位于卫山头的湖北会馆

或调停纠纷，或拜神祭祖，都免不了品尝一下家乡菜。这也是会馆文化能够凝
聚同乡的魅力之一。

　　江苏会馆与江西会馆相邻，位于黄甲山南侧山脚。江苏会馆的特点，就是一
个"静"字，这里林木幽深，行人稀少。出江苏会馆往山上去，便是老城纪念著
名诗人黄庭坚的山谷祠。这种环境，这种氛围，更像是江苏同乡在安庆老城的疗
养之地。江苏会馆创建的初衷，自然不在于此。对外它是保护江苏同乡利益的团
体；对内则公约拟订行业规条章程，又在同乡之间起到协调与制约作用。民国初，
私立育智小学曾借江苏会馆房舍创办学校。

　　始建于光绪年间的元宁公所，虽也由江苏同乡公立，但它只是由江苏江宁、
上元两地士绅商贾集资创设。元宁公所位于杨家塘，由近圣街向西左折，或由
大珠子巷向南插，就是元宁公所。元宁公所前的小巷，因此名为元宁巷。抗日
战争爆发，作家张恨水以为安庆是避乱之地，曾在元宁巷置下一处房产，并短
暂住过三五天，后战争吃紧，又携家人匆匆西上。抗战胜利后再次回宜城，曾
在元宁巷寓所写下了《长日绵绵话安庆》，表达了对故乡的深情。清光绪三十二
年（1906）夏初，江苏上元、江宁旅皖同乡会共同捐资，借元宁公所房舍开办
江苏旅学，两年后易名旅皖第一公学。江苏旅学是安徽现代初等教育之始。

近圣街，其西与以元宁公所命名的元宁巷相连

由浙江同乡公立的浙江会馆，在老城小南门（康济门）与枞阳门之间的城墙北侧，占地面积不小。在安庆经商的浙江人不多，但个个都有实力，其中宝成银楼首任经理楼祖跃，不仅资金雄厚，而且善于经营，任内30余年，在老城创出一块金字招牌。银楼业是浙江商人经营的主要行业，老城稍有规模的银楼，都由浙江人联手控制。这种以会馆为纽带的联合体，在很大程度上协助银楼业避开了许多不稳定因素。浙江会馆也将黄金存于"宝成"和"宝庆"两家银楼，所获利息为会馆收入之一。浙江会馆内的同乡，也有宁波、绍兴地域之分。绍兴人多为师爷出身，后入乡随俗，也开始从事商业经营。

位于天后宫的福建会馆，也是老城大会馆之一。当年占地5000余平方米，差不多就是现在天后宫的整条街。福建会馆建于天后宫，祭祀天后娘娘妈祖。一年两度的春秋大祀，半条街热门非凡，以至于后来天后宫喧宾夺主，成为福建会馆前的街道之名。福建会馆内，亭榭楼阁，荷池假山，名花珍木，一应俱全。其风格布局，更趋向园林化。民国后，福建会馆收入萎缩，迫不得已，将部分房舍外租。据《怀宁县志》载，"天后宫，清建，在三牌楼之东。请于巡抚陈用敷以祀天宫者。"陈用敷出任安徽巡抚，最早是在乾隆五十三年（1788）。由此推算，福建会馆已有200余年历史。

下

清光绪末年，外国资本纷纷打入，老城商业竞争秩序随之发生根本性变化，以地域乡情为纽带的会馆势力，渐渐不能适应新的经济环境。在这种大背景下，出现了以行业为核心的新组合，坊间称之为"帮会"，如木瓦锯石业的"鲁班会"，粮食与饮食业的"雷祖会"，屠宰业的"关帝会"，药业的"药王会"，缝纫业的"嫘祖会"，冶炼业的"老君会"等。类似性质的帮会，以"帮"的意义占主流。各帮会内部不仅协调矛盾，制订行规公约，甚至订立具体的行业质量与价格标准等。如水炉、缝纫、理发、鲜肉等行业，公议规定，每隔15—20户才能添设一家。这在很大程度上，避免了行业间的恶性竞争。

在帮会的基础上，后来以行业性质为中心的各业公所，逐步发展完善。相比于帮会，各业公所的组合更具有合理性：其一，它的组合范围从手工业扩大到整个商界；其二，剔除地域色彩，纯粹是同业间的自由组合；其三，经济有基础，管理有规则，并安排有专门公务人员。民国后，各业公所先后演化为商民协会和同业公会。

各业公所中成立最早的，是位于司下坡的钱业公所。光绪三十三年（1906），徽州会馆中经营钱庄的商家，改组原钱业公所（光绪八年成立，所长项世安），重新制订章程，选举董事，并扩大成员到60余户。新钱业公所成员必须经严格验资后方能注册，并交纳实有资金20%为保证金（可退还）和一定会费。各业公所享受的权利为：提供通汇划拨业务的信誉保证；互通业务信息；资金困难时，公所可出面相互调剂；若最终亏空倒闭，公所负责清偿庄票（汇票）。钱业公所是一个范例，从中可以看出，各业公所在业务经营方面，已经较前期的会馆，有了适应社会发展的长足进步。

这之后，各业公所相继成立，其中比较有名的酱业公所，位于蓬莱街，原址门楣上嵌有"酱业公所"石匾，门侧还立有碑石，详细记载了酱业公所的初创历史。位于西门外里仁巷的棉业公所，董事长为恒源棉花行老板操亦斋，在老城打夹出口棉花行中，他的资金最雄厚，拥有千担左右的实力。公所下面专门成立有棉业公所救火会，会长由永丰棉花行老板郭润南担任。类似的公所还有五垱坡的绸布业公所，司下坡的米业公所，四方城的药业公所，同安门的花纱业公所，双井街的面业公所，等等。

各业公所的上一级商业组织，为安庆商务总会，但两者不是隶属关系。商务总会实行董事制，按行业大小与商号多寡，协商产生会董，并在会董中选举总理。

光绪三十年（1904），安庆商务总会成立，首任会长宋德铭，是属于双方都认可的中间势力。宋德铭原在户部任职，后因涉嫌贪污被弹劾。他积极组织商务总会的目的，更多是看中商务总会相当于"道台"的级别。安庆商务总会的两名协理，胡懋旒是胡玉美大老板，有分号"胡永大""胡广源"等，均设在西城区内；另一名协理吴甫臣，为安徽裕皖官钱局经理，兼任同康钱庄经理。宋德铭在其贪污案撤销后返京，商务总会总理则由胡玉美老板胡懋旒继任。

早年安庆老城商业圈划分，以玉琳路司下坡段为界，以此向东为城内商业圈，主要以零售为主，也做一些批发，但数量很少；以此向西为城外商业圈，虽然也做零售，但主要以批发为主。民国成立，安庆商务总会易名安徽省城总商会，首任会长蔡敬堂，是荣泰和的大老板，在西城另外开有志人和行、道生杂货店等。副会长程鸣銮，经营的怡兴钱庄位于司下坡，可算城内，也可算城外，严格说来还是在城内。由此，引发出城内与城外两大商业势力的敌对情绪。

1914年总商会改选，两大势力矛盾趋于白热化，双方各有背景，城外是安徽军务督办马联甲，城内是安徽省长许世英。相比较而言，城内商业势力背景更硬一些，因此程鸣銮登上会长宝座。副会长张荫森，为张立达国药号经理，药店位

民国时期位于司下坡街的安庆商务总会

于八卦门外的古牌楼，算是为城外商业势力做了一个补偿。1917年，蔡敬堂再次竞选失败，城外商业势力不服，于是纷纷提出退会，虽后有退让，仍集体罢交会费。程鸣銮被逼无奈，只得以病假为由，让出会长一职，由副会长张荫森出任代会长。

1927年，安徽省城总商会撤销，原有各业公所纷纷改名为商民协会，分属城内城外两派，城内是"华清

池"老板张佩庭领衔的安庆商民协会，城外是美孚煤油公司经理方荫堂挂帅的安徽省商民协会。但分割时间不长，不久又合并改组成立安庆总商会，其下属30余家商民协会（手工业除外），在此阶段改名为同业公会。张立达药店老板张荫森，被直接推选为安庆总商会主席。此后安庆总商会相对稳定，前后维持了10余年，直至1938年安庆沦陷前才最终解散。

回顾安庆商会的纷争史，从光绪三十年（1904）安庆商务总会成立，到1938年安庆总商会终止，前后35年。安庆商会的历史不是一部发展史，而是一部斗争史——城内商业势力与城外商业势力，为争夺最高掌控权，始终矛盾不断。通过安庆商会高层人事的变化，可以看出安庆城区的商业格局：城外商业圈的实力，略强于城内商业圈。

坊间将城外商业圈统称为"西门"，后有延伸，加了个"外"字。"西门"，或"西门外"，准确定义应是西城区。与城内四牌楼、国货街等一些老店号相比，西城区的商家，因为服务对象更面向下层，因此销售商品也更有针对性，销售方式也更加灵活多样。清末民初，徽商在安庆实力雄厚，涉及钱庄、当铺、绸缎庄和南货号四大行业。南货号经营表纸、鞭炮、石膏、棉白、桂圆、荔枝等，又多向周边六邑乡村批发。民国后，南货号一方面插手洋油业务，同时也将本地特色食品，如方片糕、酥糖、墨子酥等，销往武汉、南京、上海等大城市。徽商在安庆经营规模比较大的南货号共有7家，其中"大生祥""德和源""森茂源""宝和源""泰兴源"等6家，都开在西门外。除此之外，徽商在西门外还开有恒大钱庄、张信太纸坊等大商号。

安庆城内以零售为主的繁华街市——四牌楼

夏天涨水季节，西门外的临河街市

早前民间有一个笑话，说在西门外，树上掉一片叶儿下来，就能砸到三个老板。话说得虽然有些夸张，但从西正街到太平境，街上走路的，确实以老板居多。

清末民初，老城的消费市场真正占大头的，只有两大块，一是京广业，一是糖杂业。京广业与糖杂业的顾客对象有所区别，追求新潮时尚的京广业多开在城内，主要分布于三牌楼、四牌楼、国货街、倒扒狮子一带；而接近于传统的糖杂业，则主要分布在城外，相对集中在西正街、西大街、太平境、古牌楼等周边。糖杂业指糖纸杂货业，招牌上打的通常为"闽广台糖、山珍海味、南北杂货、中外纸张"等。具体有江西产的各色大表、毛边、竹纸，沿海各省的红糖、白糖、冰糖，煤油、蜡烛、火柴、肥皂，金针、木耳、莲子、红黑枣以及海味鱼翅、海参、干贝、淡菜等。而南北杂货中的南货，则以各色糕点为主。稍大些的糖杂号是前店后坊的布局，采取自产自销方式。这个后坊，不仅有生产糕点的糕房，还有做绵白糖与冰糖的糖房，生产冥纸、锡铂的纸房等。20世纪20年代，安庆人说西门老板有"四大"："荣泰和"面子大，"方复泰"资本大，"同兴泰"生意大、"刘万兴"产业大。这4家大老板，主营都是糖杂业。

荣泰和糖杂货号位于同安门正街大巷口，老板蔡敬堂被认为是安庆商界最有头面的人物。1919年蔡敬堂花甲之寿，当时安徽督军倪嗣冲、安徽省长吕调元，都亲自登门为蔡敬堂祝寿，这在安徽工商界绝无仅有。蔡敬堂十多岁来安庆做学徒，光绪十三年（1887）与另一位小业主钟荣和，联手开办"荣泰和"，凭胆识与诚信，迅速将生意做了出去。之后30余年间，蔡敬堂生意稳步发展，巅峰时，经营范围从糖杂业扩大到粮行、盐旗，并在安庆城区总代理美孚洋油，资本积累突破40万大洋。

方复泰糖杂货号的老板方荫堂，早先在小巷口附近开一家盖粑店。盖粑是西门外的土话，现在安庆街头还有卖，就是以米粉为原料做的米粉粑。从盖粑店的小老板，到安庆西路商团团长、省商民协会主席、安庆总商会糖杂业董事，并拥有方复泰糖杂货号（同安门）、方元益糖杂货号和方元春布店（西正街）、方元春钱庄等，前后不过短短 20 年时间。方荫堂有什么秘诀？寻根究底，这也是一个传奇故事。盖粑店的小老板方荫堂，省吃俭用攒下来的一点积蓄，存放在一位信得过的朋友处，结果朋友不安好心，连哄带骗让他用这点积蓄进口一批快要融化的红糖。这批红糖刚刚进库，第一次世界大战就爆发了，进口糖源断绝，糖价坐地飞涨。方荫堂就是凭着这批红糖，赚足满满第一桶金。方复泰起步后，又及时插手经营美孚洋油和食盐业务，尤其是后者，几乎垄断了安庆及周边市场，方荫堂也因此有"方百万"之称。

位于四眼井的同兴泰糖杂货号，是一家合股经营的商店，1913 年创办，初期股东 4 家，江西园退出后，由益泰兴老板韩硕甫替代，源记糖杂货号老板方沛然出任经理。说同兴泰生意大，指的不是同兴泰自身业务，而是依托同兴泰外向发展的其他产业。其早期主要是花纱业，也就是收购安庆当地周边六邑的皮棉，然后打成花包或夹子运往上海销售。由于是合股经营，资金上有一定优势，所以做得比较顺手。期间还先后取得英国十内门碱粉、美国恒信颜料和通信公司精盐的安庆经销权。1930 年前后，同兴泰糖杂货号又向实业方向开拓，在西门外陆续开办多家工厂，包括机器榨油、加工冰糖、绵白糖，生产冥洋钱纸、

20 世纪 40 年代，八卦门内大街店铺林立

籽棉轧花、打夹等。高峰时，用工百余名，年营业额在百万以上，是八卦门外异军突起的实力派。

刘万兴糖杂货号也开在四眼井，与同兴泰相隔不远。老板刘竹斋早年在荣泰和学徒，后出来在四眼井单立门户，凭着经验、算计和机灵，短短十多年间，将小小的刘万兴糖杂货号经营得红红火火。大公子刘会涛也是商业奇才，且出于蓝而胜于蓝。在他手上，刘万兴糖杂号的经营，无论批发还是零售，都更上了一个台阶。20 世纪 30 年代前后，"刘万兴"开始代销南京扬子面粉厂的面粉，刘会涛同时还兼任永裕精盐公司经理。刘万兴积累的资产多用来置不动产，当时广济桥到大王庙一带，刘万兴名下的房产就有百余处，周边还置有大量田产，估算资产在 60 万左右，是仅次于方复泰的第二号富翁。

除这四大糖杂货号外，位于西大街的益泰兴糖杂货号，也排名在前。其前身，为韩隆兴油盐杂货店，老板韩硕甫。初期因无力经营，店铺出租给大同仁盐号的管事翁前泰，改名"义泰生"，韩硕甫留用跑业务。后韩硕甫在方复泰糖杂货号与余隆泰钱庄支持下，收回店铺，易名"益泰兴"重新开业。由于有长达近 10 年的业务经验，有十分密切的业务关系网，又大胆采用"赊购赊销"经营方式，益泰兴糖杂货号迅速打开进货渠道与销售渠道。业务发展到一定规模后，"益泰兴"反过来兼并了"义泰生"，成为西城区一颗商业新星。韩硕甫也因此先后担任西路商团干事、救火会会长、糖杂业公会主席等职。

但城西商业圈的主体，还是遍布前街后巷的特色经营小店，如专营菜油、豆油、麻油等的谦吉油坊，以销售草帽、马虎帽等各季节帽子的洪裕隆帽店，销售生火材料箍柴、木炭兼营五洋杂货的同盛裕柴炭店，出售犁铧、铁锅兼售桐油等的震昌仁油铁号，特别为上海蛋行收购鸡蛋、鸭蛋的协隆蛋庄，为烟客提供黄烟丝的斯永顺黄烟店，制作大钩秤、木杆秤、盘秤等的赵同兴秤店，经营各类生产、生活用绳的袁德泰绳子店，销售时令瓜果的蔡隆盛水果行，专营国外染色颜料的谦和颜料号，等等。

据资料记载，1938 年安庆沦陷以前，西正街至大新桥，数得上来的老店号有将近二百家，其中仅西正街就有五家钱庄——"程怡昌""大丰""元昶""恒大""万裕"；四家药店——"饮苏堂""陶裕和""毛济春""王万春"；两家酱业——"胡广源""味和园";三家布匹制衣店——"华大""宝康祥""益顺衣庄";两家烟店——"老义达""潘义茂",另外还有程怡丰茶食店、双鹤菜馆、汇成纸店等。

从会馆到各业公所、商民协会,再到同业公会,虽然中间纷争不断,但老城商业史仍掀开新的一页,而这一页是厚重的、灿烂的,它不仅改变了老城的商业结构,也推动了老城的商业发展。

第二十讲　安庆"老字号"杂记

上

专门来说一说安庆的老字号。

先说国货街老字号宝成与老宝成。宝成开设于光绪三十三年（1907），最初经营方向是银楼业，全名为宝成银楼。当年开业时，宝成银楼以其精美装潢轰动了整个安庆城。宝成银楼的门脸，仿宋代建筑设计，门头上方为花楼，左镂狮子捧绣球，右雕刘海戏金蟾，两边衬以奇花异草的金粉浮雕，因为是请宁波花雕高手做的活，所以雕工精细，富丽堂皇。店堂之内，悬挂有宽近丈的横匾，上以金叶赫然贴出"不二价"3个大字。柜台上放的，是八角玻璃宝笼，内置金粉涂身、充满灵气的和合二仙童，这后来也成为宝成银楼的专用标志。宝成银楼的精美装修，既让老城民众开阔了眼界，又为宝成银楼开局挣得满堂喝彩。宝成银楼由多家股东合资经营，总股本折合为330两黄金。首任经理楼祖跃，资金雄厚，眼光独特，经营有道，在他任内恪守的经营原则就是"诚信"二字。在后来的30年内，宝成银楼以其金银器成色足、做工精、价格低的信誉，创出老城一块金字招牌。1933年，楼祖跃拆股告老还乡，宝成银楼资金受挫，经营出现明显下滑的颓势。1938年安庆沦陷，宝成银楼被迫停业。1946年，早前宝成银楼股东之一的李厚才，多方组织，勉强筹集100两黄金，恢复了宝成银楼的营业。1948年，股东之间意见相左，李厚才在国货街另寻门面独资经营。为区别于宝成银楼，李厚才在前面多加了一个"老"字，即老宝成银楼，新旗号由此亮相。这一个"老"字，既突出了与宝成银楼的关联性，又彰显了与宝成银楼的非关联性。1949年春安庆解放，金银归国家统一管理，老宝成银楼面临生存危机，于1950年初转行文具业。后来安庆认可的老宝成，就是位于国货街中段的文具老店。民国年间国货街上，银楼业竞争十分激烈，除宝成银楼外，短短一条街上，还有正泰昌银楼、庆云银楼、宝庆银楼、同庆和银楼等多家，虽然生意略逊于宝成银楼，但由于各有经营特色，在老城也都有一定影响。

再说吕八街上的老字号满庭芳。满庭芳是一家木器店，老板焦鹤仙也是安庆的一位传奇人物。1912年，焦鹤仙只身来安庆学艺，五年后便在闹市吕八街（三牌楼稍北）开设满庭芳木器店。又过了五年，满庭芳生产的木器家具，凭它的新颖款式和精细做工，在老城有口皆碑。焦鹤仙在家排行老三，大哥焦石仙曾出任安徽省陆军陆地测量局局长，五弟焦震早年留学日本主攻纺织。焦鹤仙自小随父亲读书，虽学业无成，但眼光与境界，远远高于普通木工。满庭芳木器店开业后，焦鹤仙委托五弟从日本寄回大量国外木器家具的资料。他从这些资料中吸取精华，并舍繁就简，设计出既新潮又适合安庆民众口味的高档雕花木器家具。满庭芳木器店成功的另一秘诀，就是用料考究，做工精细。焦鹤仙对此两点，把控十分严格。满庭芳出品的家具，很少有变形开裂现象，其中奥妙，就是木材进库后，先分锯成板，浇上米汤后，再按原样堆放半年，之后又架空风干。从进材到用材，前后长达5年时间。不仅仅如此，满庭芳家具面板用料，多选用上等白果木，其他部位则用质地优良的柳木。满庭芳家具漆油，为传统金漆褪光法，两道灰，三道漆，精工细活，由焦鹤仙四弟焦

吕八街，当年满庭芳就开在这条街上

松仙亲自主持。满庭芳在吕八街开业 20 余年，声名上达九江，下传南京，老城大户人家儿女婚嫁，也以满庭芳家具为条件（整房家具约需百元大洋）。周边六邑以及外地人来安庆，只要去吕八街，就要进满庭芳木器店转一转。而满庭芳店中样式不断变化的八角桌、方圆两用桌、蝴蝶桌、三面橱、十屉橱、百叶橱以及雕花椅、梳妆台等，总让人爱不够。同一条街上的润余祥宁波木器店，因仍旧生产传统宁波样式家具，生意从此淡了许多。1938 年安庆沦陷，焦鹤仙率家小往贵池唐田避乱，从此一蹶不振，再也无法恢复生气。

清末民初，与胡玉美蚕豆酱、刘麻子刀剪并称为"安庆三绝"的，是余良卿鲫鱼膏。民国初，安庆商家注册商标者不多，安庆三绝首当其冲。其中胡玉美蚕豆辣酱和虾子腐乳注册的是"振风古塔"，刘麻子刀剪注册的是"双合成"，余良卿鲫鱼膏药注册的是则是"铁拐李"商标。

"铁拐李"创意来自坊间神仙铁拐李赐药方的传说：老板余性庭这天坐店，进来了一位烂脚的跛子乞丐。余性庭不嫌其脏，不嫌其贫，反而留宿悉心治疗。几个月后，乞丐飘然而去。临行前留鲜荷叶一张，活鲫鱼一尾，嘱咐作为膏药之引。

位于大南门街上的百年老店：余良卿

后按此方调制药膏，果然疗效倍增。这才知是铁拐李化身下凡，借余良卿膏药惜贫济世。对于坊间传说，余老板既不肯定也不否定，但悄悄做了两个改变，一是在膏药前加了"鲫鱼"两个字，另外一个，就是特地去景德镇定制了一尊铁拐李瓷像，供奉店内。有此，"余良卿"便声名鹊起。咸丰十一年（1861），湘军克复安庆，经济形势好转，余良卿经营更步入佳境。

余良卿创始人余性庭，早前在余湾只是一名乡医，但能调制对疮疖有奇效的妙药。咸丰五年（1855）来安庆，在大南门街开设余良卿膏药店，并没有什么大图谋,只是想借此养家糊口。但他选择的却是一个最佳时期,太平天国战乱,安庆百业荒废,医疗业更处于低谷。余良卿膏药的卓著疗效,很大程度上缓解了贫苦民众的肌肤肿毒痛疽之苦。

光绪十年(1884),余鹤笙成为新一代掌门人。余鹤笙谙熟中药,对膏药配方进行多次改进。改良后的余良卿鲫鱼膏药,黏性强但不伤皮肤,封闭性能好,贴于患处也不会移动。它不仅主治一切疮疖,而且对冻疮和皮肤皲裂也有疗效。而这些,则是贫苦民众最易患的皮肤疾病。在江西南部,余良卿鲫鱼膏药不仅用于外贴,不少腹痛患者,还刮取适量膏药化水吞服,据说也有极好的疗效。小小鲫鱼膏药,因此蒙上一层神话色彩。1929年,安庆举办安徽省国货展览会,余良卿鲫鱼膏药参展并获得奖项。此时,余良卿制作膏药用的麻油,每天在百斤以上,水粉也高达80余斤,与创办之初相比,扩大了四十余倍。

余良卿鲫鱼膏药也带动了安庆膏药行业的兴起。继余良卿之后,先后在安庆起起落落的有马仁寿、佘长春、松寿堂、延寿堂、马寿堂、善池春等。其中竞争力最强的,是大通裕国药号在安庆开设的松鹤斋,其店铺开在四牌楼,装潢、陈设等都远在余良卿之上。无奈膏药疗效与口碑无法与之抗衡,最终只能落败而去。

余良卿膏药店不远处的药王庙,是清顺治年间由西门外马山迁建于此的。后

安庆余良卿号鲫鱼膏药外包装

毁于太平军，同治年间再度复建。药王庙主祭药王菩萨孙思邈，每年农历四月二十八日，药业同仁都在此举行药王会。药王庙门联为"上药中药下药方书所采为救苍生惟有良医知性命，天皇地皇人皇文字无传特留元气要将本草付黄农"。

安庆的国药业，当时主要集中于国货街，先后有郑同德、信德堂、鹤年堂等店号。其中老人和泰国药店第一支店，开业于1930年，以经营高档补品人参、银耳、燕窝、犀角、牛黄等为特色，门面装潢新潮时尚，店堂柜台以玻璃为材料，清爽明亮。开业后，生意一直不错，高峰时，日营业额高达200元以上。不同国药号内的一些对联，也有各自内容，如张立达国药号为"立己方为仁者寿，达生便是治人书"；佘长春药号为"灵药妙方驱除疾病，琴心剑胆保卫健康"；益寿堂药号为"一药一灵指鹿岂能为马，百方百病以羊焉可易牛"。

刘麻子刀剪创始人刘朝山

刘麻子刀剪创始人刘朝山，生在河北冀县。光绪三十二年（1906）来安庆时，刘朝山刚刚30岁出头，是条壮实的北方汉子。当时闹市倒扒狮子、鸳鸯栅一带，常有人围着圈子看热闹，不用挤进去看，十有八九是刘麻子光着膀子在卖武艺。刘麻子的武艺在安庆街头也是一绝，他能耍大刀，能舞长剑，也能玩蛇矛。刘朝山小时生过天花，脸上留有麻子，但他并不忌讳，走到哪儿，打的都是"刘麻子"招牌。刘麻子当然不是卖武为生，他是想借武艺，推销他自制的药丸。这种药丸，按他自己的话说，用的是祖传秘方，能包治跌打损伤等百病。安庆毕竟是安徽省城，围观者欣赏他的武艺，但对他拍着胸膛推销的药丸，却以"狗皮膏药"而戏之。不得已，刘麻子只好改行，重拾起他少年时学的铁匠手艺。依旧是在闹市街头摆地摊，打的仍然是"刘麻子"招牌，但他卖的却是刘麻子刀剪，一下子就在城区打开名声。两年后，腰包比以前鼓了许多的刘朝山，在倒扒狮子街租了间门面，开始坐店经营他自产的刀剪以及武术器材（兼营中药）。他还专门请人为他取了个名号，叫"双合成"。剪刀自然由两柄合二为一，这个"双合成"叫得也实在是绝。1915年旧金山举办"巴拿马万国商品博览会"，参展的刘麻子剪刀打的就是"双合成"招牌。但安庆人不认"双合成"，包括周边六邑过来的，

到倒扒狮，不要双合成的剪刀，就要刘
麻子刀剪。

清末民初，安庆刀剪市场需求相对
较大，但以此行为生的夫妻店、父子店
也非常多。据史料载，当年在韦家巷、
蓬莱街、玉琳路、火正街、墨子巷一带，
打出经营刀剪招牌的，就有胡同兴、汪

巴拿马万国商品博览会国际优质奖奖牌

义发、甘长发、黄益顺、黄福兴、吴成顺（前店后坊）、方世九等多家，但只有双
合成（刘麻子）独占鳌头，生意远远好于其他店家。

刘麻子刀剪能迅速在安庆周边声名大振，关键原因，就是它的质量确实过得
硬。行内的一些老人回忆，刘麻子刀剪"具有钢质硬、淬火好，并有不带砂、不
漏布、不夹灰、不卷口等优点"。不仅仅如此，在安庆城，刘麻子刀剪还是率先
提出产品"三包"概念的经营者。刘麻子刀剪的"三包"，内容还有些特别，刀
剪卖出后，坏了包修，修不好包换，如果仍不满意，还可以包退。别的商家"三
包"，顶多在嘴里讲讲，刘麻子刀剪的"三包"，是用字模打在刀剪上的，只要刀
剪不烂，十年二十年，字还在上面。没有金刚钻，不揽瓷器活。刘麻子敢这样夸口，
是他在刀剪制作工艺上，确实达到了精益求精的境界。刘麻子的身份很特别，他
既是制作者（从小学的就是铁匠手艺），熟悉锻打、淬火等工艺流程，又是消费
者（武术用刀），知道刀刃、剪口等关键技术所在，再加上他严格把控原材料进
口关，重金聘请能工巧匠，所以从"刘麻子"打出来的刀剪，把把质量过硬，用
过的人，没有不伸大拇指说好的。也正是凭着这过硬的质量，1926年全国各地刀
剪产品来安庆比赛，刘麻子刀剪争到了第一。1929年参加上海国货展览会，刘麻
子刀剪又拿到一枚铜质奖章。

地方史料介绍刘麻子刀剪的成名，往往过于强调刘麻子刀剪本身的技术含量，
反过来，忽略了刘麻子走江湖卖狗皮膏药的出身。其实刘麻子刀剪不仅质量好，
老板刘朝山更懂得广告宣传和经营策划。民国初年，长长一条倒扒狮街，真正算
得上是金字招牌的，只有刘麻子刀剪店一家。民间传说，刘朝山为制作这块"刘
麻子"招牌，用掉了一只重一两有余的金手镯。内也金，外也金，"刘麻子"三

个字，在省城安庆自然叫得更响。刘麻子刀剪店的店内布置，也别出心裁，与众不同。刘麻子习武出身，武术器械是他主营范围之一，而从他的内心讲，这更是他的最爱。因此进入刘麻子刀剪店，左右环顾，首先映入眼帘的，便是悬于两侧壁上的单刀、宝剑、红缨枪、多节长鞭等武术器材。大人们爱看，孩子们更爱看，刘麻子刀剪店，更像是中华武术器材陈列室。由此，也吸引了许多观光客。民国之后，理发盛行，刘麻子刀剪店也开始经营制作各种理发用具。此外，斧、锯、锉、刨等木匠工具，也纳入他的经营范围。

1938 年安庆沦陷，1941 年刘麻子病故，老字号"刘麻子刀剪"受到两次重创。刘麻子去世后，他的长子刘新坛子承父业。但刘新坛远不如其父刘朝山，而且还染上了毒瘾。"刘麻子"由陈光煌接手后，做的第一件事，就是将门脸装潢一新，挂出了"京都刘麻子刀剪老店"招牌。他还在店内安上了日光灯，并改用玻璃砖制作宝笼和柜台。当时在安庆城，这也算是创新之举，绝对时尚，绝对新潮，因而再度引起轰动。

下

在安庆，说到玩，首推振风塔；说到看，首推黄梅戏；说到吃，自然首推胡玉美。胡玉美是以蚕豆酱为特色产品的百年金字招牌。

20 世纪 80 年代初，胡玉美四牌楼直营店

胡玉美创始人胡兆祥，出身于酱园世家，初期在江南大渡口一带挑担做生意，在江南八都湖甘庄，结识了酱业同行"甘玉美"。甘氏辣酱在当地颇有名气，辣酱色泽红润，口味鲜美。但甘氏制酱秘方不外传，传也可以，要胡兆祥入赘甘家做上门女婿。胡兆祥一口应承。

胡玉美起步，应该是清道光十四年（1834）的事。先是胡兆祥与岳父合作，在北城外南庄岭开办四美酱坊，后与岳父选址三步两桥创办玉美义酱坊，又在高井头另开一家玉成酱坊。道光十八年（1838），胡兆祥与岳父分营，胡兆祥在四牌楼开设"胡玉美"，岳父则在大南门药王庙对面挂出"甘玉美"招牌。虽翁婿依旧，但相互间已经拉开商业竞争的架势。

结局充满传奇色彩，"胡玉美"以如日中天的强势，收购了日薄西山的"甘玉美"，胡玉美酱园终于在安庆城雄霸天下。分析其中原因，胡氏后人胡庆昌分析说，"胡家对家庭管理较严，坚持家、店分开，店务负责人可以大胆放手经营，不受家庭成员干扰，使业务得以发展。而甘家则仍然家、店不分，造成入不敷出，业务日趋衰落。"说到底，甘氏酱园的失败，在于无法从家庭作坊式的生产模式中挣脱出来。而胡氏酱园，160年前就已经具备现代企业的管理理念。

晚年的胡兆祥，因财势过大遭土匪绑架，后虽重金赎回，但由此忧郁致老年痴呆。光绪二十四年（1898），胡远烈正式接手胡氏酱业。胡远烈上任后的第一件事，就是理顺"家"与"业"的关系。

他新确定的"家"的原则：一、胡氏子孙不得单独或与他人合伙经营与"胡玉美"业务相同的生意；二、胡氏各房除享受店中年终红利分配外，平时不得向店中支钱或赊货；三、胡氏子孙除通过家庭会议同意进店学生意或担任职务以外，其余任何人平时不得进入店内工作和干涉店务；四、胡氏子孙考取大学读书者，每学期可享受店中学费补助（约十担米）；五、胡氏各房遇有婚丧喜事，由店中给予适当补助（约二十担米）。

关于"业"的治理，因多年累积，有无数方案，如提高制作技艺，扩大花色品种，加强信用往来，堵塞铺张浪费，严格规章制度，明确岗位职责，等等，但最有效的核心理念，就是"诚信"二字。而这个"诚信"，又体现在"货真价实"上，用安庆话说，就是"一分钱一分货，绝不掺假"。胡远烈认为，"做生意要薄利才能广销，要做到货比别人的好，价钱比别人的巧，才能打开生意的门路。"他常向员工说，以次充好，以低卖高，"顾客上当只有一次，最多二次，以后人家就不来了，那样做生意就把生意做绝了。"胡远烈时代的胡玉美，"家"顺，"业"精，逐步走向企业的巅峰。

严格地说，在胡远烈手上，蚕豆酱不只是产品，而更是一种文化。胡玉美蚕

民国胡玉美掌门人：胡子穆

豆酱的特点，概括起来有四句话：色泽红润，豆瓣柔软，咸辣适中，可口开胃。在制作过程中，凝聚了安庆制酱先辈的智慧与才思。蚕豆酱是外来品，起源于四川，发展在安庆。皖酱的成功，最重要的就是在川酱基础上，依据江南一带饮食习惯，弱化其中的麻、辣、咸，又淋浇小磨麻油，增强其香其鲜。制酱从技术发展为工艺，赢得了顾客也赢得了市场。胡玉美蚕豆酱也是皖江文化的具体体现，因为它具有"海纳百川"的兼容性胸怀，对外来事物，能批判，能吸收，能发展，最终形成具有鲜明个性的地域特色。

1928 年，胡子穆被推选为胡玉美新掌门人。胡子穆知识渊博，思想先进，视野开阔，他把"与时俱进"的变革理论，带入家族企业的管理。这也是胡玉美二度振兴的重要原因。

胡子穆时代的胡玉美，成功主要来自于三个方面：

一、制作工艺精益求精。以"胡玉美"招牌产品蚕豆酱为例，胡玉美蚕豆酱的配方，是自胡兆祥之后几代"胡玉美"人共同努力的结晶，对外秘而不宣。我们后来看到的配方，是 20 世纪 80 年代中期，胡玉美传人胡庆昌作为史料记述的，

20 世纪 70 年代，胡玉美酿造厂内景

而此时，胡玉美与胡氏家族已经没有任何联系。具体配方为：蚕豆，40斤（粒大，饱满，浆足）；红辣椒酱，35斤（色艳，肉厚）；面粉，2斤；种曲，1.4斤；甜酒，2斤；红釉，0.2斤（产地福建古田）；食盐，9斤；自来水，35斤。据胡庆昌回忆，胡子穆接任之初，就与大管事方遵训，技师代美章、王华山磋商，想渐次采用先进科技提高产品质量。之后不久，在酱园专门设立化验室，用显微镜分析蚕豆酱成分，利用生物学原理调整配方，变动种曲、红釉的比例，并适度加进44度封缸酒。改良后的蚕豆辣酱，"鲜味保持更长久，而因其特种的气味，连苍蝇都不敢接近"。

二、生产规模努力扩大。胡子穆之前，胡玉美的特点是店坊式生产。在安庆城，胡玉美以店多取胜，如三牌楼"胡广美"（1874，南货），西城口"胡广源"（1884，酱园），小拐角头"胡永源"（1902，水作坊），四牌楼"麦陇香"（1911，南货），四眼井"胡永大"（1918，酱园），朱家坡"胡记源"（1920，酱园）。胡子穆接管之后，最大的变化，就是采用先进机器，将传统手工作坊式的"胡玉美"，升格为现代化的工厂。

1930年秋冬，胡玉美将原建于大二郎巷仓库的罐头厂，移至东门火正街，并添置16匹马力引擎（英制）、8匹马力引擎（上海新民机器厂）各一台，车、钳、刨、铣等机床多部以及卷口机、圆筒车、方车、剪刀机等制罐设备。传统的酱菜生产，由手工操作转至半机械化。至抗战之前，胡玉美每天生产蚕豆辣酱、虾子腐乳3000余听。鱼、牛肉、鸡、鸭等肉类罐头，也开始批量生产，其中鲚刀鱼（学名长颌鲚，又称刀鲚）、麦鸡罐头，特别受市场欢迎。1934年，胡玉美又从上海购回制冰设备，在罐头厂内另设制冰厂，日产冰两吨左右。与此同时，又在四牌楼"麦陇香"二楼，开设冷饮室（另设有弹子台），吸引

胡广源酱园酒厂上品百花酒商标

了大批年轻客人。

三、经营范围积极拓展。有意思的是，胡子穆接手后的胡玉美，在对外品牌扩张方面，类似于现在的连锁店，稍稍不同的是，它是独资经营，绝不允许外界插手。"连锁店"开在安徽省外，所有权属于胡玉美，并由胡玉美自己管理直营店（分销处）。这样的直营店共有三处，分别开在上海、南京和汉口。其中南京店于1935年秋筹办，当时南京中央商场刚刚建成，胡玉美在一楼租了间门面，挂出"胡玉美"招牌，于1936年1月12日正式营业。汉口店开的时间略早些，原为胡远烈之子胡国熙（字缉渠）独资经营，1935年胡子穆将其收归"胡玉美"名下，成为胡玉美在长江上游打开的一扇窗口。上海店的性质略复杂些，南京、汉口的胡玉美称为"支店"，在上海则称"经销处"。它具有进与出两大功能：出，向外推销胡玉美罐头产品；进，为胡玉美采购各种材料。上海经销处的负责人胡庆升，字光羲，胡子穆二哥胡国钧的四子，早先在安庆为"麦陇香"的经理。

胡子穆主持胡玉美期间，挂名为"总经理"。严格地说，他这个"总经理"，对外，参加各种应酬，处理一切外务；对内，参与重要的业务计划的政策制定。具体工作，则由两位精明强干的助手负责：一是负责企业生产经营管理的方遵训，一是负责重要业务计划实施和改进的胡庆照。

特别说一下胡庆照。胡庆照是胡玉美第八代子孙，少年时，爷爷胡远芬发了话，胡氏家业要守，胡玉美招牌要保，胡氏后人不能都去外面读书。于是少年胡庆照，以孱弱之躯，进店站了三年"青龙牌"。早年一些老字号商店，柜台后都竖有一块长牌，上书"货真价实"之类文字。店里新招学徒，三年之内，无论本事有多大，都要老老实实站在青龙牌前听候使唤。三年青龙牌站过，才算是出了师。胡庆照甘站三年青龙牌，出师后又做了两年小伙计，这种毅力，这种韧劲，注定他是胡玉美新一代栋梁之材。

这一阶段，长江沿线的制酱业，安庆是绝对的龙头。鼎盛时期，上至武汉下到南京，提起"胡玉美"，几乎没有人不知道。为什么有此盛名？除本身质量外，广告宣传也是重要原因。好酒也怕巷子深，胡玉美历代掌门人都深知这一点。

关于胡子穆对广告宣传的重视，胡庆昌更深有体会。在《胡玉美酱园的发展及经营管理》一文中，他专门总结有"大搞广告宣传"一条："在南京设立支店后，为了争取更多顾客，进一步打开销路，除在南京码头和交通路口设立广告宣传牌外，还在当时国民党中央广播电台进行广告节目宣传，又在南京最大的一家大华电影院放映幻灯广告。"南京是民国政府首都，胡玉美在此兴师动众投入广告宣传，其目的，自然是想借此平台，渗透到全国各地。可以说，一介书生胡子穆，也是企业策划的大行家！

在安庆，胡玉美还是第一代商标注册者。商标设计者，是胡衡一。他设计的胡玉美商标，取安庆东门外振风塔为原型，简单大方，又本色本土，注册名就是"振风古塔"。商标设计出来后，先用在瓦罐蚕豆酱的红色封口招牌纸上，之后又用到瓶装酱油的彩色瓶签和虾子腐乳的彩色包装纸上。振风塔是万里长江第一塔，俗有"过了安庆不说塔"之誉，胡玉美借振风塔之名推广同时，也把安庆振风塔的名气推广出去。

民国时期，在安庆能到胡玉美做伙计，是很让人羡慕的。胡庆昌回忆，抗战之前，胡玉美学满 3 年出徒的小伙计，每月工资 4 元（法币），后每年有递增，3 年以后又涨至 8 元；担任或兼管专职工作，每月 10—12 元；负有专项重要职务，如账务管理、高级技工，每月 16—20 元之间。不仅仅如此，胡玉美的福利条件也好得诱人。酱园专门包有理发店，员工每月可免费剃两次头。冬天到澡堂洗澡，每月有 4 次是酱园出钱。一日三餐全由酱园提供，平时四菜一汤（素），逢初一、初八、十五、二十三，有"四犒"，每桌或三四斤肉，或七八斤鱼。端午、中秋，另外增加菜蔬，过年每桌还摆一两瓶酒。除此之外，平时头痛脑

胡玉美酱园酒厂虾子腐乳商标

热，医药费也由酱园出。遇到红白喜事，酱园也有相应补助。退休老店员，酱园按月发放生活补助费，甚至员工遗孀也有高低不等的津贴。这些福利，至今看来，仍有相当大的诱惑力！

最后说一个小故事。百年胡玉美的发展，有许多独特之处，这些独特又集中在"以人为本"的人性化管理上。这个小故事就是其中之一。说或胡兆祥时代，或胡远烈时代，某天清早，一位老朝奉正在往外出货，老板笑眯眯地走进了店堂。老板过来巡视，老朝奉免不了紧张，一失手，将正准备搬出门的瓦缸蚕豆酱给打碎了。结果，从瓦缸里滚出的，不是暗红的蚕豆酱，而是白花花的银元。店内伙计、店外的顾客，那一瞬间都傻了眼，天地一片寂静，都以为老板会大发脾气，结果老板若无其事地挥挥手，说"没事没事，是我昨天临时放这儿的，忘了告诉伙计们了"。不仅如此，老板事后也没按常规处理，在三岔路口将老朝奉铺盖当众烧了，以断他的谋生后路。老朝奉自然感激涕零，从此一心不二，成为老板最得力的左右手。"用人贵在攻心"，其大度如此，堪称楷模。类似细节，在胡玉美还有许许多多。正因为如此，胡玉美能在安庆做大做强，也就不足为奇了。

1936 年秋冬，胡子穆又制定出胡玉美新的发展目标，一方面，他委派胡衡一和胡庆蕃到南京学习化学酱油制造方法；另一方面，派人试制蚕豆剥壳机，又准备购置货轮和汽车，实行产供销一条龙。这一切，都是为胡玉美改制为股份有限公司而做的准备。可惜 1938 年 6 月安庆沦陷，胡子穆关于胡玉美企业的强大梦，由此化为泡影。